经济学研究丛书

论审计主题及其作用

郑石桥◎著

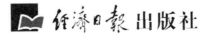 经济日报 出版社

图书在版编目（CIP）数据

论审计主题及其作用／郑石桥著．—北京：经济
日报出版社，2019.8
ISBN 978-7-5196-0592-6

Ⅰ.①论… Ⅱ.①郑… Ⅲ.①审计—研究 Ⅳ.
①F239

中国版本图书馆 CIP 数据核字（2019）第 187242 号

论审计主题及其作用

著　　者	郑石桥
责任编辑	门　睿
出版发行	经济日报出版社
地　　址	北京市西城区白纸坊东街 2 号（邮政编码：100054）
电　　话	010-63567684（编辑部）　　63538621（发行部）
网　　址	www.edpbook.com.cn
E－mail	edpbook@126.com
经　　销	全国新华书店
印　　刷	天津雅泽印刷有限公司
开　　本	710×1000 毫米　1/16
印　　张	18
字　　数	295 千字
版　　次	2019 年 12 月第一版
印　　次	2019 年 12 月第一次印刷
书　　号	ISBN 978-7-5196-0592-6
定　　价	72.00 元

前　言

自 Mauts & Sharaf（1961）出版《The Philosophy of Auditing》以来，审计理论界对审计理论进行了不懈的探索，取得了不少的成果。然而，总体来说，审计理论依然是良策难觅的世纪难题。从审计主题的视角来研究审计基本问题可能是一个有前途的方向。从技术逻辑来说，审计就是对特定事项与既定标准之间的一致性获取证据并发表意见，这里的特定事项就是审计主题（audit subject matter）。总体来说，审计主题包括财务信息、业务信息、行为、制度①，审计就是围绕上述四类主题与既定标准之间的一致性收集证据并发表意见。审计过程就是围绕审计主题收集证据并发表审计意见的系统过程。审计主题与审计的主要基本问题都相关，按这个路径来研究审计基本问题，能将若干重要的审计基本问题贯通起来。

本书是从审计主题视角来探索审计基本问题的尝试，主要包括两个方面的内容：一是对审计主题本身的研究，二是对审计主题在审计实施和审计理论中的作用之研究。

对审计主题本身的研究，主要是本书第一章，首先分析审计主题的概念、特定事项成为审计主题的条件及审计主题的类型；在此基础上，对相对陌生的行为主题做深入的剖析。

审计主题在审计实施中的作用是本书第二章到第五章的研究内容。第二章研究审计主题对审计什么有何影响，是从审计一般的视角来探析审计主题对审计什么的影响。具体内容包括：组织治理模式、机会主义类型和

---

① 关于审计主题的分类，本书有三种分类方法，有时分为财务信息、业务信息、行为、制度四类；有时分为信息、行为和制度三类，此时的信息包括财务信息和业务信息；有时分为信息和行为两类，此时的信息包括财务信息和业务信息，行为包括特定行为及约束特定行为的制度，也就是行为和制度共同组成行为主题。不同的语境、不同的认知阶段，对审计主题的分类有区别，并不意味着审计主题的类型具有不确定性，上述不同的分类只是分类的详细程度不同而已。

审计主题；审计目标、审计意见和审计期望差距：基于审计主题；审计主题、权变因素与审计目标；第三章继续研究审计主题对审计什么有何影响，主要是基于不同审计主体的视角来探析审计主题对审计什么的影响，具体内容包括：政府审计对象、审计业务类型和审计主题；国家治理与国家审计：审计主题差异的理论框架和例证分析；内部审计主题类型及其差异化原因：理论框架和例证分析；内部审计业务类型及其差异化原因：理论框架和例证分析；NGO组织的民间审计需求：基于不同需求者和不同审计主题的理论框架；第四章阐释审计主题对如何审计的影响，具体内容包括：审计主题在审计实施体系中的作用；基于审计主题的审计实施框架研究；审计主题、审计取证模式和审计意见；行为主题、取证模式和审计意见类型；政府审计业务基本逻辑：一个理论框架；第五章阐释审计主题对审计主体和审计客体的影响，具体包内容包括：独立性、审计主题和审计主体多样化；审计目标、审计意见和审计法律责任：基于审计主题；交易成本、审计主题和政府审计业务外包；团队生产、审计主题和审计客体选择。

审计主题在审计理论中的作用是本书第六章的研究内容，具体内容包括：审计主题在审计理论中的作用；基于审计主题的审计学科体系创新研究；行为审计和信息审计之比较——兼论审计学之发展。

本书有些内容是作者与他人合作完成，特此对合作者表示感谢！

本书的研究具有较大的探索性，也是我们探索审计基础理论的阶段性成果。书中不当之处，敬请读者指正。

作者于南京老山之麓

2019. 8. 16

目 录

第一章　什么是审计主题？ ………………………………… 1

　第一节　审计主题的概念、条件和类型 ………………… 1

　第二节　作为审计主题的行为及其分类 ……………… 14

第二章　审计主题对审计什么有何影响（上）？ ………… 26

　第一节　组织治理模式、机会主义类型和审计主题 ……… 26

　第二节　审计目标、审计意见和审计期望差距：基于审计主题 …… 36

　第三节　审计主题、权变因素与审计目标 ……………… 45

第三章　审计主题对审计什么有何影响（下）？ ………… 61

　第一节　政府审计对象、审计业务类型和审计主题 ……… 61

　第二节　国家治理与国家审计：审计主题差异的理论框架

　　　　　和例证分析 ………………………………… 73

　第三节　内部审计主题类型及其差异化原因：理论框架和

　　　　　例证分析 …………………………………… 83

　第四节　内部审计业务类型及其差异化原因：理论框架和

　　　　　例证分析 …………………………………… 94

　第五节　NGO 组织的民间审计需求：基于不同需求者和不

　　　　　同审计主题的理论框架 ……………………… 114

第四章　审计主题对如何审计有何影响? …………………………… 129

　第一节　审计主题在审计实施体系中的作用………………………… 129

　第二节　基于审计主题的审计实施框架研究………………… 132

　第三节　审计主题、审计取证模式和审计意见………………… 147

　第四节　行为主题、取证模式和审计意见类型………………… 164

　第五节　政府审计业务基本逻辑:一个理论框架………………… 177

第五章　审计主题对审计主体和审计客体有何影响? …………… 197

　第一节　独立性、审计主题和审计主体多样化………………… 197

　第二节　审计目标、审计意见和审计法律责任:基于审计主题…… 210

　第三节　交易成本、审计主题和政府审计业务外包………………… 218

　第四节　团队生产、审计主题和审计客体选择………………… 230

第六章　审计主题对审计理论有何影响? ………………………… 249

　第一节　审计主题在审计理论中的作用………………………… 249

　第二节　基于审计主题的审计学科体系创新研究………………… 255

　第三节　行为审计和信息审计之比较——兼论审计学之发展……… 266

第一章
什么是审计主题？

本章的任务是阐释审计主题，首先分析审计主题的概念、特定事项成为审计主题的条件及审计主题的类型；在此基础上，对相对陌生的行为主题做深入的剖析。基于上述任务，本章的具体内容安排如下：审计主题的概念、条件和类型；作为审计主题的行为及其分类。

第一节　审计主题的概念、条件和类型

主题（subject matter）是指所关注的中心问题，做任何事情都应该有主题，每个学科应该有自己独特的研究主题并形成有特色的研究领域（Biglan，1973）。审计主题（audit subject matter）就是审计关注的中心问题，没有审计主题，就无法确定审计什么，进而也就无法解决怎么审计及其他一些相关问题。例如，有一种观点认为，审计对象是财政财务收支及相关经济活动，对于这种观点确定的审计内容，可能有三种理解，一是审计内容是反映财政财务收支及其相关经济活动的数据是否真实；二是审计内容是财政财务收支及其相关经济活动本身是否符合相关的法规法律；三是审计内容是约束财政财务收支及其相关经济活动的制度是否存在缺陷。很显然，各种理解都有道理，但是，不同的理解，有不同的审计主题。第一种理解下，审计关注的中心问题是数据；第二种理解下，审计关注的中心问题是财政财务收支及相关经济活动这些行为；第三种理解下，审计关注的中心问题是约束财政财务收支及其相关经济活动的制度。很显然，数据、行为及制度这三类不同的主题，其审计目标、审计程序和方法有重大

1

差异。所以，对于"审计什么"这个基本的审计问题，仅仅讨论到审计对象是不够的，还要进一步深化到审计主题（这也说明，审计主题不同于审计对象，是审计对象的深化或细化）。

AAA（1972）发布的《Report of the Committee on Basic Auditing Concepts》涉及审计主题，但是，从此之后，研究审计主题的文献很少，这其中的主要原因有两个，一是审计研究的实证化，对规范性命题的研究兴趣降低；二是将审计主题作为一个实务问题，并且，长期以来，财务信息审计是主流审计业务，其审计主题是清晰的——财务信息。然而，时至今日，现实生活中的审计主题已经非常丰富，合规审计、绩效审计、内部控制审计等，这些审计业务所关注的中心问题（也就是审计主题）都超越了财务信息。但是，由于理论界和实务界对审计主题研究缺乏应有的重视，导致审计实务中对于财务信息审计之外的审计准则制定及实务探索严重滞后，理论界对财务信息审计之外的审计理论之研究也严重滞后。

本书认为，作为审计关注的中心问题——审计主题，它既是重要的实务问题，更是重要的理论问题。为此，在文献综述的基础上，本书首先界定审计主题的概念及条件，此基础上，分析审计主题的类型。

一、文献综述

涉及审计主题的文献有两类，一是审计职业组织的文献，二是学术性研究文献。我们先来看审计职业组织的文献。AAA（1972）发布的《Report of the Committee on Basic Auditing Concepts》与审计主题相关的内容有两个方面：（1）提出了不同审计业务的审计主题，就财务信息审计来说，其审计主题是经济事项及行为的信息，也就是财务信息；财务审计之外的审计业务（例如，管理审计、经营审计、绩效审计）则拓展了审计主题，其审计主题不再是财务信息。（2）提出了审计主题的条件，任何事项要成为审计主题，必须符合三个条件：一是该主题能够演绎出可获取证据的认定（assertions），这些认定必须是定量且可验证的；二是该主题有恰当的记录，如果有恰当的内部控制更好；三是对于该主题相关的既定标准能达成共识。后来，IAASB（2013）颁布的 ISAE100 及随后取而代之的 ISAE3000，将确认业务（assurance）的主题区分为四类：财务信息，业务信息，流程及制度，行为。

学术性文献中，鸟羽至英（1995）将审计主题区分为信息主题和行为主题两种类型，并分析了不同审计主题的特征，谢少敏（2006）介绍了鸟羽至英的上述观点。Hasan et al（2005）调查大型会计师事务所的确认业务类型及其保证水平，结果发现，涉及的主题主要包括四类：财务信息（financial information）、业务信息（non - financial information）、制度/流程（systems and processes）和行为（behaviour），并且，不同的审计主题有不同的保证水平。Fumio（20000）研究了财务报告审计的审计主题——财务信息。

总体来说，少量文献涉及审计主题，但是，审计主题缺乏相关研究，其内涵和外延都不清晰。

二、审计主题的概念

尽管人们对审计本质的认识有差异，但是，对审计的技术逻辑却有高度的共识，认为审计就是围绕特定事项与既定标准之间的相符程度，采用系统方法收集证据，以这些证据为基础，判断该特定事项与既定标准之间的相符程度，并发表意见（AAA，1972）。

这个技术逻辑有三个核心要素，一是"特定事项"，二是"既定标准"，三是"系统方法"。"特定事项"确定了"审计什么"，而"既定标准"和"系统方法"确定了"怎么审计"，并且，"特定事项"决定选择什么样的"既定标准"和"系统方法"，所以，"特定事项"处于基础性的地位。本书前面已经指出，审计主题就是审计关注的中心问题，很显然，这个"特定事项"就是审计所关注的中心问题，也就是审计主题。所以，从技术逻辑来说，审计就是采用系统方法收集证据，以判断审计主题与既定标准之间的一致性，并发表意见。

本书前面指出，有一种观点认为，审计对象是财政财务收支及相关经济活动，对于这种观点确定的审计内容，可能有三种理解，不同的理解会有不同的审计主题，为了进一步解释审计主题，我们继续来分析这个观点的不同理解及其相应的"既定标准"和"系统方法"。

如果将审计"财政财务收支及相关经济活动"理解为审计"反映财政财务收支及其相关经济活动的数据是否真实"，则审计主题是数据；"既定标准"是确认、计量、记录和报告这些数据的相关规范（会计准则或会计制度）；"系统方法"必须与数据这种审计主题相适应。

如果将审计"财政财务收支及相关经济活动"理解为审计"财政财务收支及其相关经济活动本身是否符合相关的法规法律"，则审计主题是财政财务收支及其相关经济活动本身，是一种行为；"既定标准"是从事财政财务收支及其相关经济活动必须遵守的相关法律法规；"系统方法"必须与行为这种审计主题相适应。

如果将审计"财政财务收支及相关经济活动"理解为审计"约束财政财务收支及其相关经济活动的制度是否存在缺陷",则审计主题是约束财政财务收支及其相关经济活动的制度,也就是审计客体所建立的相关内部控制,它是一种制度;"既定标准"是该制度应该是什么样,也就是相关内部控制的应然状态;"系统方法"必须与制度这种审计主题相适应。

所以,无论什么审计业务,必然会有其关注的中心问题,必须找到这个中心问题的既定标准,也就是它应该是怎么样的要求或规范;必须采用系统方法围绕这个中心问题收集证据以搞清楚这个中心问题的真实状况,并判断其与既定标准的一致性;审计结论中,必须对这个中心问题与既定标准之间的一致性发表意见。这个中心问题,就是审计主题。

三、特定事项成为审计主题的条件

依据上述概念,能成为审计主题的特定事项似乎很多,例如,产品质量检验及量体温也符合上述定义,很显然,不能将产品质量检验及量体温也作为审计。这就需要进一步确定特定事项成为审计主题的条件,以清晰地界定审计主题的范围。特定事项成为审计主题的条件也就是该特定事项成为审计主题需要具备的特征,只有具备了这些特征,该特定事项才能成为审计主题,这就进一步深化了对审计主题的本质之认识。

那么,什么样的特定事项能成为审计主题呢?文献综述中已经指出,AAA(1972)发布的《Report of the Committee on Basic Auditing Concepts》规定了审计主题的三个条件:一是该主题能够演绎出定量且可验证的认定;二是该主题有恰当的记录;三是对于该主题相关的既定标准能达成共识。

IAASB(2013)颁布的 ISAE100 及随后取而代之的 ISAE3000 规定,"适当的鉴证对象应当同时具备下列条件:鉴证对象可以识别;不同的组织或人员对鉴证对象按照既定标准进行评价或计量的结果合理一致;审计师能够收集与鉴证对象有关的信息,获取充分、适当的证据,以支持其提出适当的鉴证结论。"《中国注册会计师鉴证业务基本准则》与国际鉴证准则高度趋同,对于鉴证对象也有类似规定。这里的"适当的鉴证对象"也就是审计主题,而"适当的鉴证对象应当同时具备下列条件"也就是成为审计主题的条件。

AAA(1972)提出的条件,主要是以财务信息为背景,并且是发表合理保证审计意见。从现实世界来说,许多财务信息之外的特定事项已经成为审计主题,例如,财务收支合规审计中的财务收支行为、绩效审计中的业务信息、内部控制审计中的内部控制制度,都已经成为审计主题,但是,都不是财务信息；同时，从现实需求来说，有限保证审计意见已经很多，合规审计、经济责任审计的审计意见很多是以有限保证意见为主，在这种情形下，并不需要完整的记录，甚至不需要充分的证据。所以，特定事项成为审计主题的条件需要从更广阔的视野来认识。

IAASB（2013）颁布的 ISAE100 及随后取而代之的 ISAE3000 规定的适当的鉴证对象应当同时具备的条件，对于扩展审计范围有较大的作用。但是，根据这些条件，产品质量检验及量体温似乎也可以纳入审计的范围，恐怕审计难以发展到这种状况！所以，这些条件似乎过于宽泛。

那么，特定事项要成为审计主题必须具备些什么条件呢？本书认为，特定事项要成为审计主题，必须同时具备四个条件：涉及经管责任的履行，具有真实审计需求，具备可审计的特征，具备审计能力。下面，我们来具体分析上述四个条件。

（1）涉及经管责任的履行。经管责任是因为资源的委托代理关系而形成的代理人对委托人承担的责任，由于人性自利及有限理性，在信息不对称、激励不相容、环境不确定的条件下，代理人在履行经管责任时，可能偏离委托人的期望，从而出现代理问题和次优问题。审计是应对代理问题和次优问题的机制之一，其主要功能是鉴证代理人在履行经管责任时是否存在代理问题和次优问题。所以，特定事项如果与代理人履行其经管责任无关，则该特定事项就不属于审计主题的范围，只有与经管责任履行相关的事项才有可能成为审计委托人关注的中心问题，从而才有可能成为审计关注的中心问题，进而才有可能成为审计主题。前面提到的产品质量检验及量体温都与经管责任履行无关，所以，不属于审计关注的范围，不能成为审计主题。

（2）具有真实审计需求。一般来说，审计需求源于抑制经管责任履行中的代理问题和次优问题，但是，审计是独立的第三者，审计需求并不源自审计方，它需要有审计委托人，委托人是否存在真实的审计需求，会决定审计是否真的会出现。在一些情形下，代理人即使在经管责任履行中存在代理问题和次优问题，委托人也不一定有审计需求。也就是说，委托人并不需要审计机制来应对代理人是否存在代理问题和次优问题，这其中的原因是什么呢？主要的原因有两个方面，一是委托人并不介意代理人存在的代理问题和次优问题，在这些情形下，当然也就不需要审计机制来鉴证代理人是否存在代理问题和次优问题，例如，一些大型国有单位，其内部各管理层级存在的代理问题和次优问题较为严重，但是，上级管理层并不介意这些问题，所以，也就没有真实的审计需求；二是委托人自己通过日常工作就知道何处存在代理问题和次优问题，当然也就不需要专门的审计机制来鉴证这些问题了。例如，一些小型单位内部也存在代理问题和次优问题，但是，这些单位的最高管理层自己通过日常工作就知道这些问题存在于何处，当然也无须建立专门的审计机制。所以，影响代理人履行经管责任的代理问题和次优问题，只有存在真实的审计需求时，才有可能成为审计主题。

（3）具备可审计的特征。影响代理人履行经管责任并且委托人有真实审计需求的代理问题和次优问题也不一定都能成为审计主题，这其中的重要条件之一是要求这些代理问题和次优问题具有可审计的特征。AAA（1972）发布的《Report of the Committee on Basic Auditing Concepts》、IAASB（2013）颁布的 ISAE100 及随后取而代之的 ISAE3000 和《中国注册会计师鉴证业务基本准则》都对可审计的特征进行了规定。本书认为这些条件需要适当改变，以适应不同的审计主体所从事的不同审计业务，具体分析如表 1-1 和表 1-2 所示。

表 1-1　《Report of the Committee on Basic Auditing Concepts》
规定的审计主题三个条件的分析及建议

规定的条件	对该条件的分析及建议
该主题能够演绎出定量且可验证的认定	该主题需要演绎出审计命题或审计具体目标，但不一定需要定量，定性也是可行的，例如，内部控制制度作为审计主题，能够演绎出定性命题，所以，该条件要放宽
该主题有恰当的记录	有恰当的记录时，可以采用命题论证型取证模式，发表合理保证审计意见；没有恰当的记录，可以采用事实发现型取证模式，发表有限保证审计意见，所以，该条件要放宽
对于该主题相关的既定标准能达成共识	达成共识的范围应该是审计人员与审计成果的使用者或审计委托人，所以，该条件要明晰具体范围

表 1-2　ISAE100、ISAE3000 和《中国注册会计师鉴证业务基本准则》
规定的鉴证对象应当具备条件的分析及建议

规定的条件	对该条件的分析及建议
鉴证对象可以识别	这个条件是不言而喻的，无实质性意义
不同的组织或人员对鉴证对象按照既定标准进行评价或计量的结果合理一致	这个条件事实上就是 AAA（1972）的"对于该主题相关的既定标准能达成共识"

续表

规定的条件	对该条件的分析及建议
审计师能够收集与鉴证对象有关的信息,获取充分、适当的证据,以支持其提出适当的鉴证结论	这个条件有两方面的含义,一是 AAA(1972)的"该主题有恰当的记录",二是后面将要讨论的第四个条件"具备审计能力"

综合上述分析,从"具备可审计的特征"这个条件来说,影响代理人履行经管责任并且委托人有真实审计需求的代理问题和次优问题具备以下条件时可能成为审计主题:能演绎出可定量或定性的审计命题或审计具体目标;具有一定的记录或审计载体;对于该主题相关的既定标准能与审计成果的使用者或审计委托人达成共识。

(4)具备审计能力。影响代理人履行经管责任并且委托人有真实审计需求,同时还具备可审计的特征的代理问题和次优问题,只是潜在的审计主题,或者是对审计主题的需求。然而,要成为现实的审计主题,还有一个条件,这就是审计职业界具备对该主题进行审计的能力。IAASB(2013)颁布的 ISAE100 及随后取而代之的 ISAE3000 和《中国注册会计师鉴证业务基本准则》规定,"审计师能够收集与鉴证对象有关的信息,获取充分、适当的证据,以支持其提出适当的鉴证结论",强调了审计师的专业胜任能力。前面已经指出,从技术逻辑来说,审计人员需要围绕审计主题,采取系统方法获取审计证据,以判断特定事项与既定标准的一致性程度。这里的系统方法就包括具备审计能力,如果审计职业界不具备审计能力,当然无法围绕该特定事项获取审计证据,进而也就无法对该特定事项与既定标准之间的一致性发表意见。所以,具备审计能力是特定事项成为审计主题的必要条件。例如,在领导干部经济责任审计中,业绩是领导干部经济责任履行的重要方面,对于业绩指标的真实性进行鉴证本来是经济责任审计的应有之义,但是,由于审计机关目前的技术和人员素质的限制,许多的审计机关并没有将业绩指标纳入审计鉴证的范围,而是由相关统计机关提供数据并承诺信息的真实性。这正是审计能力的限制,决定了领导干部经济责任审计中的一些业绩指标不能纳入审计范围。当然,审计能力是不断发展的,随着社会进步,原来不具备审计能力的特定事项,后来具备了审计能力,此时,该特定事项就可能成为审计主题。所以,审计主题会不断地增加。上述举例中,随着审计技术的进步,领导干部经济责任审计中的业绩指标也可能会纳入审计范围,从而成为审计主题。

以上分析了特定事项成为审计主题的四个条件，必须强调的是，上述四个条件必须同时具备，缺乏其中的任何一个条件，特定事项都不可能成为审计主题，当同时具备上述四个条件时，该特定事项就会成为审计主题，其逻辑过程如图1-1所示，首先是该特定事项是否涉及经管责任的履行；其次是是否存在真实的审计需求；在此基础上，还需要具备可审计的特征，并具备审计能力。

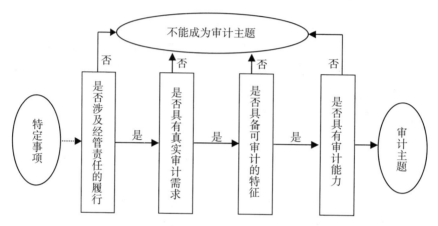

图1-1　特定事项成为审计主题的条件

事实上，也正是因为上述这些条件的差异，现实生活中，审计主题呈现差异化的格局。例如，就政府审计来说，中国政府审计主要开展合规审计，关注财政财务收支及相关经济活动是否符合相关法律法规，其审计主题是行为。美国联邦政府审计主要开展绩效审计，关注财政财务收支及相关经济活动的经济性、效率性和效果性，其审计主题是各类表征绩效水平的信息，鉴证这些绩效信息的真实性，以此为基础，评价绩效水平，并分析绩效差异的原因。就注册会计师审计来说，原来主要是审计财务报告，对财务信息是否真实发表意见，其审计主题是财务信息，后来，发展到财务报告内部控制审计，内部控制制度也成为审计主题。就内部审计来说，不同的单位开展的审计业务类型不同，其原因是审计主题不同，有些单位以合规审计为主，其审计主题是行为，而有些单位则以内部控制审计为主，其审计主题是制度。造成审计主题差异化的主要原因是真实的审计需求不同，正是由于不同组织的真实的审计需求不同，审计主题才呈现差异化（郑石桥，宋夏云，2014；郑石桥，周天根，王玮，2015；郑石桥，2017）。

四、审计主题的类型

根据本书以上的分析，影响代理人履行经管责任、有真实审计需求、具备可审计的特征并且具备审计能力的代理问题和次优问题，可能成为审计主题。那么，审计主题究竟有哪些类型呢？我们从两个角度来分析审计主题的类型，一是经管责任内容的角度，二是经管责任履行的角度。

从经管责任内容的角度来说，尽管人们对经管责任有不同的分类方法，但是，无论如何，其实质性内容就是两个方面，一是花钱，二是做事（米尔顿·弗里德曼，2013）。这两方面都可能出现代理问题和次优问题。从花钱来说，可能出现的代理问题和次优问题包括三个方面，一是不按既定标准的要求花钱，从而出现花钱行为违规，也就是财政财务收支行为违规；二是没有如实报告花钱相关的信息，从而出现财务信息失真，也就是财务报告不真实；三是没有建立约束花钱及财务信息报告的相关制度，从而出现制度缺陷，也就是财政财务收支行为及信息报告相关制度存在缺陷。总体来说，从经管责任履行来说，花钱相关的审计主题包括：财政财务收支行为，财政财务收支信息，财政财务收支及信息报告相关制度。做事也就是代理人所从事的业务活动，可能出现的代理问题和次优问题同样包括三个方面，一是不按既定标准的要求做事，从而出现做事行为违规，也就是业务行为违规；二是没有如实报告做事相关的信息，从而出现业务信息失真，也就是统计报告不真实；三是没有建立约束做事及信息报告的相关制度，从而出现制度缺陷，也就是业务行为及业务信息报告相关制度存在缺陷。总体来说，从经管责任履行来说，做事相关的审计主题包括：业务行为，业务信息，业务行为及业务信息报告相关制度。综合花钱和做事两个方面的经管责任，审计主题如下：一是行为，包括财政财务收支行为和业务行为；二是信息，包括财务信息和业务信息；三是制度，包括：财政财务收支制度，业务行为制度，信息报告制度。所以，总体来说，可能纳入审计主题的代理问题和次优问题包括四类：财务信息，业务信息，行为，制度。

从经管责任履行过程的角度来说，代理人的代理问题和次优问题要么出现在经管责任履行的过程中，在这个过程中偏离委托人的期望；要么出现在经管责任履行结果的报告中，在报告经管责任履行结果时偏离委托人的期望，出现信息失真。经管责任履行的过程中偏离委托人的期望，主要有三种方式，一是行为偏差，也就是在具体行动上偏差委托人的期望，主要是各种违规行为；二是制度偏差，主要是未能建立适宜的营运制度为良好地履行经管责任奠定基础，主要是各种制度缺陷；三是信息偏差，主要是关于经管责任履行过程的各种信息失真。经管责任履行结果报告偏离委托人的期望，主要是关于经管责任履行结果的信息出现偏差，也就是未能如何地报告经管责任履行结果。综合上述经管责任履行及结果报告中的代理问题和次优问题，总体来说，可以分为三类，一是信息失真，二是行为偏差，三是制度缺陷，而信息又可以分为财务信息和业务信息。所以，总体来说，可能纳入审计主题的代理问题和次优问题包括四类：财务信息，业务信息，行为，制度。

以上从两个不同的角度将审计主题分为四种类型，下面，我们对这四类审计主题做进一步的分析。

财务信息主要是货币计量，会计资料是其典型形式。由于财务信息既反映了代理人对财务资源的运用过程，也反映了运用结果，所以，既与经管责任履行过程有关，更与经管责任履行结果有关，同时，体现了代理人花钱责任的履行情况，代理人完全有激励操纵这些信息，所以，有必要成为审计主题。同时，以交易、余额、列报为标的，可演绎出审计命题，且具备完整的记录，也有明确的会计准则作为计量依据，所以，财务信息成为审计主题。

业务信息主要是非货币计量，各类业务统计资料是其典型形式。统计数据一方面可能涉及经管责任的履行过程，也可能涉及经管责任的履行结果（所谓的非财务业绩），同时，体现了代理人做事责任的履行情况，代理人完全有激励来操纵业务信息，所以，有必要成为审计主题。同时，可以按流量信息、存量信息为标的来演绎具体的审计命题，并且，不同的业务信息如何计量，都会有一定的规范，所以，如果某些业务信息具备一定的记录或载体，则这种业务信息就可以成为审计主题。业务信息包括的类型很庞杂，在成为审计主题的条件方面存在差异，并且这些差异是变动的，所以，不断地有新的业务信息纳入审计主题中。

行为是代理人履行经管责任的作为或不作为，主要包括财务行为和业务行为，财务行为也就是财政财务收支活动，主要包括财务资源的筹集、分配、使用等；业务行为是代理人履行其组织职能的活动，也称为业务活动，不同的组织有不同的业务活动。上述这些行为，代理人及其领导的组织都可能有意或无意地偏离委托人的期望，出现行为偏差。因此，行为有必要成为审计主题。同时，一般来说，对于各种行为，都会有一定的规范性要求（例如，法律法规及规章制度），这些要求就是既定标准。行为还可以演绎出具体审计目标或审计命题，一般是在真实性命题的基础上，增加合规性命题，主要是范围和标准两个方面的具体命题。具体上述条件时，如果某些行为有一定的记录或载体，则该行为就可以成为审计主题。

制度是代理人履行其经管责任的基础，为了良好地履行经管责任，代理人有责任构建并执行适宜的制度体系。然而，一方面，能够良好地履行经管责任的制度体系，未必符合代理人的利益最大化，所以，代理人可能不一定有激励来建立和执行这种制度；另一方面，由于代理人的有限理性，未必能建立和执行良好的制度体系。所以，制度可能存在缺陷，也正是因为如此，制度有必要成为审计主题。如果对制度缺陷的判断标准能在一定范围内达成共识，并且制度设计和执行留下一定的载体，则该制度有可能成为审计主题。

需要说明的是，审计主题区分为财务信息、业务信息、行为和制度具有一定的逻辑瑕疵。严格地说，审计主题应该是三类：信息、行为和制度。这三类主题的地位是相同。但是，这种分类是具有可扩展性的，并且是动态的。信息主题之所以分为财务信息和业务信息，主要原因有两个：一是这两类审计都得到了较为丰富的发展，特别是其中的财务信息审计已经较为成熟；二是财务信息和业务信息的审计技术有较大的差异，需要分别研究。至于行为和制度这两类审计主题，如果得到较大的发展，完全可能再分为亚层次的审计主题，只是目前还没有发展到这种状况。

以上分别分析了四种审计主题，这只是最概括层级的审计主题，各种审计主题还可以做进一步的细分，以确定更具体的审计事项，从而形成审计内容的体系。基本的框架如表1-3所示。

表1-3　审计主题类型及细分

主题类型	审计主题的细分	
	第二层级	更细分的层级
财务信息	历史财务信息	资产负债表、利润表、现金流量表、股东权益及变动表
	预测财务信息	盈利预测信息、预计资产负债表、预计现金流量表
	商定财务信息	关注特定的财务信息

主题类型	审计主题的细分	
	第二层级	更细分的层级
业务信息	业务营运信息	各种非财务计量的业务营运信息
	自然资源信息	各种自然资源流量信息、各种自然资源存量信息、各种自然资源质量信息
	环境信息	不同的环境载体现状及其变动的信息
	工程信息	各种工程工作量、质量及物理特征的信息
	社会责任信息	各种社会责任履行情况的信息
	政策效果信息	各种政策的预期效果信息、非预期效果信息
	…	
行为	财务行为	财政收支活动、财务收支活动、预算收支活动、筹资活动、投资活动、分配活动等
	业务行为	不同的单位有不同的业务行为体系
特定制度	财务信息相关制度	规章制度、业务流程、信息系统、内部控制、风险管理、组织治理等
	业务信息相关制度	规章制度、业务流程、信息系统、内部控制、风险管理、组织治理等
	财务行为相关制度	规章制度、业务流程、信息系统、内部控制、风险管理、组织治理等
	业务行为相关制度	规章制度、业务流程、信息系统、内部控制、风险管理、组织治理等

以上分析了审计主题的不同类型。现实生活中，审计有四大主体：政府审计、内部审计、注册会计师审计和军事审计。审计主题和这些审计主体是什么关系？一般来说，审计主题涉及的是审计什么，而审计主体涉及的是谁来审计。所以，二者之间并无一一对应关系。从逻辑上来说，它们之间的关系如表1-4所示。

表 1-4　审计主题与审计主体的关系

项目		审计主题			
		财务信息	业务信息	行为	制度
审计 主体	政府审计	★	★	★	★
	内部审计	★	★	★	★
	注册会计师审计	★	★	★	★
	军事审计	★	★	★	★
★表示可能有这种组合					

表 1-4 的组合显示，从逻辑上来说，任何审计主体都可能对任何审计主题进行审计。从现实来说，我国的注册会计师审计主要审计财务报告和内部控制，其审计主题是财务信息和制度；内部审计主要开展内部控制审计，其审计主题是制度；政府审计和军事审计主要开展合规审计，其审计主题是行为。

五、结论和启示

审计主题既是重要的实务问题，更是重要的理论问题，本书从三个方面探究审计主题，一是界定审计主题的概念及条件，并在此基础上，分析审计主题的类型；二是分析审计主题在审计理论中的地位；三是分析审计主题在审计实施框架中的地位。

从审计技术逻辑来说，审计就是围绕特定事项，采用系统方法收集证据，以判断该特定事项与既定标准之间的相符程度。这里的特定事项就是审计主题。任何特定事项要成为审计主题需要具备四个条件：涉及经管责任的履行、具有审计需求、具备可审计的特征和具备审计能力。可能纳入审计主题的代理问题和次优问题包括财务信息、业务信息、行为和制度。

本书的研究启示我们，审计主题是审计理论和审计实践的重要问题。但是，长期以来，这个重要的问题却一直被忽视。也正是因此如此，人们经常困惑审计什么、何处是审计的边界，在审计制度建构中经常出现有缺陷的审计制度。树立审计主题理念是推动审计发展的关键要素。目前，需要开展四项工作，一是以审计主题来贯通审计理论各要素，形成融通的审计理论体系；二是按审计主题来建构审计学科体系；三是按审计主题来形成审计业务类型；四是按审计主题来构建审计准则体系。不树立审计主题理念，审计理论、审计学科、审计项目及审计准则，将永远处于混沌状态。

第二节　作为审计主题的行为及其分类

我国的合规审计、建设性审计及中国特色绩效审计都非常关注行为是否合规等问题。这类审计，本质上是行为审计。我国的具体审计准则难以出台，其主要原因是没有区分行为审计与信息审计，对于行为审计的许多重大理论问题没有认识清楚，作为行为审计主题的行为，是其中的最基础性的理论命题。行为审计的主题是行为，然而，行为究竟是什么？包括一些什么内容呢？如何分类？这些理论问题没有得到很好的探究，行为审计没有行为理论（鸟羽至英，1995），审计实践中出现了不少的困惑。

本书借鉴法学理论的行为理论，对行为审计的行为理论做一探索性的研究。随后的内容安排如下：首先是对法学理论中的行为理论的一个简要概述；在此基础上，构建一个包括行为概念、范围和分类的行为理论框架；然后，以上述理论框架为基础，对现实生活中的主要行为审计业务的审计内容做一简要分析，以一定程度验证上述理论；最后是结论和启示。

一、文献综述

大量的审计学文献研究审计行为，但是，本书的行为审计与审计行为完全不同。这里的行为是需要审计人员发表意见的事项，是审计主题。由于审计学一般不区分审计主题，所以，缺乏关于审计主题意义上的行为研究。然而，法学关注的是从众多的行为中找出犯罪行为，法学的行为理论对行为审计学具有较大的借鉴价值。所以，本书的文献综述，主要关注法学中的行为理论。

由于法学坚持"犯罪是行为，无行为即无犯罪"的原则，行为成为法学理论研究的基础。为了建构一个富有解释力和理论张力的行为概念，法学家们演绎了各种各样的行为理论，主要包括：因果行为论、目的行为论、社会行为论、人格行为论。这些理论为行为概念的确立提供了不同方位的视角（马克昌，鲍遂献，1991；黎宏，1994；秦秀春，1999；叶必丰，2005；刘明研，2008）。

因果行为论认为，并不是所有的人类举动都属于行为，只有受人的意志支配的身体举动才构成行为，强调外部举动和内在意志的因果关系。根据因果行为论，行为必须具备两个特征：一是意志性，二是身体性。意志性是指行为中必须有行为人的自由意志，缺乏意志的举动形式不属于行为。

身体性是指行为必须有人的身体的外部举动。因果行为论存在两方面的缺陷，一是无法解释不作为和过失行为，二是把许多不具有刑法意义的人类举动包括在了行为概念之中。

目的行为论主张行为是人为达到一定的目的而在评估各种可能结果后的有计划的行为。目的行为论尝试探求行为的本质，认为这个本质就是行为人的目的，行为就是行为人设定一定的目的然后选择实现该目的的必要手段，并操纵、支配实现该目的的因果关系的一系列举止。目的行为论在解释过失行为和不作为时目的行为论遇到了困难。

人格行为论认为，行为是人格主体现实化的身体动静，是行为人人格的体现，是在人格与环境的相互作用中根据行为人的主体态度而实施的。人格行为论关注的不是行为的社会意义而是行为所反映的行为人人格，把不具有人格意义的人类举动，如反射动作、本能动作，排除在行为范畴之外。人格行为论同样失之宽泛，人格概念是一个宽泛的概念，在理解上难以统一，而对法学理解是需要统一的。

社会行为论认为凡是人类的举止，不管是故意还是过失，作为还是不作为，只要足以引起有害于社会的结果而具有社会重要性，都可以视为法学中的行为。行为的法学意义在于行为的社会性，如果行为不具有社会性，如单纯的饮食、睡眠、行走等活动，则完全不是法学所关心的。社会行为论同样遇到困难。第一，社会重要意义本身是一个宽泛的概念，在社会重要意义这一概念上不存在统一的认识，如何可以用不统一的概念去对作为和不作为、故意和过失做出统一的解释。第二，社会行为论，关注行为的社会意义和社会价值，忽略了人类行为的意志性，把一些具有社会重要意义却缺乏意志的人类举止包含在了行为的范畴当中，违背了理性原则。

上述多种行为理论中，社会行为论接受程度较高，也是大陆法国家的通说。上述这些理论虽然未直接论及作为审计主题的行为，但是，从技术上来说，行为审计就是从众多的行为中找出缺陷行为，具有准司法性质。所以，这些法学中的行为理论对于行为审计学研究具有较大的借鉴价值。

二、行为审计的行为理论框架：概念、范围和分类

审计就是审计人员针对审计客体的特定事项发表意见，这个特定事项称为审计主题。如果审计人员是对审计客体所给出的信息做出结论，审计的主题就是信息。如果审计人员是对审计客体的行为做出结论，审计的主题就是行为。根据审计主题不同，审计区分为信息审计和行为审计。行为审计就是对行为发表意见，从技术上来说，就是从众多的行为中找出缺陷行为。所以，如何理解行为，是行为审计的基础。从基础理论层面来说，对于行为的理解，涉及三个问题：行为的概念、行为的范围、行为的分类。

（一）行为审计的行为概念

综观法学中的各种行为理论，其关键分歧在于两个方面：一是是否考虑人的主观意志或目的，二是是否考虑社会影响。这两点，对于行为审计来说，都是非常重要的。第一，法学中的行为主体主要是研究自然人，对于自然人来说，可能存在非意志活动，但是，行为审计中的行为主体，既可能是自然人，更可能是一个组织。个人当然可能存在非意志行为，对于一个组织来说，同样存在非意志行为。例如，由于有限理性，未能意识到某些管理行为的落后，这并不意味这些行为不落后。所以，行为审计中的行为，一般不要求具有意志性。第二，就社会影响来说，如果行为不对组织或社会造成负面影响，根据成本效益原则，则行为审计一般不予以关注。所以，行为审计主要关注那些造成社会负面影响的行为（主要是对经管责任有危害或负面影响）。总体来说，行为审计对行为的理解，可以借鉴社会行为论。

借鉴社会行为论，本书将行为审计中的行为界定如下：行为是特定的自然人或组织对其经管责任履行具有重要影响的作为或不作为，一般称为特定行为。

这个概念所界定的特定行为具有以下四个特征：第一，行为的主体包括特定的自然人和组织。这里的自然人主要是作为审计客体的领导或其他人员。例如，经济责任审计是以领导作为审计客体，其中包括领导本人的一些行为。这里的组织，是作为审计客体的法人或法人内部单位。例如，预算执行审计，一个部门或一个单位的预算相关行为都成为审计内容，从而整个部门或单位也就成为行为主体。第二，行为主体的行为不一定是有意志的，也就是说，行为主体的无意志行为也应该作为行为审计的内容。法学中的一些典型的非意志行为，在行为审计中并不存在。例如，精神病、梦游等，这些非意志行为在行为审计中都不会存在。但是，如果就此将非意志行为排除在行为审计之外，则就将一些需要纠正的缺陷行为排除了。例如，由于不知道某项法律法规而违反了该法规，由于不知道有先进的管理方法而采用了落后的管理方法。也就是说，缺陷行为并不一定是有意志而为之，许多情形下，缺陷行为是无意志而发生的。第三，行为的重要影响。这里的重要影响是强调对经管责任的影响，既包括对组织内部的利益相关者之影响，也包括对组织外部的利益相关者之影响。如果行为主体的行为对内部和外部利益相关者都没有影响，则这种行为也不应该是行为审计所关注的。同时，行为的影响要达到一定的程度，具有一定的重要性，如果不具有重要性，则这种行为也不应该成为行为审计关注的内容。当然，重要性的确定是具有职业判断的，并无一个放之四海而皆准的办法。第四，这种行为是在经管责任履行中发生的，与经管责任履行无关的行为不是行为审计关注的内容。这是的经管责任，就是委托代理关系下，代理人向委托人承担的显性和隐性责任。所以，这种行为是有特定范围的，称为特定行为。

（二）行为审计的行为范围

行为审计应当有一个适合的考察范围，不可能也没必要去考察所有的人类举动形式，因而在进行审计评价之前，要排除掉在审计意义上完全不重要的人类举动形式，通过把一定的作为或不作为确认为行为，而把一些对于经营责任不重要的作为或不作为视为不是行为，这就为行为审计确立了一个合适的考察范围，表现出限定功能。

从行为审计视角出发，本书将行为界定为特定自然人或组织对其经管责任履行具有重要影响的作为或不作为。也就是说，只有与特定自然人或组织经管责任履行有关的作为或不作为，才是行为审计中的特定行为，否则，就不是行为审计意义上的特定行为。

无论是自然人还是组织，都具有很多各种行为，是否所有的活动都要纳入行为审计范围呢？回答是否定的。凡是与经营责任之履行没有关联的行为都不应该纳入行为的范围。例如，自然人吃饭、睡觉及其家庭生活或私生活等，组织层面的一些与工作无关的活动（例如，工会组织钓鱼、徒步锻炼等）。这些与经管责任之履行没有关联的行为加上与经营责任履行有关的特定行为，作为一个整体，形成一个一般意义上的行为概念，我们称之为一般行为，这是行为审计中的特定行为的上位概念。

行为审计的核心内容是从众多的特定行为中找出缺陷行为。所以，缺陷行为是特定行为的下位概念，它是特定行为的一个子集。这里的"众多的特定行为"，除了缺陷行为这个子集外，还包括正常行为，也就是缺陷行为之外的其他特定行为。这里的缺陷行为是指不能有效地履行经管责任的行为，包括违规行为和瑕疵行为，违规行为是指明确违反了委托人意愿或相关法律法规的行为，而瑕疵行为是指由于有限理性和自利所导致的次优问题和代理问题，也就是没有采用最合宜方案的行为或不作为，不作为是指本来可以促进经管责任履行但是没有实施的行为。总体来说，缺陷行为是存在改进潜力的行为，这些行为如果得到改善，经管责任的履行会更好。这里的正常行为是与缺陷行为相对应的，这些行为的实施对经管责任的履行产生了正面的效果。

行为审计是以经管责任为前提，其核心内容是从众多的特定行为中找出缺陷行为，所以，它的范围不是一般行为，而是特定行为，或者说，是与经管责任履行有关的行为。通过采用系统的方法，获取审计证据，将特定行为区分为正常行为和缺陷行为。

正常行为和缺陷行为，从行为的内容、属性来看，可能无差别，只是对经管责任履行产生不同的后果，缺陷行为在改进前对经管责任履行未能有效地发挥作用，改进之后才能有效地发挥作用。例如，同样是差旅费用报销，违规报销和合规报销的内容和属性是一样的。从内容来说，都是交通费用、住宿费用、餐费等；从属性来说，都是财务支出。但是，二者的区别是，一个是合规，未违反相关的法规或制度，一个是违规，违反了相关的制度或法规。通常这两种行为是在一个审计载体中，行为审计的核心内容就是从这个载体中找出违规之处，从而确认违规行为。当然，现实生活很复杂，有一些特定情形下，违规行为可能形成一个单独的载体，"小金库"就是这种情形。

总体来说，不同阶位的行为概念，归纳如图1-2所示。

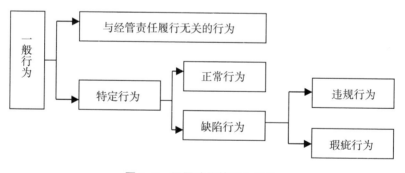

图1-2　不同阶位的行为概念

（三）行为审计的行为分类

不同阶位的行为概念为我们界定行为审计的范围提供指引。然而，正常行为和缺陷通常是混合在一起，形成一个较为庞大的特定行为集合。为了行为审计的有效开展，还需要对特定行为进行再分类，以方便行为审计有针对性地开展。一般来说，对于特定行为（也就是与经管责任履行有关的行为）可以从行为主体、行为标的、行为内容及属性三个维度进行分类。

1. 按行为主体分类：组织行为、自然人行为

行为审计的行为主体包括特定的自然人和组织，所以，特定行为区分为组织行为和自然人行为。组织行为是特定组织在履行其经管责任中具有重要影响的作为或不作为。不同的组织具有不同的经营责任，所以，其作为或不作为不同。例如，对于一个政府行政机构来说，其行政行为就是特定行为的主要内容。行政行为本身也有许多区分方法：抽象行政行为，具体行政行为，合议制行政主体实施的行政行为和首长负责制行政主体实施的行政行为，羁束行政行为和裁量行政行为，依职权行政行为和应申请行政行为，附款行政行为和无附款行政行为，授益行政行为和负担行政行为，要式行政行为和非要式行政行为，作为行政行为和不作为行政行为，独立的行政行为和需补充的行政行为，内部行政行为和外部行政行为，单方行政行为和双方行政行为，行政立法行为，行政执法行为和行政司法行为，自为的行政行为，授权的行政行为和委托的行政行为等，都是对行政行为的再分类（叶必丰，2005）。

自然人行为是特定的自然人在履行其经管责任中具有重要影响的作为或不作为。不同的自然人在履行经管责任中的具体职责不同，从而具有不同的作为或不作为。例如，经济责任审计中，领导人对于不同事项的介入程度不同，所以，需要将其责任区分为直接责任、主管责任和领导责任。同时，不同组织的领导人，由于其所领导的组织承担不同的经管责任，所以，党委书记和行政领导的责任内容不同，不同层级的领导人的责任内容不同，不同类型的组织的领导承担的责任内容不同，从而需要分类确定经济责任审计内容和评价标准。

2. 按行为标的分类：具体行为、约束具体行为的制度

行为审计的标的有两种情形：一是直接审计具体行为，二是审计约束行为的制度。从本质上来说，审计具体行为和审计制度具有一致性。因为，如果约束具体行为的制度是合规、合理的，并且得到有效的执行，则在这些制度约束下的具体行为也就不存在缺陷。所以，寻找制度缺陷和寻找具体行为缺陷具有同等意义。当然，在一些情形下，如果只是关注特定个别人的特定具体行为，如果存在合适的审计载体，则审计具体行为可能更加简捷。例如，如果要审计一个单位的差旅费用报销，可能审计其差旅费报销制度的合规性、合理性及其执行性是可行的选择。但是，如果只是关注特定个别人是否在差旅费报销中有贪污行为，则只关注该个别人的报销行为可能更为有效。一般来说，行为审计主要关注具体行为，对约束具体行

为的制度之审计，形成制度审计。当然，由于审计具体行为和审计制度具有一致性，所以，它们共同组成广义的行为审计。

3. 按行为内容和属性分类：业务行为、财务行为、其他行为

从行为的内容和属性来看，行为可以分为业务行为、财务行为和其他行为。业务行为是从事本组织或本岗位职责所发生的行为。不同的组织或不同的岗位具有不同的职责，从而具有不同的业务行为。例如，企业作为营利法人要从事一定的业务行为，提供一定的产品或服务。如中国石油天然气集团公司的业务行为包括气勘探开发、炼油化工、油品销售、油气储运、石油贸易、工程技术服务和石油装备制造。又如，根据《中华人民共和国审计法》及其实施条例和《国务院办公厅关于印发审计署主要职责内设机构和人员编制规定的通知》（国办发〔2008〕84 号）相关规定，审计署的主要职责是：主管全国审计工作；起草审计法律法规草案，拟订审计政策，制定审计规章、审计准则和指南并监督执行；向国务院总理提出年度中央预算执行和其他财政收支情况的审计结果报告；直接审计规定事项，出具审计报告，在法定职权范围内做出审计决定或向有关主管机关提出处理处罚的建议。履行上述职责所从事的活动都是业务行为。同时，不同岗位也存在不同的职责，履行其岗位职责的行为就是本岗位的业务行为。不同岗位具有不同的岗位职责，从而具有不同的业务行为，中国石油天然气集团公司董事长和国家审计署审计长的岗位职责不同，他们的业务活动也不同。

财务行为是与资金相关的各项行为。不同的组织或不同的岗位，资金来源及使用不同，与资金相关的职责不同，从而具有不同的财务行为。对于企业单位来说，资金筹集、资金使用和利润分配是主要的财务行为。对于行政事业单位来说，财务行为主要包括预算管理、收入管理、支出管理、采购管理、资产管理、往来资金结算管理、现金及银行存款管理。同样，不同的岗位承担的财务相关职责不同，其财务行为的具体作为或不作为也不同。财务总监和总经理具有不同的财务行为，采购员和生产线上的员工也具有不同的财务行为。但是，一般来说，每个组织或每个岗位都有一定的财务行为。

其他行为是业务行为和财务行为之外但与经管责任履行相关的其他各项行为，不同的组织或岗位在其他领域的职责不同，从而具有不同的其他作为或不作为。例如，对于企业来说，人力资源管理、环境管理、公益事业等都是与经管责任履行相关的行为。对于行政事业单位来说，人力资源

招聘、政府采购、物业管理、公务接待等都是与经管责任履行相关的行为。同时，不同岗位也会有不同的其他行为。例如，财务部经理和人力资源部经理相比，在人力资源方面就具有很不同的职责，从而具有很不同的行为。

上述这些行为，业务行为是中心，财务行为和其他行为是为业务行为服务的。然而，如果财务行为和其他行为出现问题，则业务行为也会受到制约。

那么，上述三类行为为什么都可能成为行为审计的内容呢？一般来说，财务行为作为行为审计内容是大家公认的。问题是，业务行为和其他行为能否作为行为审计内容呢？就业务行为来说，各类业务行为基本上都是提供某产品或服务的，一般都有相关的法律法规或规章制度，行为主体在业务行为中遵守这些法律法规或规章制度是其业务行为的内在要求，所以，客观上需要对业务行为进行行为审计。就其他行为来说，同样需要遵守相关法律法规或规章制度，所以，同样需要进行行为审计。即使没有相关的法律法规或规章制度，为了判断业务行为或其他行为是否合理，是否存在改进的潜力，也可以开展行为审计。

以上从三个不同的角度对特定行为进行了分类。事实上，这三种分类可以结合起来，因为行为一定是有主体的，而主体的行为一定是有内容的，同时，进行行为审计时，一定要选择一定标的的。所以，三各分类可以结合起来，形成一个综合分类，其大致情形如表1-5所示。

表1-5　特定行为的综合分类

行为内容和属性	行为主体			
	组织		自然人	
	具体行为	约束具体行为的制度	具体行为	约束具体行为的制度
业务行为	★	★	★	★
财务行为	★	★	★	★
其他行为	★	★	★	★
★表示有这种情形				

三、主要行为审计业务的审计内容分析

本书前面构建了包括行为概念、范围和分类的行为理论框架。下面，我们用这个理论框架来分析现实生活中的主要行为审计业务的审计内容，

以一定程度验证上述理论框架。

（一）舞弊审计

舞弊审计关注的是舞弊行为，从行为审计角度来说，主要是关注审计客体与经管责任履行相关的舞弊行为，对于与经管责任无关的舞弊行为（例如，个人生活中的舞弊行为），一般不作为审计内容。审计客体在履行经管责任中的全部行为分为舞弊行为和非舞弊行为，舞弊审计就是要从这个行为整体中找出舞弊行为，这里的全部行为也就是本书前面界定的特定行为，非舞弊行为也就是正常行为，舞弊行为也就是缺陷行为。

对于审计客体的特定行为，可以从多个视角进行分类。从行为主体视角，自然人当然可能舞弊，一个组织也可能舞弊，所以，舞弊审计的特定行为包括自然人行为和组织行为。从行为标的视角，虽然舞弊实施依据于具体行为，但是，制度缺陷是舞弊的前提，没有制度缺陷，舞弊具体行为难以实施。所以，舞弊审计并不只是关注具体的舞弊行为，还要关注与舞弊行为相关的制度。从这个角度出发，舞弊审计既要关注具体行为，还要关注约束具体行为的制度。从行为内容及属性视角，舞弊可能发生在业务行为中，也可能发生在财务行为中，还可能发生在其他相关行为中。任何一种特定行为中都可能发生舞弊，所以，舞弊审计要关注业务行为、财务行为和其他行为。

（二）预算执行审计

虽然对预算执行审计有不同的认识，但是，无论如何，预算执行的合规性、预算管理的合理性都是预算执行审计的关注重点。这里的预算执行合规性、预算管理合理性，就是行为审计，预算执行和预算管理都是预算执行行为。这些行为与预算经管责任密切相关，形成预算执行审计的特定行为。预算执行特定行为由两类组成，一是合规、合理的预算执行行为，也就是本书前面界定的正常行为，二是不合规或不合理的预算执行行为，也就是本书前面界定的缺陷行为。

对于预算执行主体的特定行为，可以从多个视角进行分类。从行为主体来说，自然人有预算执行行为，一个组织当然更有预算执行行为，所以，预算执行行为包括自然人的预算执行行为和组织的预算执行行为。从行为标的来说，预算执行行为可以是具体的预算执行行为，例如，取得收入，发生支出，政府采购等；也可以是约束上述具体行为的预算管理制度。所以，预算执行审计，既要关注具体的预算执行行为，还要关注预算管理制度。从预算执行行为的内容及属性来说，预算执行本身是财务行为，但是，财务行为是支持业务行为和其他行为的,财务行为是因为业务行为和其他行为引致的,如果没有业务行为和其他行为,财务行为也就没有必要发生。从根本上来说,财务预算是业务计划和其他行为计划的财务体现,财务行为违规的原因可能源于业务行为和其他行为。因此,预算执行审计,要跟踪到业务行为和其他行为。

(三) 管理审计

虽然对管理审计有不同的认识,但是,无论如何,管理的合规性、合理性都是管理审计的关注重点。管理行为当然是履行经管责任不可或缺的,所以,属于本书前面界定的特定行为。这种特定行为由两部分组成,一是合规、合理的管理行为,也就是本书前面界定的正常行为;二是不合规或不合理的管理行为,也就是本书前面界定的缺陷行为。一般来说,正常管理行为和缺陷管理行为是混合在一起的,它们共同组成特定行为,管理审计的核心内容,就是要从特定行为中找出缺陷管理行为。

对于审计客体的管理行为,可以从多个视角进行分类。从行为主体来说,自然人当然有管理行为,一个组织更会有管理行为,所以,管理审计的特定行为包括自然人的管理行为和组织的管理行为。从行为标的来说,管理行为可以是具体的管理操作行为。例如,市场预测、人员招聘、质量检查等,也可以是约束管理操作行为的管理制度。所以,具体的管理操作行为和管理制度都是管理审计的内容。从行为内容及属性来说,业务行为、财务行为和其他行为,都可以有具体的管理操作行为,还会有约束这些行为的管理制度。所以,各类行为都可能成为管理审计的内容。

总体来说,舞弊审计、预算执行审计和管理审计的审计内容符合本书前面构建的行为理论框架,这说明这个理论框架具有解释力和理论张力。

四、结论和启示

我国的合规审计、建设性审计及中国特色绩效审计都非常关注行为是否合规、制度是否合理等问题。这类审计,本质上是行为审计。本书借鉴法学理论的行为理论,对行为审计的行为理论做一探索性的研究,包括三个问题:行为概念、行为范围、行为分类。

与经管责任之履行没有关联的行为加上与经营责任履行有关的特定行为,作为一个整体,形成一个一般意义上的行为概念,称之为一般行为。行为审计的行为是特定的自然人或组织对其经管责任履行具有重要影响的作为或不作为,称为特定行为。

特定行为分为正常行为和缺陷行为。从行为的内容、属性来看,它们可能无差别，只是对经管责任履行产生不同的后果，缺陷行为在改进前对经管责任履行未能有效地发挥作用，改进之后才能有效地发挥作用；而正常行为则对经管责任履行产生积极效果。

正常行为和缺陷通常是混合在一起，形成一个较为庞大的特定行为集合。对于特定行为可以从行为主体、行为标的、行为内容及属性三个维度进行分类。行为审计的行为主体包括特定的自然人和组织，所以，特定行为区分为组织行为和自然人行为。行为审计的标的有两种情形，一是直接审计具体行为，二是审计约束行为的制度。所以，特定行为区分为具体行为和约束具体行为的制度。从行为的内容和属性来看，行为可以分为业务行为、财务行为和其他行为。此外，上述三种分类可以结合起来，因为行为一定是有主体的，而主体的行为一定是有内容的，同时，进行行为审计时，一定要选择一定标的的。所以，三各分类可以结合起来，形成一个综合分类。

舞弊审计、预算执行审计和管理审计作为主要的行为审计业务，它们的审计内容符合本书前面提出的行为理论。

行为审计是我国重要的审计类型，然而，目前，还处于以经验为主的阶段，本书构建的行为理论，对于制定行为审计准则具有基础性作用，它有助于确定行为审计的边界，有助于选择合适的审计主题。

参考文献

Biglan，A. 1973. The Characteristics of Subject Matter in Different Academic Areas ［J］. Journal of Applied Psychology，57（3）：195-203.

AAA（American Accounting Association）. 1972. Report of the Committee on Basic Auditing Concepts ［S］.

IAASB（international auditing and assurance standards board）. 2015. ISAE 3000，Assurance engagements other than audits or reviews of historical financial information（Effective for assurance reports dated on or after December 15 ［S］. 2013.

鸟羽至英. 1995. 行为审计理论序说 ［J］. 会计，第148卷第6号：77-80.

谢少敏. 2006. 审计学导论：审计理论入门和研究 ［M］. 上海财经大学出版社.

Hasan，M.，Maijoor，S.，Mock，T. J.，Roebuck，P.，Simnett，R.，and Vanstraelen，A. 2005. The different types of assurance services and levels of assurance provided ［J］. International Journal of Auditing，（9）：91-102.

Fumio，N. 2002. Subject Matter of the Financial Statement Audit ［J］. Journal of economics and business administration，181（2），31-44.

郑石桥，宋夏云 . 2014. 行为审计和信息审计的比较——兼论审计学的发展，当代财经，（12）：109-117.

郑石桥，周天根，王玮 . 2015. 组织治理模式、机会主义类型和审计主题——基于行为审计和信息审计视角，中南财经政法大学学报，（2）：80-85.

郑石桥 . 2017. 内部审计主题类型及其差异化原因：理论框架和例证分析，会计之友，（6）：115-120.

米尔顿·弗里德曼 . 2013. 自由选择 ［M］，机械工业出版社.

鸟羽至英，行为审计理论序说 ［J］，会计，1995（6）：77-80.

马克昌，鲍遂献，略论我国刑法上行为的概念 ［J］，法学研究，1991（2）：1-5.

黎宏，论刑法中的行为概念 ［J］，中国法学，1994（4）：74-83.

秦秀春，对刑法中行为的新思考 ［J］，中外法学，1999（4）：91-94.

叶必丰，行政行为的分类：概念重构抑或正本清源 ［J］，政法论坛（中国政法大学学报），2005（9）：36-46.

刘明研，论刑法中行为的概念 ［J］，法制与社会，2008（12）：58-59.

第二章

审计主题对审计什么有何影响（上）？

审计主题对审计的影响是多方位的，本章从审计一般的视角来探析审计主题对审计什么的影响，具体包括以下内容：组织治理模式、机会主义类型和审计主题；审计目标、审计意见和审计期望差距：基于审计主题；审计主题、权变因素与审计目标。

第一节 组织治理模式、机会主义类型和审计主题

审计作为一个控制机制具有很悠久的历史。关于审计动因的经典解释是委托代理理论（Fama，Jensen，1983；杨时展，1986；林炳发，1998）。然而，现实生活中的审计具有多样化和差异化的特征，为什么同样都源于委托代理的审计会具有多样化和差异化？例如，为什么美国政府审计以绩效审计为主，而我国的政府审计是以合规审计为主？为什么美国的政府审计在不同发展阶段会有不同的审计业务重点？同一行业的大型企业，内部审计业务重点为什么不同？委托代理理论无法回答这些问题。现实生活中的审计多样化和差异化显现在许多方面，本书围绕审计主题，将其区分为行为和信息两类，在此基础上，按委托代理、组织治理模式、机会主义类型到审计主题这个逻辑，分析审计主题差异的原因。

本书随后的内容安排如下：首先是一个简要的文献综述，梳理相关文献；在此基础上，将审计主题区分为行为和信息两大类，按委托代理、组织治理模式、机会主义类型到审计主题这个逻辑，分析审计主题差异的原因，提出一个关于组织治理模式、机会主义类型和审计主题之关系的理论

框架；随后，对中美两国政府审计主题做一简要分析，以一定程度上验证上述理论框架；最后是结论和启示。

一、文献综述

从委托代理视角解释审计的方面很多。一般认为：委托代理关系是现代社会的主要经济社会关系，在委托代理关系下，由于委托人和代理人之间存在的一定的利益冲突，代理人可能会提供虚假信息甚至背离委托人的利益，所以，需要第三者对代理人进行鉴证，审计就产生了（Williamson，1981；Jensen，1993；Hart，1995；杨时展，1986；王光远，2002）。

关于审计多样化和差异化也有些文献进行了解释。委托代理关系是审计的必要条件，不是充分条件。没有委托代理关系，一般不会产生审计，而存在委托代理关系，不一定会有审计，只有当委托人存在监督或问责代理人的需求时，才会产生审计。代理人某种机会主义的严重程度及委托人的监督或问责需求，决定审计是否会出现，也决定审计业务的重点（郑石桥，陈丹萍，2011；郑石桥，贾云洁，2012；郑石桥，马新智，2012）。

总体来说，审计主题的多样化和差异化并没有得到充分研究。本书将审计主题区分为行为和信息两大类，按委托代理、组织治理模式、机会主义类型到审计主题这个逻辑，分析审计主题差异的原因，提出一个关于组织治理模式、机会主义类型和审计主题之关系的理论框架。

二、组织治理模式、机会主义类型和审计主题：理论框架

（一）委托代理与机会主义

尽管对委托代理有不同的表述，在不同的学科中还有含义上的差异。但是，"花他人的钱为他人办事"是委托代理最根本的特征。绝大多数组织（企业是一个组织，事业单位也是一个组织，国家作为一个整体是一个组织，国家的各个机构更是一个组织）都具有"花他人的钱为他人办事"的属性，所以，都存在委托代理关系。在很多的情形下，"花他人的钱为他人办事"可能是这个组织存在和运转的基本形式，失去这个属性，该组织也没有存在的必要性。委托代理关系的构成要素包括关系人和内容两个方面，委托人将一定的资源、权力、事项交付给代理人，代理人使用委托人交付的资源和权力来完成委托人要求的事项。当然，在这个过程中，委托人和代理人之间还有许多的信息沟通，并且，委托人还要根据代理人对资源和权力的使用情况及事项完成情况对代理人进行奖惩并决定是否继续这种委托代理关系。所以，总体来说，委托人和代理人是组成委托代理关系的关系人，而资源、权力、事项、信息沟通、奖惩等共同组成委托代理关系的内容。

然而，委托代理关系是否会有效地运行呢？也就是说，代理人是否会按委托人的愿意来行事？一般来说，代理人作为理性人，会有自己的利益考虑。当违约带来的效用大于其守约时，代理人可能会有偏离既定约定的激励。我们将这种偏离称为机会主义（只是从代理人视角，不排除委托人也存在机会主义）。

那么，代理人是否会具有发生机会主义的条件呢？在委托代理关系中，由于激励不相容、信息不对称、环境不确定同时存在，所以，代理人机会主义完全可能发生。

激励不相容主要表现在两个方面，第一，代理人和委托人的目标之间存在差异，委托人所追求的目标未必是代理人想要追求的目标，代理人和委托人之间的目标存在差异，有时甚至完全相反。第二，对委托人有益的事，未必对代理人也有益。例如，代理人通过努力工作，使组织目标更好地实现，这对委托人可能有益，但是，如果代理人不能从组织目标更好地实现中受益，则代理人可能缺乏努力工作的激励，从而表现卸责。

信息不对称是指代理人知道的信息在充分性、可靠性、及时性等方面都高于委托人。在委托代理关系中，代理人通过资源和权力的使用来完成委托人托付的事项，所以，就相关信息来说，代理人是第一时间、第一渠道获得第一手信息，而委托人的信息主要来源于代理人提供。在这种过程中，代理人可能延迟信息提供，也可能提供虚假信息，还可能会隐匿一些信息，从而使得委托人获取的信息数量和质量都不如代理人，信息不对称出现了。

环境不确定是指代理人使用委托人交付的资源和权力来完成委托人托付的事项时，其最终结果除了受到代理人的努力程度之影响外，还会受到外部环境因素的影响，而这些环境因素又具有不确定性。一般来说，无法将环境因素对产出结果的影响区分开来，从而导致两个后果：第一，好的业绩可能是有利环境的影响，不一定是代理人努力的结果；第二，不好的业绩可能是不利环境的影响，不一定是代理人不努力的结果。

上述三个因素一定要同时存在，代理人才具备发生机会主义的条件。如果没有激励不相容，代理人就缺乏机会主义的动机，从源头上就不会产生机会主义。如果缺乏信息不对称，即使存在激励不相容，在信息对称的情形下，委托人知道代理人的所作所为，代理人犹如"在鱼缸中游泳"，要做些什么小动作，委托人会觉察出来。即使激励不相容和信息不对称同时存在，如果环境具有确定性，委托人可以根据代理人的产出来衡量代理人的努力程度，此时，代理人的机会主义也就难以发生。正是由于上述激励不相容、信息不对称和环境不确定同时存在，代理人机会主义就具备产生的条件了。

既然代理人机会主义就是代理人偏离与委托人的约定，委托人和代理人有什么约定呢？无非表现为两个方面：第一，按一定的方式做事。在许多情形下，委托人对代理人有明示甚至约定，希望代理人如何行为。例如，希望代理人遵守相关法律法规；在另外一些情形下，委托人对代理人没有明示。但是，从委托代理的本质来看，有隐含表达，例如，希望代理人按最大善意原则来行事。第二，做委托人希望的事。委托人将资源和权力交付给代理人，当然是希望代理人使用这些资源和权力来完成委托人自己托付的事项，而不是做其他的事项。所以，总体来说，委托人期望代理人按一定的方式来完成一定的事项。从这种意义出发，代理人对委托人期望的偏离有两种情形，一是不按委托人希望的方式做事，主要表现为行为偏离，本书称为行为机会主义；二是不做委托人期望的事，或者是委托人期望的事做得不好。在这种情形下，代理人一般不会将事项的真相直接报告给委托人，而是给委托人提供虚假信息，所以，最终结果主要表现为信息虚假，也就是信息偏离，本书称为信息机会主义。

（二）组织治理模式与机会主义行为类型

一般来说，激励不相容、信息不对称和环境不确定是委托代理关系的常态，所以，代理人很有可能产生机会主义。委托人作为理性人当然会预期到代理人的机会主义，所以，会构造针对代理人机会主义的外部治理机制，同时，也会要求代理人自己构造应对机会主义的内部治理机制。一般来说，外部治理和内部治理具有高度的相关性，没有一定水平的外部治理机制，内部治理机制难以建立；同时，没有一定水准的内部治理为基础，外部治理也就难以落实。尽管如此，治理机构的构造还是可以有不同的选择，而正是这些不同的选择，使得代理人机会主义类型不同。

一般来说，在产生机会主义的三个条件中，环境不确定是难以控制的，所以，主要是从降低激励不相容和信息不对称这个路径出发。制衡机制、监督机制、问责机制、公开透明机制主要是降低信息不对称，而激励机制和道德机制主要是降低激励不相容。这些机制是否具有经常性和依靠力量的来源，如表2-1所示。表2-1显示，这些机制可以分类两类，一类是依靠力量来自流程内部，并且具有经常性；另一类是依靠力量来自流程外部，并且不具有经常性。

表 2-1 是否具有经常性和依靠力量的来源

具体机制	是否具有经常性	依靠力量来自流程内部还是外部	机制类型
制衡机制	具有经常性	流程内部	内部—经常性机制
激励机制	具有经常性	流程内部	内部—经常性机制
道德机制	具有经常性	流程内部	内部—经常性机制
监督机制	不具有经常性	流程外部	外部—非经常性机制
问责机制	不具有经常性	流程外部	外部—非经常性机制
公开透明机制	不具有经常性	流程外部	外部—非经常性机制

　　一般来说，在应对机会主义的过程中，首先是内部—经常性机制发挥作用（称为第一道防线），将机会主义行为消灭在萌芽之中。通过内部—经常性机制发挥作用之后，可能还存在一些机会主义，称为剩余机会主义。对于这类机会主义，再通过问责机制、监督机制和公开透明机制来发挥作用（称为第二道防线）。通过这些机制对机会主义行为的再次抑制，使机会主义行为降低到可容忍的程度。上述作用过程如图 2-1 所示。

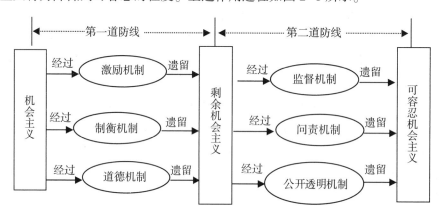

图 2-1 机会主义行为抑制过程

　　从宏观构造上来看，治理机制构造有两种类型，一种类型是以第一道防线为主，另外一种类型是以第二道防线为主。如果是以第一道防线为主，则内部—经常性机制是主要的工具性机制，它们是抑制机会主义的主力军。如果是以第二道防线为主，则外部—非经常性机制是主要的工具性机制，它们是抑制机会主义的主力军。为了叙述的方便，我们将第一种情形称为内部—经常性治理模式，第二种情形称为外部—非经常性治理模式。

不同的治理模式对代理人机会主义会产生什么样的影响呢？本书前面已经将机会主义分为行为机会主义和信息机会主义。不同的治理模式下，行为机会主义和信息机会主义的严重程度会不同。

在内部—经常性治理模式下，由于内部—经常性机制发挥主要作用，而这些机制的特征是具有经常性，并且控制力量来源流程内部。所以，对机会主义的控制效果较好，代理人在行为方面的机会主义受到有效控制。代理人要想在如何做事方面偏离委托人的期望是很困难的，代理人行为机会主义难以发生。也正是在这种背景下，由于有了较为完善的行为治理机制，委托人对代理人行为方面的关注程度较低，主要关注做了什么事，从而，信息成为委托人关注的重点，代理人当然也会以此为重点，当通过努力不能完成委托人的期望时，弄虚作假就成为必然的选择。同时，在这种情形下，委托人还可能有更高的要求，例如，代理人是否可以做更多的事，或者以更少的投入来完成既定的事。信息机会主义出现了。

在外部—非经常性治理模式下，作为第一道防线的内部—经常性机制较为粗糙，"牛栏关猫，进出自由"的现象还屡见不鲜，对机会主义抑制的效果较差，所以，代理人机会主义较容易发生，需要依靠第二道防线来抑制的剩余机会主义较为严重。也正是在这种背景下，行为机会主义成为代理人机会主义的重灾区，也成为委托人关注的重点。当然，这并不表明代理人没有信息机会主义，而是由于代理人行为机会主义严重，相对而言，信息机会主义的受关注程度倒是退居其次了。

当然，内部—经常性治理模式和外部—非经常性治理模式的区分是就典型形态而言。现实世界是复杂的，还存在许多介于二者之间的治理模式，从而使得具有严重性的机会主义类型也不只是上述两种典型形态。例如，行为机会主义和信息机会主义同时严重在现实生活中也是存在的。

（三）机会主义行为类型与审计主题

本书前面的分析表明，在外部—非经常性治理模式，行为机会主义是重点，而在内部—经常性治理模式下，信息机会主义是重点。不同类型的机会主义对审计主题有什么影响呢？

在应对机会主义的治理构造中，审计属于第二道防线，它应对的是经过第一道防线之后的剩余机会主义。审计主题就是审计人员所要发表审计意见的直接对象，从理论上来说，审计主题由委托人决定，委托人关注什么问题，该问题就可以成为审计主题。不同的治理模式下，委托人关注的重点问题不同，从而产生不同的审计主题。

在内部—经常性治理模式下，委托人关注的重点是代理人的信息机会主义，所以，信息成为这种治理模式下的主要审计主题，信息的真实性成为审计关注的重点。由于财政财务报告和绩效报告是主要的信息载体，所以，财政财务报告审计和绩效审计成为主要的审计业务类型。

在外部—非经常性治理模式下，委托人关注的重点是代理人的行为机会主义，所以，行为成为这种治理模式下的主要审计主题，行为的合规性成为审计关注的重点。由于行为本身有许多方面，并且行为主体也有不同的层级，从而使得行为审计类型也较多。例如，舞弊审计、预算执行审计、财务收支审计、合规审计等都属于行为审计。

一般来说，内部—经常性治理模式是较为成熟的模式。公司治理、国家治理等组织治理较完善的国家或组织，更多地采用这种模式。所以，这些国家或组织的审计主题是以信息为主，财政财务报告审计和绩效审计是主要审计业务。而外部—非经常性治理模式是不成熟的治理模式。公司治理、国家治理等组织治理不完善的国家或组织，更多地采用这种模式，所以，这些国家或组织的审计主题是以行为为主，舞弊审计、预算执行审计、财务收支审计、合规审计是主要审计业务。

三、组织治理模式、机会主义类型和审计主题：中美两国政府审计分析

本书从组织治理模式、机会主义类型到审计主题的逻辑分析了三者之间的关系，提出了组织治理模式、机会主义类型到审计主题之关系的一个理论框架。然而，这个理论框架能否解释现实世界的审计主题选择呢？由于本书篇幅，我们仅通过中美两国政府审计的分析来一定程度上验证这个理论框架。

先来看我国当代的政府审计主题选择。我国处于转轨时期，改革开放过程中有大量的制度变迁，所以，各种违规行为还有大量的机会。根据审计署《56 个部门单位 2009 年度预算执行情况和其他财政收支情况审计结果》披露，抽查 56 个中央部门已报销的 29363 张可疑发票中，有 5170 张为虚假发票，列支金额为 1.42 亿元。在这种背景下，行为合规性理所当然就成为重要的审计主题。从审计署历年的绩效报告也显现出这种审计主题的选择[①]：（1）2010 年，审计署统一组织审计项目 31 项（类）。其中：财政

---

① 国家审计署从 2011 年开始披露上年度绩效报告。

审计项目 21 个（类）；金融审计项目 2 个（类）；企业审计项目 1 个（类）；经济责任审计项目 3 个（类）；资源环境审计项目 1 个（类）；涉外审计项目 3 个（类）。查出违规问题金额 599.4 亿元。投入产出比为 1：79。（2）2011 年，审计署统一组织审计 36 项（类）。其中：财政审计项目 22 项（类）；金融审计项目 2 项（类）；企业审计项目 2 项（类）；经济责任审计项目 3 项（类）；资源环境审计项目 2 项（类）；涉外审计项目 5 项（类）。查出主要问题金额 866.8 亿元。投入产出比为 1：96。（3）2012 年，审计署统一组织审计 25 项（类）。其中：财政审计项目 13 项（类），金融审计项目 2 项（类），政府重点投资审计项目 3 项（类），经济责任审计项目 3 项（类），涉外审计项目 4 项（类）。可用货币计量的审计工作成果 1282 亿元。投入产出比为 1：116。从上述绩效数据可以看出，行为合规审计是主要的审计业务，并且，查出的违规金额是逐年增长，审计机关的投入产出比是逐年提高。

我国政府审计为什么以行为合规为主要的审计主题呢？我们认为，最根本的原因是我们的社会经济生活中，各种违规行为还较多，在这种背景下，针对这些违规行为的审计自然成为主要的审计主题。为什么违规行为会较多呢？主要的原因是我国的国家治理还未能实现现代化，内部—经常性治理模式还未建成，防范机会主义的第一道防线还不严密，"牛栏关猫，进出自由"的现象还屡见不鲜。在这种背景下，选择行为合规作为主要的审计主题当然是有其必然性和合理性。

一般而言，美国 GAO[①] 的审计业务发展大致可分为四个阶段：账项基础财务审计阶段，制度基础财务审计阶段，综合审计阶段，绩效审计阶段（李永强，2007；李璐，2009；郑石桥，2012；黄小菊，2012）。在账项基础财务审计阶段（1921—1950），财政财务收支审计成为 GAO 的主要审计业务，逐张检查会计凭证和单据以审核财政收支的合法性，成为主要的审计方式。很显然，在账项基础财务审计阶段，财政财务收支行为是主要的审计主题。在制度基础财务审计阶段（1950—1967），GAO 关注的重点仍然是财政财务收支的合规合法，但是，审计模式已经发生变化，不是直接面向行为，而是面向对行为进行控制的内部控制，关注制度本身的缺陷。通过制度缺陷来寻找违规，通过制度的完善来促进财政财务收支合规。很显然，制度基础财务审计阶段，审计主题还是财政财务收支行为，但是，审

---

① General Accounting Office，2004 年更名为 Government Accountability Office

计模式发生了变化。在综合审计阶段（1967—1970 年代），GAO 的审计业务中增加了绩效审计，走向了财务收支审计与绩效审计并重的阶段。很显然，在综合审计阶段，审计主题有两个，一个是财政财务收支行为，另一个是绩效信息。在绩效审计阶段（1980 年代至今），绩效审计占整个审计工作量的比重已经超过 85%。很显然，这个阶段的主要审计主题是绩效信息。

为什么美国联邦政府审计主题会发生上述变迁呢？主要的原因是美国的国家治理模式发生了变化，从而需要审计来应对的机会主义类型发生了变化。在账项基础财务审计阶段，国家治理较为粗糙，行为机会主义较为严重。后来，国家治理有一定的完善，与财政财务收支行为相关的内部控制得到完善，通过发现内部控制存在的缺陷来寻找违规行为成为有效的取证模式，同时，通过发现内部控制存在的缺陷也可以进一步促进内部控制的完善，这就进入了制度基础财务审计阶段。随着国家治理的进一步完善，行为机会主义已经不再是主要的问题，信息机会主义的被关注程度显著提升，绩效信息作为审计主题的重要性越来越显现，最终成为主要的审计主题。

对中美两国政府审计的简要分析显示，国家治理模式决定需要审计应对的机会主义类型，而机会主义类型会决定审计主题选择，进而决定政府审计业务类型和审计资源投入。这个结论，与本书前面提出的理论框架相一致。

四、结论和启示

现实生活中的审计具有多样化和差异化的特征，为什么同样都源于委托代理关系的审计会具有多样化和差异化？本书围绕审计主题，将其区分为行为和信息两类，在此基础上，按委托代理、组织治理模式、机会主义类型到审计主题这个逻辑，分析审计主题差异的原因。

由于激励不相容、信息不对称和环境不确定，代理人可能发生机会主义，一是不按委托人希望的方式做事，主要表现为行为偏离，称为行为机会主义；二是不做委托人期望的事，或者是委托人期望的事做得不好，主要表现为信息虚假，称为信息机会主义。

应对机会主义的治理机制构造有内部—经常性治理模式和外部—非经常性治理模式两种类型，不同的治理模式下，行为机会主义和信息机会主义的严重程度不同。在内部—经常性治理模式下，由于内部—经常性机制发挥主要作用，而这些机制的特征是具有经常性，并且控制力量来自流程内部，所以，对机会主义的控制效果较好，代理人在行为方面的机会主义受到有效控制，信息机会主义成为关注重点。在外部—非经常性治理模式下，作为第一道防线的内部—经常性机制较为粗糙，对机会主义抑制的效果较差，所以，代理人机会主义较容易发生，需要依靠第二道防线来抑制的剩余机会主义较为严重，行为机会主义成为代理人机会主义的重灾区。

在应对机会主义的治理构造中，审计属于第二道防线，它应对的是经过第一道防线之后的剩余机会主义。审计主题就是审计人员所要发表审计意见的直接对象。从理论上来说，审计主题由委托人决定，委托人关注什么问题，该问题就可以成为审计主题。不同的治理模式下，委托人关注的重点问题不同，从而产生不同的审计主题。在内部—经常性治理模式下，委托人关注的重点是代理人的信息机会主义，所以，信息成为这种治理模式下的主要审计主题，信息的真实性成为审计关注的重点。由于财政财务报告和绩效报告是主要的信息载体，所以，财政财务报告审计和绩效审计成为主要的审计业务类型。在外部—非经常性治理模式下，委托人关注的重点是代理人的行为机会主义，所以，行为成为这种治理模式下的主要审计主题，行为的合规性成为审计关注的重点。由于行为本身有许多方面，并且行为主体也有不同的层级，从而使得行为审计类型也较多。例如，舞弊审计、预算执行审计、财务收支审计、合规审计等都属于行为审计。

对中美两国政府审计的简要分析显示，国家治理模式决定需要审计应对的机会主义类型，而机会主义类型会决定审计主题选择，进而决定政府审计业务类型和审计资源投入。这个结论，与本书前面提出的理论框架相一致。

组织治理模式、机会主义类型和审计主题之间的关系告诉我们，审计制度不能脱离其赖以产生的环境，在这些环境因素中，组织治理模式及其相应的机会主义类型是最重要的环境因素，要根据这些因素的状况来选题审计主题，如果脱离这些环境因素，盲目创新或盲目跟随其他组织或国家的审计制度，则审计就难以在国家或组织治理中发挥其应有的作用。就国家审计来说，党的十八届三中全会做出了全面深化改革若干重大问题的决定，全面深化改革的总目标是完善和发展中国特色社会主义制度，推进国家治理体系和治理能力现代化。在这种背景下，国家审计要立足国家治理的现状，继续强化行为审计；同时，要以行为审计发现的问题为出发点，挖掘其制度原因，促进国家治理的现代化。内部审计来说，要立足组织治理现状来选择适宜的审计主题，大多数的组织治理还处于完善之中，行为审计仍然是很重要的，但是，更为重要的是，要以行为审计发现的问题为出发点，挖掘其制度原因，促进组织治理的优化。就民间审计来说，其审计业务是接受委托，不能自主选择，但是，除了继续优化以财务信息为主的信息审计外，还要大力开拓管理审计、内部控制审计等行为审计业务。

第二节 审计目标、审计意见和审计期望差距：基于审计主题

审计作为一种制度安排，其终极目标是要满足利益相关者的某些需要，为社会提供价值。审计期望差距的存在，表明审计的实际表现未能满足社会的期望，如果任凭这种期望差的存在甚至扩大，则审计的社会价值将受到负面影响。

关于审计期望差距有不少的研究，主要探讨了审计期望差距的内容、原因及降低对策。本书认为，审计期望差距的核心内容应该是审计准则界定的水准与利益相关者对审计的期望水准之间的差距；同时，对于审计期望差距的理论解释，应该具有适用各种审计主体、各种审计业务类型的通用理论框架。基于上述认识，本书以审计主题主基础，从审计目标和审计意见两个视角来探讨审计期望差距的产生原因，希望建立一个解释审计期望差距的通用理论框架。

本书随后的内容安排如下：首先是一个简要的文献综述；其次，以审计主题为基础，从审计目标和审计意见两个角度，提出一个解释审计期望差距的通用理论框架；然后，用这个理论框架来分析各审计主体的审计期望差距，以一定程度上验证上述理论框架；最后是结论和启示。

一、文献综述

审计期望差距最早由 Liggio（1974）提出，它表示审计人员和财务报告使用者关于审计执业之间的认识差距。美国的 Cohen Commission（AICPA，1978）扩展了这个概念，将审计期望差距界定为公众的期望或需要与审计人员实际完成的水准之间的差距。1988 年，加拿大特许会计师协会所属的麦克唐纳委员会对审计期望差进行了系统研究，认为审计期望差是公众对审计的需求或期望与公众感知到的审计人员执业水平之间的差距，它是由"公众对审计的不合理期望""审计准则的不充分性导致的合理期望差""实际执业缺陷导致的合理期望差"和"公众对现行执业质量的认识偏差导致的不合理认识"四个要素构成（CICA，1988）。Porter（1993）根据 Cohen

Commission 的概念，将审计期望差距分为合理差距（reasonableness gap）和执行差距（performance gap）。合理差距是指社会期望与审计人员能合理地完成的水准之间的差距，执行差距是社会能合理期望审计人员完成的水准和感知到的审计人员完成的水准之间的差距。在此基础上，对审计期望差距是否存在进行了问卷调查。有些文献中，审计期望差分为准则缺陷（deficient standards）和执行缺陷（deficient performance），前者指审计准则与合理期望之间的差距，后者指准则的规定与社会感知到的审计人员执行水平之间的差距（Harris&Marxen，1997；Koh. &Woo，1998）。

此外，还有一些文献对不同国家是否存在审计期望差距进行了实证研究，并在此基础上，提出了降低审计期望差距的对策（Kelly&Mohrweis，1989；Humphrey，Moizer&Turley，1993；Monroe&Woodcliff，1994；Epstein & Geiger，1994）。

国内也有不少的文献研究审计期望差距，这些文献以国外研究成果为基础，探讨审计期望差距的概念、内容、原因及降低对策（胡继荣，2001；刘圻，2008；何敬，2010；李雪，张帆，2011），还有文献对中国是否存在审计期望差距进行了问卷调查（周赟，2007；吴瑞勤，2009）。

国内外的这些研究文献丰富了我们对审计期望差距的认识，许多的研究结论已经被职业组织或官方采纳并付诸实施，提升了审计的社会价值。然而，我们认为，审计期望差距的核心内容应该是审计准则界定的水准与公众对审计的期望水准之间的差距，对于这部分差距的机理并未解释清楚；同时，大多数的文献都是从民间审计的角度来解释审计期望差距，并未形成一个解释审计期望差距的通用理论框架。基于上述认识，本书聚焦审计准则界定的水准与公众对审计的期望水准之间的差距，以审计主题为基础，从审计目标和审计意见两个视角来探讨审计期望差距的原因，希望建立一个解释审计期望差距的通用理论框架。

二、审计目标、审计意见和审计期望差距：理论框架

审计期望差距的核心内容应该是审计准则界定的水准与利益相关者对审计的期望水准之间的差距，这种差距形成的机理是什么呢？一般来说，审计准则界定的审计供给虽然包括一个完整的生产过程，但是，从技术逻辑来说，主要包括三个环节：第一是确定审计目标；第二是围绕审计目标来获取审计证据；第三是根据审计证据得出审计意见，并报告给利益相关者。在这三个环节中，利益相关者直接感知的是审计意见，而审计意见实质上是审计目标的结果性表述，不同审计目标下，审计意见的内容不同。

审计取证是围绕审计目标来展开的，其目的是为审计意见提供证据。所以，事实上是审计目标和审计意见决定了审计供给，从而也决定了利益相关者对审计的感知。在审计机构和审计人员严格遵守审计准则的情形下，利益相关者感知的审计供给也就是审计准则确定的审计供给。这种感知到的审计水准与利益相关者期望的审计水准如果有差距，审计期望差距就出现了。在上述审计期望差距的形成过程中，审计主题发挥基础性的作用，影响审计准则对审计目标和审计意见的界定。当然，对于审计发现的问题如何处理处罚，也可能出现审计期望差距，但是，本书的目的是建立一个通用的理论框架，民间审计并无处理处罚的要求，所以，本书不包括这部分内容。上述过程大致如图2-2所示。下面，我们来具体阐述这个理论框架。

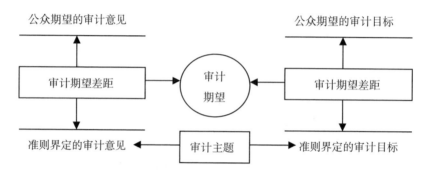

图2-2 审计目标、审计意见和审计期望差距

（一）审计主题、审计目标和审计期望差距

审计目标就是人们通过审计实践活动所期望达到的境地或希望得到的结果，不同的审计主题有不同的审计目标。审计主题就是审计人员所要发表审计意见的直接对象，审计过程就是围绕审计主题收集证据并发表审计意见的系统过程。一般来说，审计主题可以分为两类，一是信息，也就是通常所说的认定；二是行为，也就是审计客体的作为或过程。与上述两类主题相对应，审计也区分为信息审计和行为审计。

不同的审计主题有不同的审计目标。如果不考虑不同的审计主体、不同的审计业务类型，这审计一般而言，真实性、合规性和效益性这三个目标得到大多数人的公认（宋夏云，2006）。

真实性关注的是信息有无虚假或错报，适用于信息审计主题。合法性也称为合规合法性，关注的是财政财务收支及相关经济活动是遵守了相关的法律法规和规章制度，适用于行为审计主题。效益性关注的是财政收支、财务收支以及有关经济活动实现的经济效益、社会效益和环境效益，这里的审计对象是经济效益、社会效益和环境效益，它们是属于行为审计主题还是信息审计主题呢？首先，效益性必然表现为一些数据，需要鉴证其真实性，此时，审计主题是信息，审计目标是真实性；其次，需要对鉴证后的效益与既定的效益标准进行比较，以评价效益的优劣，此时，审计主题仍然是信息，但是，审计目标是评价效益本身的优劣，其目的是寻找效益是否存在缺陷，是否能进一步提升，针对的是次优问题和代理问题。从这个意义上来说，审计目标可以归结为合理性。最后，如果效益不好，就需要寻找其原因，这就必然会涉及效益生产的全过程，从全过程中寻找缺陷，发现改进效益的机会。此时，针对的是次优问题和代理问题，审计主题是生产效益的行为，审计目标是判断行为是否存在次优问题和代理问题。从这个意义上来说，审计目标可以归结为合理性。所以，总体来说，效益性不宜作为独立的审计目标，它包括行为和信息两方面的主题，可以分解为真实性和合理性两个审计目标。

总之，关于审计目标，信息审计主题具有真实性和合理性两个审计目标，而行为审计主题具有合规性和合理性两个审计目标。

从审计目标角度来说，审计期望差距是如何产生的呢？主要的机理是对于不同的审计主题期望了审计准则未界定的审计内容和审计目标。第一，审计内容差距。前已经叙及，信息主题的直接对象是信息，如果在信息主题中，利益相关者期望将行为主题的内容也包括在其中，这显然是审计准则没有界定的。同样，行为主题的直接对象是行为，如果在行为主题中，利益相关者期望将信息主题的内容也包括在其中，这显然也是审计准则没有界定的。第二，审计目标差距。前已经叙及，信息主题的审计目标是真实性和合理性，如果利益相关者期望在信息主题的审计目标中包括合规性目标，这显然是审计准则没有界定的。同样，行为主题的审计目标是合规性和合理性，如果利益相关者期望在行为主题的审计目标中包括真实性目标，这显然是审计准则没有界定的。

以上所述审计主题、审计目标和审计目标期望差距之间的关系如表2-2所示。

表 2-2 审计主题、审计目标和审计期望差距

审计目标		信息审计主题	行为审计主题
审计内容	信息	√	×
	行为	×	√
审计目标	真实性	√	×
	合规性	×	√
	合理性	√	√
√表示准则界定的情形，×表示审计期望差距			

（二）审计主题、审计意见和审计期望差距

审计意见有三个维度与审计期望差距相关，一是审计意见的保证程度，二是审计意见表达方式，也就是采用详式报告还是简式报告，三是审计结果是否公开。我们分别来分析上述三个维度。

1. 审计主题、审计意见保证程度和审计期望差距

根据《中国注册会计师鉴证业务基本准则》第八条规定，鉴证业务的保证程度分为合理保证和有限保证。合理保证的鉴证业务的目标是注册会计师将鉴证业务风险降至该业务环境下可接受的低水平，以此作为以积极方式提出结论的基础。有限保证的鉴证业务的目标是注册会计师将鉴证业务风险降至该业务环境下可接受的水平，以此作为以消极方式提出结论的基础。事实上，这里界定的审计意见保证程度也同样适用于政府审计和内部审计。

审计意见保证程度和审计主题密切相关，不同的审计主题会有不同的审计意见保证程度。就信息主题来说，其技术逻辑属于命题论证型，从基本命题中引出一组可观察命题，通过证明可观察命题进而证明基本命题。从技术逻辑来说，可以获得充分、适当的审计证据来证明审计命题。在这种情形下，审计人员对审计结论的把握程度可以达到较高的程度，从而，从技术上来说，可以采用合理保证程度来发表审计意见。当然，由于成本效益考虑，或者基于其他原因，可以减少审计证据，从而降低保证程度，采用有限保证。所以，总体来说，信息主题可以采用有限保证和合理保证两种保证程度。

就行为来说，其技术逻辑属于事实发现型，其审计命题具多样性、非穷尽性，在成本效果约束下，一般无法获取充分、适当的审计证据来证明

审计命题，所以，也无法就行为整体发表意见，只能就已经发现的行为事实形成审计意见。在这种情形下，审计意见无法采用合理保证程度，只能采用有限保证程度。但是，行为审计有一种特殊类型，它不直接以行为为对象，而是以约束行为的制度为直接对象，而制度相关的命题是可以合理分解的，从而，可以采用合理保证方式发表审计意见。

总之，真实性目标、合理性目标可以采取有限保证和合理保证两种保证程度，而合规性目标一般采取有限保证程度，特殊情形下采取合理保证。

从审计意见保证程度来说，审计期望差距是如何产生的呢？主要的机理是对行为审计主题期望了审计准则未界定的审计意见保证程度。由于信息审计主题的审计意见可以采用合理保证或有限保证，所以，一般不会出现审计期望差距。但是，行为审计只能采用有限保证程度，如果利益相关者期望的是合理保证程度，这显然是审计准则所没有界定的，从而出现审计期望差。

以上所述的审计主题、审计意见保证程度和审计期望差距归纳起来如表2-3所示。

表2-3　审计主题、审计意见保证程度和审计期望差距

审计意见		信息审计主题	行为审计主题（一般情形）	行为审计主题（以制度为对象）
保证程度	合理保证	√	×	√
	有限保证	√	√	√
√表示准则界定的情形，×表示审计期望差距				

2. 审计报告方式与审计期望差距

一般来说，审计意见通过审计报告来传达。审计报告有详式和简式两种方式。目前，民间审计主要采用简式审计报告，而政府审计和内部审计主要采用详式审计报告。不同的审计主题、不同的审计业务类型，与审计报告方式并不必然联系。

从审计报告方式来说，审计期望差距是如何产生的呢？一般来说有两种情形，一是利益相关者期望的是简式报告，而提供的是详式报告；二是利益相关者期望的是详式报告，而提供的是简式报告。后一种情形可能是审计期望差距的主要情形。前一种情形也可能存在，例如，许多领导对于政府审计报告的需求并不是详式报告，而是简明扼要的简式报告。

3. 审计结果是否公开与审计期望差距

审计意见是审计结果的主要内容。一般来说，审计结果有公开和不公

开两种情形。在这个环节也可能产生审计期望差，一方面，如果利益相关者期望审计结果公开，而事实上是没有公开，这就出现了期望差距；另一方面，如果利益相关者期望审计结果不公开，而事实上是公开了，就也出现了期望差距。当然，前面一种情形可能是主要的期望差距。

以上所述的审计报告方式、审计结果和审计期望差距的关系归纳起来如表2-4所示。

表2-4　审计报告方式、审计结果和审计期望差距

组合情形		表示准则界定的情形	利益相关者的期望	是否形成审计期望差距
审计报告方式	1	详式报告	详式报告	不形成
	2	简式报告	简式报告	不形成
	3	详式报告	简式报告	形成
	4	简式报告	详式报告	形成
审计结果是否公开	5	公开	公开	不形成
	6	不公开	不公开	不形成
	7	公开	不公开	形成
	8	不公开	公开	形成

三、审计目标、审计意见和审计期望差距：不同审计主体期望差距分析

本书前面以审计主题为基础，从审计目标和审计意见两个维度建立了一个关于审计期望差距产生原因的通用理论框架，下面，我们用这个理论来解释我国三大审计主体的审计期望差距，以一定程度上验证上述理论框架。

（一）我国民间审计期望差距分析

我国民间审计以财务审计为主，我们以这种审计业务为背景来分析其审计期望差距。民间审计的期望差距主要体现在两个方面：一是审计主题差异。财务审计的主题是财务信息，公众期望的不只是财务信息，还包括错弊。目前，我国的民间审计准则已经承认了与财务信息错报相关的错弊之审计是审计内容的组成部分，但是，公众期望的是，即使与财务信息错报无关的错弊也要列为审计内容。民间审计的另外一个期望差距是审计报告方式。目前，民间审计采用的是标准式的简式报告，公众看到千篇一律的这种审计报告后，感觉信息含量不够，期望审计报告中有更多的相关信息。

（二）我国政府审计期望差距分析

由于政府审计的业务类型较多，我国政府审计的审计期望差距也较多。第一，审计主题期望差距。我国政府审计以行为作为主要的审计主题，在我国的国家治理还未现代化的情形下，这种选择无疑是有道理的。但是，公众也期望有信息主题方面的审计结果，例如，财政决算审计、绩效数据审计等。目前，我国政府审计在信息主题方面开展的工作还很少，与公众的期望有较大的差距。第二，审计意见保证程度。由于我国政府审计是以行为主题为主，所以，发表的审计意见是有限保证，而公众期望的是合理保证。简单地说，公众可能会关心你是否发现发什么问题，但是，更加关心的是，你审计过的单位究竟存在多少问题。由于是以有限保证方式形成审计意见，无法回答审计过的单位究竟存在多少问题，出现审计期望差距。第三，审计报告方式。一般来说，政府审计的结果要面向公众，而公众掌握的审计知识有限，所以，审计报告要采用简明扼要的方式，而现行的政府审计报告通常都是长篇大论，没有满足公众的要求。第四，审计结果是否公开。一般来说，政府审计结果要及时全面地公开，目前，我政府审计结果公开在及时性和全面性方面都与公众的期望有差距。

（三）我国内部审计期望差距分析

不少内部审计做得好的单位有一个成功的经验，那就是领导重视。而内部审计做得不好的单位有一个失败的教训，那就是领导不重视。领导重视和不重视内部审计的原因可能较多，但是，其中一个重要的原因是审计主题的选择。如果领导期望的是行为主题，内部审计选择了信息主题，则领导不会重视内部审计；如果领导期望的是信息主题，内部审计选择了行为主题，则领导不会重视内部审计；如果领导对信息主题和行为主题都重视，内部审计只选择其中一方面，则领导也不会满意。所以，领导作为内部审计成果的主要使用者，其需求就应该是内部审计选择审计主题时应该考虑的主要因素。我国不少的内部审计机构模仿政府审计，不从本单位的实际需求出发，从而出现审计主题期望差距。

四、结论和启示

审计期望差距的存在，表明审计的实际表现未能满足社会的期望。关于审计期望差距有不少的研究，主要探讨了审计期望差距的内容、原因及降低对策。本书以审计主题为基础，从审计目标和审计意见两个视角来探讨审计期望差距的原因，希望建立一个解释审计期望差距的通用理论框架。

关于审计目标，信息审计主题具有真实性和合理性两个审计目标，而行为审计主题具有合规性和合理性两个审计目标。

从审计目标角度来说，审计期望差距产生的主要机理是对于不同的审计主题期望准则未界定的审计内容和审计目标。第一，审计内容差距。如果在信息主题中，利益相关者期望将行为主题的内容也包括在其中，这显然是审计准则没有界定的。同样，行为主题的直接对象是行为，如果在行为主题中，利益相关者期望将信息主题的内容也包括在其中，这显然也是审计准则没有界定的。第二，审计目标差距。如果利益相关者期望在信息主题的审计目标中包括了合规性目标，这显然是审计准则没有界定的。同样，如果利益相关者期望在行为主题的审计目标中包括了真实性目标，这显然是审计准则没有界定的。

审计意见有三个维度与审计期望差距相关：一是审计意见的保证程度；二是审计意见表达方式，也就是采用详式报告还是简式报告；三是审计结果是否公开。

审计意见保证程度和审计主题密切相关。就信息主题来说，技术逻辑属于命题论证型，审计意见可以采用有限保证和合理保证两种保证程度；就行为主题来说，其技术逻辑属于事实发现型，审计意见只能采用有限保证程度，如果利益相关者对行为审计意见期望的是合理保证程度，这显然是审计准则所没有界定的，从而出现审计期望差。

审计报告有详式和简式两种方式，这方面的审计期望差距有两种情形，一是利益相关者期望的是简式报告，而提供的是详式报告；二是利益相关者期望的是详式报告，而提供的是简式报告。

审计结果有公开和不公开两种情形，如果利益相关者期望审计结果公开，而事实上是没有公开，这就出现了期望差距；另一方面，如果利益相关者期望审计结果不公开，而事实上是公开了，就也出现了期望差距。

我国民间审计的期望差距主要体现在两个方面，一是审计主题差异，公众期望与财务信息错报无关的错弊也要列为审计内容；二是审计报告方式，公众期望审计报告中有更多的相关信息。我国政府审计的审计期望差距较多，一是审计主题期望差距，公众期望有信息主题方面的审计结果；二是审计意见保证程度，公众期望合理保证的审计意见；三是审计报告方式，公众期望简明扼要的审计报告；四是公众期望政府审计结果要及时全面地公开。我国内部审计的期望差距主题是审计主题选择，不少内部审计机构模仿政府审计，不从本单位的实际需求出发，从而出现审计主题期望差距。

本书以审计主题为基础，从审计目标和审计意见出发，发现了多种类型的审计期望差距。这些差距可以分为三种类型：一是利益相关者有期望，但是，目前的审计技术难以做到，这需要依赖审计技术的进步；二是利益相关者有期望，目前的审计技术也可以做到，这需要审计机构重视这些期望，大力改进目前的审计工作；三是利益相关者对审计有误解，这需要加强与利益相关者的沟通，消除这些误解。本书认为，也正是这些期望差距的存在，表明审计在未来还有很大的发展空间。

第三节　审计主题、权变因素与审计目标

审计目标就是人们通过审计实践活动所期望达到的境地或希望得到的结果，它是审计工作的出发点，也是审计工作的归宿。不同的审计目标选择会导致不同的审计制度构建和不同的审计资源配置，进而会产生不同的审计效果，最终表现为在国家治理、组织治理中发挥不同的作用。

关于审计目标主要有两个问题，一是审计目标究竟是什么？二是审计目标究竟肯定受到哪些因素的影响？本书主要关注第二个问题。不少的文献研究了审计目标的影响因素，一般认为，审计需求、审计供给和社会环境是影响目标的主要因素。以这种方式确定的审计目标影响因素无法将审计目标影响因素和具体的审计业务联系起来。本书认为，不同的审计主题会有不同的审计目标，正是审计主题决定了审计目标的基本类型，在此基础上，一些权变因素影响特定时空范围内的直接审计目标之确定。

本书随后的内容安排如下：首先是一个简要的文献综述；在此基础上，提出一个关于审计主题、权变因素和审计目标之关系的理论框架；然后，用这个理论框架来分析不同审计主体的审计目标，以一定程度上验证上述理论框架；最后是结论和启示。

一、文献综述

关于审计目标的影响因素之研究大致分为两类，一是不区分审计主体来讨论审计目标，二是讨论不同审计主体的审计目标。

关于不区分审计主体来讨论审计目标的研究，一般认为，审计需求、审计供给和社会环境是影响目标的主要因素。安亚人、宋英慧（1998）认为，审计目标的确定受制于两个因素，一是社会需求审计做什么，二是审计能做什么。社会需求审计做什么，表明社会经济环境是制约审计目标的

外在规定性。审计能做什么，表明审计的功能是制约审计目标的内存因素。赵华、卢洁（2010）认为，影响审计目标的因素包括审计需求、审计供给和社会环境三个方面，审计需求主体包括：政府部门，企业管理当局，投资者，这些需求主体的审计信息需求如果发生变化，则审计目标也会发生变化。审计供给能力包括：审计理论和技术的发展，审计主体规模的扩大，这些供给能力发生变化，审计目标会发生变化。社会环境包括经济体制、法律体系、法治意识等，这些因素发生变化，对审计目标会提出新的要求。王文彬、林钟高（1992）在更加广泛的意义上研究了影响审计目标的因素，他们认为，审计目标具有主观见之于客观的性质，一定时间和空间范围内的审计目标，受审计发展过程中的客观内在规律所决定。主要的因素包括：决定审计运行目标的首先是审计的社会性质。在不同的社会制度下，审计的目标必然不同；在同样的社会性质下，由于审计体制或审计方式不同，审计的运行目标也不一样；审计运行目标还取决于审计本身的特征及其在经济监督中的地位和作用；审计运行目标的规定还要考虑审计环境的发展变化，特别是经济环境的变革对审计提出的挑战。

关于不同审计主体的审计目标之研究，内部审计目标的相关研究主要集中在对增值目标的理解（孟建军，2004；郭艳萍，2007）。关于政府审计目标，李凤鸣、刘世林（1986）认为，审计目标要体现审计的基本职能，审计目标应反映社会的要求。鲍国民（1998）认为，在不同的审计环境下，由于对受托经济责任的理解和要求不同，审计目标也不同。薛小荣（2004）认为，政府行为及行为方式对财政审计目标、金融审计目标、企业审计目标、社会保障基金审计目标和经济责任审计目标都会形成影响。王秦湘（2011）认为，审计目标的确定受诸多因素的影响和制约，其中较为重要的因素有：社会需求；审计能力，审计能力受审计理论、审计技术、审计人员素质、审计条件等因素的制约；国家政治经济环境，这具体表现在：国家法律的制定及变化对审计目标定位的影响，法律诉讼判决对审计目标定位的影响，会计职业团体的整体职业素质和职业道德对审计目标定位的影响。《中国特色社会主义审计理论研究》课题组（2013）认为，影响审计目标的因素主要有两个，一是经济社会发展的客观需求，二是审计自身的能力和水平。民间审计目标较为明确，主要的研究集中于其变迁原因。刘圣妮（2000）认为，注册会计师审计目标演变的根本原因是社会公众的需求。此外，审计技术的革新和社会环境的变化也对注册会计师审计目标的发展有较大的影响胡春元（2003）年认为，注册会计师审计目标是社会需求与审计能力的有机统一。

上述文献研究了我们对审计目标影响因素之认识，但是，以这种方式确定的审计目标影响因素，难以在实际工作中将审计目标影响因素和具体的审计业务联系起来。本书从审计主题的角度研究审计目标影响因素，能够弥补这个缺陷。

二、审计主题、权变因素和审计目标：理论框架

根据本书前面的文献综述，影响审计目标的因素主要是审计需求、审计供给和环境因素，本书通过引入审计主题，将审计需求和审计供给统一于审计主题，同时，环境因素较为复杂，不同国家的环境因素不同、不同组织的环境因素不同、不同时期的环境因素也不同，所以，本书将环境因素归纳为权变因素。联系审计需求理论，本书提出关于审计目标影响因素的理论框架如图2-3所示。该图表示的理论框架主要含义如下：第一，自利和有限理性这两类人性假设产生了对信息审计和行为审计两类主题，但是，最终选择什么主题作为重点，是由权变因素决定的；第二，信息审计的审计目标真实性目标和合理性目标，行为审计目标包括合规性目标和合理性目标，但是，最终选择什么目标，是由权变因素决定的。下面，我们来详细阐述这个理论框架。

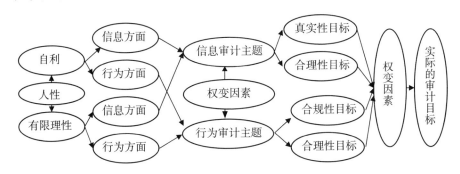

图2-3 审计目标影响因素：理论框架

（一）审计主题及权变因素的影响

审计主题就是审计人员所要发表审计意见的直接对象，审计过程就是围绕审计主题收集证据并发表审计意见的系统过程。一般来说，审计主题可以分为两类：一是信息，也就是通常所说的认定；二是行为，也就是审计客体的作为或过程。与上述两类主题相对应，审计也区分为信息审计和行为审计。

为什么审计主题会是信息和行为两个方面呢？关于这个问题的解释涉

及审计需求理论。限于本书的主题，这里不展开讨论，仅仅阐述其核心思想。

由于人是自利的，会寻找一切机会进行自利。在委托代理关系中，由于信息不对称、激励不相容和环境不确定性，代理人会有机会主义倾向（或称为代理问题）。主要表现为两个方面：一是隐藏行为，二是隐藏信息，或者称为败德行为和逆向选择。总体来说，表现为信息方面和行为方向。针对代理人的这种机会主义倾向，委托人当然会有所行动，建立应对这些机会主义倾向的治理机制，审计是其中的重要组成部分，其基本功能就是从信息和行为两个方面鉴证代理人是否存在机会主义倾向。

自利只是人性之一，有限理性是人性的另外一个重要方面。由于有限理性，人们难以做出最优选择，即使是西蒙意义的次优选择也是难以做到的。实际生活中做出的选择一般都会少于西蒙意义的次优选择，从而出现许多改进的机会。这些改进机会的存在，表现现实生活中的选择是存在缺陷的，并没有充分利用现有资源和条件。所以，从一般意义上来说，现实生活中的选择与西蒙意义上的次优选择都是存在差距的，可以将这个差距称为次优问题。从根源上来说，次优源于有限理性，从表现形式或内容来说，也主要体现在次优行为和次优信息两方面。从次优行为来说，主要是行动或制约行动的制度存在重大的改进机会，也就是存在缺陷。从次优信息来说，主要表现为无意识的信息错误或遗漏。针对人的有限理性，人们也会采取针对性的措施，尽量减少次优问题。审计是基本的重要手段之一，其基本功能就是从信息和行为两个方面鉴证是否存在次优问题。

总体来说，从自利和有限理性这两个人性假设出发，引致了信息和行为两大类审计主题。这是就一般而言，在特定的空间和时间范围内，什么审计主题是重点主题，尚没有找到普通的规律，而是体现为一些权变因素的影响。已经发现的权变因素包括：

（1）委托人及利益相关者的需求。代理问题和次优问题都会损害委托人及利益相关者的利益，但是，不同的代理问题和次优问题损害利益的程度不同，同时，同样的代理问题和次优问题对于不同委托人和利益者的利益损害程度不同，从而，对于需要审计重点关注的审计主题会有不同的偏好。一般来说，越是对委托人及利益相关者利益损害越大的代理问题和次优问题，成为重点审计主题的可能性越大；越是重要的委托人和利益相关都关注的审计主题，成为重点审计主题的可能性越大。例如，债权和股东，信息问题对债权人可能很重要，而行为问题对债权人可能损害不大，如果审计主要为债权人服务，则信息主题就会成为重要的主题。同样的股东，相对于非公开募集来说，在资本是通过资本市场公开募集时，信息主题的重要性大大增加。

（2）治理构造。治理构造是应对代理问题和次优问题的制度安排，审计是其中的重要内容。治理构造是作为一个整体来应对代理问题和次优问题，在不同的治理构造下，需要审计来应对的重点代理问题和次优问题不同，从而使得不同的治理构造下，重点的审计主题不同。例如，中国政府审计，目前主要关注行为主题，主要的原因是中国的治理构造还处于转型中，各种机会主义倾向和次优问题较多，在这种背景下，当然要将行为作为主要的审计主题。而美国有不同，美国的国家治理构造较为完善，行为违规的机会较少，在这种背景下，信息成为其重点审计主题。

当然，委托人及利益相关者的需求与治理构造有密切的关系，正是因为治理构造不同，会影响委托人及利益相关者对审计的需求。尽管如此，二者还是各有独立的内容。此外，政治环境、法律环境、社会环境和审计自身的一些因素对审计主题的选择也会产生一定的影响，这里不再详细分析。

（二）不同审计主题的审计目标

审计目标就是人们通过审计实践活动所期望达到的境地或希望得到的结果。一般来说，审计目标至少包括终极审计目标和直接审计目标两个层级。我们先来看终极审计目标。

作为终极审计目标，就是总体来说，人们通过审计实践活动所期望达到的境地或希望得到的结果。人们为什么需要信息审计？为什么需要行为审计？其主要原因是人类的代理问题和次优问题表现在信息和行为两个方面，如果要抑制代理问题和次优问题，就必须从这两个路径入手：首先是鉴证这两方面是否存在问题，在此基础上，再采取相应的行为。所以，总体来说，终极审计目标是抑制代理问题和次优问题。信息主题和行为主题是两个不同的路径，信息审计从信息角度入手，抑制代理问题和次优问题；行为审计从行为角度入手，抑制代理问题和次优问题。

关于直接审计目标有不同的观点。就审计一般而论，关于审计目标有多种不同的观点，但是，真实性、合规性和效益性这三个具体目标得到大多数人的公认，也得到我国政府审计机关的官方认可。很显然，对于不同审计主题，人们关注的角度不同，有不同的期望，从而审计目标不同。

真实性关注的是信息有无虚假或错报，针对信息审计主题的。合法性也称为合规合法性，关注的是财政财务收支及相关经济活动是遵守了相关的法律法规和规章制度，针对行为审计主题。效益性关注的是财政收支、财务收支以及有关经济活动实现的经济效益、社会效益和环境效益。这里的审计对象是经济效益、社会效益和环境效益，它们是属于行为审计主题还是信息审计主题呢？

首先，效益性必然表现为一些数据，需要鉴证其真实性，此时，审计主题是信息，审计目标是真实性。其次，需要对鉴证后的效益与既定的效益标准进行比较，以评价效益的优劣，此时，审计主题仍然是信息。但是，审计目标是评价效益本身的优劣，显然是真实性和合规性所无法涵盖的，其目的是寻找效益是否存在进一步的缺陷，是否能进一步提升，针对的是次优问题。从这个意义上来说，审计目标可以归结为合理性。第三，如果效益不好，就需要寻找其原因，这就必然会涉及效益生产的全过程，从全过程中寻找缺陷，发现改进效益的机会。此时，针对的是次优问题。审计主题是生产效益的行为，审计目标是判断行为是否存在次优问题，从这个意义上来说，审计目标可以归结为合理性。所以，总体来说，效益性不宜作为独立的审计目标，其包括行为和信息两方面的主题，可以分解为真实性和合理性两个审计目标。

总之，关于直接审计目标，信息审计主题具有真实性和合理性两个审计目标，而行为审计主题具有合规性和合理性两个审计目标。

以上所述审计主题、终极审计目标和直接审计目标之间的关系如表2-5所示。

表2-5　审计主题、终极审计目标和直接审计目标

审计目标		信息审计主题	行为审计主题
终极审计目标		从信息角度入手，抑制代理问题和次优问题	从行为角度入手，抑制代理问题和次优问题
直接审计目标	真实性	√	×
	合规性	×	√
	合理性	√	√
√表示有这种情形，×表示没有这种情形			

（三）权变因素对审计目标的影响

以上分析了信息审计和行为审计各自的审计目标。然而，这些分析仅就一般情形而论，实际中的审计目标确定还会受到一些权变因素的影响。

这些权变因素在不同的时空范围表现不同，从而使得具体的审计目标呈现多样化的特征。

影响直接审计目标确定的权变因素较为复杂，前面分析过的影响审计主题之的委托人及利益相关者的需求、治理构造、政治环境、法律环境、社会环境和审计自身的一些因素都可能会影响审计目标的最终确定。

（1）就信息审计主题来说，它具有真实性和合理性两个直接审计目标。在许多情形下，可能只关注真实性目标，而忽视合理性目标。例如，民间审计机关对上市公司的会计报表进行审计，一般只是对会计报表的公允性发表审计意见，实施了真实性审计目标。然而，就这些财务信息反映的财务绩效的优劣状况如何？优劣的原因是什么？对于这些涉及合理性目标的内容，现行的民间审计实务并未涉及。为什么不涉及呢？主要有两个原因，一是委托人及利益相关者的这种需求并不强烈；二是审计技术方面还存在一定的困难。在另外一些情形下，则可能出现相反的情形，关注合理性目标，不重视真实性目标。例如，许多审计机构开展的经济责任审计中，对于许多列为经济责任的指标并未鉴证其真实性，但是，根据这些指标对领导干部经济责任进行评价。这显然是忽视信息的真实性，而关注信息所反映的业绩的合理性。这其中的原因，一方面是审计机构对审计本质之理解存在误差；另一方面也是在业务信息审计还存在一些技术困难。

（2）就行为审计主题来说，它具有合法性和合理性两个直接审计目标。不同的审计主体可能对这两个直接审计目标有不同的选择。从内部审计来说，当然也关注本组织是否执行国家相关的法律法规，但是，本组织内部的规章制度之执行，可能是合法性目标的重点。同时，相对于合法性目标来说，合理性目标可能更为重要，因为所谓的"通过应用系统、规范的方法，评价并改善风险管理、控制和治理过程的效果，帮助组织实现其目标"，其实质就是要寻找风险管理、控制和治理过程的缺陷。这里的风险管理、控制和治理是约束行为的制度，此时的审计主题是行为，而审计目标是合理性。所以，总体来说，内部审计更加重视合理性目标。就民间审计来说，是接受委托从事审计活动，所以，委托人要求审计什么，民间审计就审计什么。目前，民间审计的主要业务是会计报表审计，其审计主题是信息，不是行为，主要关注真实性目标。当然，如果在这种审计过程中发现了被审计单位的违法行为，当然要采取相应的行动。但是，在这个审计过程中，民间审计机构没有责任设计专门的程序来检查被审计单位是否存在违法行为，合法性不是其关注的审计目标。至于合理性，民间审计当然可能给被审计单位提出管理建议书，但是，这是真实性审计的副产品，民间审计机构没有责任设置专门的程序来生产这类副产品。所以，总体来说，对于民间审计来说，合法性和合理性不是其主要的审计目标。对于国家审计机关来说，从理论上来说，国家相关法律法规的执行当然是重要的审计主题，但是，如果国家治理构造较为健全，违法违规的机会较少，合法性可能就不一定是重要的审计目标。只有在国家治理较为粗糙时，违法违规的机会较多，合法性才是重要的审计目标。同样，如果国家治理较为健全，体制、机制和管理方面的改进机会不多，合理性也就难以成为重要的审计目标；只有国家治理较为粗糙时，体制、机制和管理方面的改进机会较多，合理性也就会成为重要的审计目标。

三、审计主题、权变因素和审计目标：例证分析

以上提出了一个关于审计主题、权变因素和审计目标之关系的一个理论框架，下面，我们用这个理论框架来分析政府审计、民间审计和内部审计目标，以一定程度上验证这个理论框架。

（一）中国国家审计目标分析

中国国家审计目标体现在《中华人民共和国审计法》及其实施条例，对于中国国家审计目标给予明确解释的是《中华人民共和国国家审计准则》。该准则的第六条规定："审计机关的主要工作目标是通过监督被审计单位财政收支、财务收支以及有关经济活动的真实性、合法性、效益性，维护国家经济安全，推进民主法治，促进廉政建设，保障国家经济和社会健康发展。真实性是指反映财政收支、财务收支以及有关经济活动的信息与实际情况相符合的程度。合法性是指财政收支、财务收支以及有关经济活动遵守法律、法规或者规章的情况。效益性是指财政收支、财务收支以及有关经济活动实现的经济效益、社会效益和环境效益。"

根据《中华人民共和国审计法》的这个解释，一般认为，中国国家审计目标是真实性、合法性、效益性。那么，这些审计目标与审计主题是什么关系呢？

从《中华人民共和国国家审计准则》第六条对审计目标的解释中可以看出，中国国家审计主题与审计目标有什么关系：

（1）"真实性是指反映财政收支、财务收支以及有关经济活动的信息与实际情况相符合的程度。"很显然，这里的审计主题是反映财政收支、财务收支以及有关经济活动的信息，也就是信息，针对这些信息的审计目标是真实性。

（2）"合法性是指财政收支、财务收支以及有关经济活动遵守法律、法规或者规章的情况。"很显然，这里的审计主题是财政收支、财务收支以及有关经济活动，财政收支、财务收支及相关经济活动都是行为，所以，这是的审计主题最终可以归结为行为，针对这些行为的审计目标是合规合法性。

（3）"效益性是指财政收支、财务收支以及有关经济活动实现的经济效益、社会效益和环境效益。"这里的审计主题是经济效益、社会效益和环境效益，一般来说，这些效益需要表现为一些指标，所以，也可以归结为信息主题。当然，《中华人民共和国国家审计准则》将这个审计主题作为审计目标了，事实上，效益性表现为一些数据，首先需要鉴证其真实性，此时，审计目标是真实性；其次，需要对效益与既定的效益标准进行比较，以评价效益的优劣，此时，审计目标在本质上就是合理性。

接下来的问题是，在真实性、合法性和合理性三大目标中，中国国家审计机关如何选择？也就是说，是三种目标同时关注，还是有选择性地以某些目标作为重点呢？从中国国家审计实践来看，应该是选择了以合法性和合理性目标为主。国家审计工作"立足建设性，坚持批判性"较好地了这种审计目标定位。批判性就是揭示问题、查处问题，主要关注财政收支、财务收支以及有关经济活动是否合规定，而建设性是在揭示问题、查处问题的基础上，就是查找问题赖以产生的体制、机制和管理方面的缺陷，以促进更好、更多地提出解决问题的办法和措施，促进国家治理现代化，所以，建设性主要关注合理性（刘家义，2008）。

那么，中国国家审计机关为什么会做出这种审计目标选择呢？这主要是由审计需求的决定的。新中国成立之后，我们建立了高度集中的计划经济体制。这种体制对中国社会经济发展发挥了一定的积极作用。然而，对于生产力的束缚作用也很大，所以，必须进行改革。目前，中国还处于体制转型时期，与社会主义市场经济体制相适应的制度体制还没有完全建立起来，各种体制、机制和制度方面问题还较多，因此，各种违规等机会主义行为较为严重。在这种背景下，将行为自然也就成为主要的审计主题。

（二）民间审计目标分析

民间审计经历了多个发展阶段，在不同时期，其审计主题不同、影响审计目标的权变因素不同，从而目标不同。

1. 以查错防弊为主要审计目标（20 世纪 30 年代以前）

这一阶段中发现舞弊被公认为是民间审计的首要目标，审计的目的就是揭露管理人员在业务经营过程中有无舞弊行为。很显然，在这个阶段，审计主题是管理人员的行为，审计目标是揭露舞弊，也就是鉴证管理人员是否存在违法违规行为，合规合法性是主要的审计目标。

2. 以验证财务报表的真实公允性为主要审计目标阶段（20 世纪 30 年代到 80 年代）

在这一阶段，审计目标转向了评价被审计单位管理当局提供的财务报表是否真实公允地反映了被审计单位的财务状况、经营成果和资金变动情况。很显然，在这个阶段，审计主题是财务报表，也就是信息，审计目标是真实公允性，真实性是主要审计目标。

3. 查错防弊和验证财务报表的真实公允性两目标并重阶段（1988 年 AICPA 发布的第 53、54 号《审计准则说明书》至今）

这一阶段的开始以 1988 年 AICPA 发布的第 53、54 号《审计准则说明书》为标志，在这一阶段，查错防弊和验证财务报表的真实公允性成为并重的审计目标。

在这个阶段，以财务报表为代表的信息继续是重要的审计主题，与这相一致，真实性仍然是主要的审计目标，这是大家公认的。然而，这一阶段的"查错防弊"是否意味着行为又重新成为重要的审计主题呢？与之相关的合规合法性又成为重要的审计目标呢？根据相关准则的分析，并不能得出这样的结论。因为，此时的"查错防弊"不是 20 世纪 30 年代以前"查错防弊"所特指的管理人员在业务经营过程中有无舞弊行为，而是特指财务报表中的错误和舞弊。美国的 53 号《审计准则说明书》和我国的相关审计准则中都体现了这种意思。

美国的 53 号《审计准则说明书》指出"审计人员必须评价舞弊和差错可能引起财务报表严重失实的风险，并依据这种评价设计审计程序，以合理地保证揭露对财务报表有重大影响的舞弊和差错"。很显然，这里关注的是"以合理地保证揭露对财务报表有重大影响的舞弊和差错"，并不是一般意义上的舞弊和差错。

《中国注册会计师审计准则第 1141 号——财务报表审计中与舞弊相关的责任》第九条指出："本准则的规定旨在帮助注册会计师识别和评估舞弊导致的重大错报风险，以及设计用以发现这类错报的审计程序。"《中国注册会计师审计准则第 1142 号——财务报表审计中对法律法规的考虑》第五条指出："本准则旨在帮助注册会计师识别由于违反法律法规导致的财务报表重大错报。注册会计师没有责任防止被审计单位违反法律法规行为，也不能期望其发现所有的违反法律法规行为。"很显然，上述两个准则都表明，注册会计师主要关注与财务报表重大错报相关的舞弊和违反法律法规行为，并不是要以这些行为作为审计主题，审计主题仍然是会计报表。

美国和中国的民间审计准则都表明，在查错防弊和验证财务报表的真实公允性两目标并重阶段，实质上的审计主题还是会计报表，舞弊和违反法律法规行为只是当其影响会计报表的真实公允性时其进入审计视野，所以，这个阶段的审计主题仍然是信息，审计目标仍然是真实性。

（三）内部审计目标分析

国际内部审计协会通过内部审计职责说明书或标准对内部审计概念过次界定，根据这些界定，我们将其职能、对象和目标归纳见表2-6所示。

表2-6　内部审计职能、对象和目标

职责说明书或标准	内部审计职能	内部审计对象	内部审计目标
SRIANo. 1（1947年）	独立评价活动	会计、财务及其他业务活动	向管理部门提供防护性和建设性服务
SRIANo. 2（1957年）	独立评价活动	会计、财务及其他业务活动	向管理部门提供服务
SRIANo. 3（1971年）	独立评价活动	业务活动	向管理部门提供服务
SRIANo. 4（1976年）	独立评价活动	业务活动	向管理部门提供服务
SRIANo. 5（1981年）	独立评价活动	组织活动	为组织提供服务
SRIANo. 6（1990年）	独立评价活动	组织活动	为组织提供服务
SPPI（2001年）	确认和咨询活动	风险管理、控制和治理过程	增加价值和改善组织的运营，帮助组织实现其目标
IPPF（2009年）	确认和咨询活动	风险管理、控制和治理过程	增加价值和改善组织的运营，帮助组织实现其目标

就其审计对象来说，表述为两类：一是各种活动，包括会计活动、财务活动、业务活动和组织活动；二是过程，包括风险管理、控制和治理的过程。这些审计对象显示了什么样的审计主题呢？首先，各种活动是否都应该理解为行为主题呢？我们认为，在各种活动中，会计活动是与会计信息相关，不能理解为行为主题，应该理解为信息主题。除了会计活动之外的其他各种活动，都可以理解为行为主题。其次，当以风险管理、控制和治理过程作为审计对象时，审计主题应该是行为。因为，风险管理、控制和治理过程是约束行为的，评价这些过程的设计及其执行是从更高层次对

与之相关的行为进行审计。所以，总体来说，在内部审计发展的早期，行为和信息共同成为其审计主题。从 1971 的 SRIANo. 3 开始，内部审计的主题审计主题是行为，从 2001 年 SPPI 开始，作为中约束行为的过程成为审计主题，这是更高层次的行为主题。

我们再来看内部审计目标，在各时期的内部审计职责说明书或标准中对内部审计目标表述不同，但是，可以归纳为二种目标，一是服务，二是增值。无论是服务，还是增值，都可以归结为合理性审计目标。

四、结论和启示

审计目标就是人们通过审计实践活动所期望达到的境地或希望得到的结果，不同的审计目标选择会导致不同的审计制度构建和不同的审计资源配置，进而会产生不同的审计效果。一般认为，审计需求、审计供给和社会环境是影响目标的主要因素。以这种方式确定的审计目标影响因素无法将审计目标影响因素和具体的审计业务联系起来。本书从审计主题的角度研究审计目标的影响因素。

审计主题就是审计人员所要发表审计意见的直接对象，审计过程就是围绕审计主题收集证据并发表审计意见的系统过程。自利和有限理性这两类人性假设产生了对信息审计和行为审计两类主题，但是，最终选择什么主题作为重点，是由权变因素决定的；信息审计的审计目标是真实性和合理性，行为审计的审计目标是合规性，但是，最终选择什么目标，是由权变因素决定的。

根据对国家审计目标、民间审计目标和内部审计目标的界定和变迁的分析，得出的结论符合上述理论框架。

本书的发现告诉我们，审计主题是决定审计目标的基本因素，在此基础上，权变因素才会发生作用。一定的审计目标，只有在一定的审计主题下才能实现，所以，在审计实践中，确定合适的审计主题是最为重要的，同时，在审计主题既定的情况下，审计目标的大致方向也就确定了。审计主题和审计目标之间的匹配性决定审计工作的效率和效果，如果割裂了二者之间的关系，则审计工作的效率效果将受到负面影响。同时，在二者正确匹配的情况下，还需要重视具体时空条件下的特定因素对审计目标之影响。

参考文献

Fama，E. F.，Jensen，M. C. Separation of ownership and control ［J］．

Journal of Law and Economics，Vol. 26，No. 2（Jun.，1983）：301-325.

杨时展．审计的产生和发展［J］．财会通讯，1986，（4）：4-8.

林炳发．审计本质研究［J］．审计与经济研究，1998，（1）：5-10.

Williamson，O. E. The modern corporation：origins，evolution，attributes［J］. Journal of Economics Literate，Vol. 19，No. 4（Dec.，1981），1537-1568.

Jensen，M. C. The modern industrial revolution，exit，and failure of internal control systems［J］. The Journal of Finance，Vol. 48，No. 3（Jul.，1993），831-880.

Hart，O. Corporate governance：some theory and implications［J］. The Economic Journal，Vol. 105，No. 430（May.，1995），678-689.

王光远．管理控制与内部受托责任审计［J］．财会月刊，2002，（5），03-04.

郑石桥，陈丹萍．机会主义、问责机制和审计［J］．中南财经政法大学学报，2011，（4）.

郑石桥，贾云洁．预算机会主义、预算治理构造和预算审计［J］，南京审计学院学报，2012，（7）：80-88.

郑石桥，马新智．审计基础理论探索——机会主义、问责和审计［M］．中国出版集团，2012年9月.

李永强．美国政府审计发展及其启示［J］．财会通讯，2007，（11）：84-86.

李璐．美国政府绩效审计方法的变迁及启示［J］．中南财经政法大学学报，2009，（6）：51-59.

郑石桥．绩效审计方法．东北财经大学出版社［M］，2012年7月.

黄小菊．美国政府绩效审计与政府治理的关系及其启示［J］．审计与理财，2012，（3）：29-31.

Liggio，C. D.（1974），The expectation gap：the accountant's Waterloo，Journal of Contemporary Business，Vol. 3，Spring，pp. 27-44.

AICPA（American Institute of Certified Public Accountants）.1978. Commission on Auditors' Responsibilities（CAR）.1978. Report，Conclusions and Recommendations.

Porter，B. 1993，An empirical study of the audit expectation-performance gap，Accounting and Business Research，Vol. 24，Winter.

Harris，S.，and D. Marxen. 1997. The auditor expectation and performance gaps：Views from auditors and their clients. Research in Accounting Regulation

11：159-176.

Koh. H. C., and Woo. E., The expectation gap in auditing, Managerial Auditing Journal, 13/3［1998］147-154.

CICA（Canadian Institute of Chartered Accountants）, 1988, "Report of the Commission on Study the Public's Expectation of Audits", Toronto：CICA.

Kelly A. S. and Mohrweis L. C. 1989, Bankers' and Investors' Perceptions of the Auditor's Role in Financial Statement Reporting：The Impact of SAS No. 58, Auditing：A Journal of Practice and Theory, Vol. 9, No. 1, Fall, pp. 87-97.

Humphrey C., Moizer P. and Turley S. 1993, The Audit Expectation Gap in Britain：An Empirical Investigation, Accounting and Business Research, Vol. 23, No. 91A, pp. 395-411.

Monroe G. S. and Woodcliff D 1994, An Empirical Investigation of the Audit Expectation Gap：Australian Evidence, Accounting and Finance, May, pp. 47-74.

Epstein M., and M. Geiger. 1994. Recent evidence of the expectation gap. Journal of Accountancy177（1）：60-66.

胡继荣，论审计期望差距的构成要素［J］, 2001（1）：39-41.

刘圻，论审计期望差距的分类治理——一个程序理性的视角［J］, 审计研究, 2008（2）：65-71.

李雪，张帆，审计期望差距的成因及校正路径的探讨［J］, 南京财经大学学报, 2011（4）：84-91.

何敬，审计期望差距研究［D］, 东北财经大学博士论文, 2010年6月.

周赟，我国舞弊审计期望差的实证调查［J］, 审计与理财, 2007（8）：9-10.

吴瑞勤，我国审计期望差距调查研究［J］, 财会通讯, 2009（12）：113-115.

宋夏云，国家审计目标及实现机制研究［D］, 上海财经大学博士学位论文, 2006年6月.

AICPA（American Institute of Certified Public Accountants）. 1978. Commission on Auditors' Responsibilities（CAR）. 1978. Report, Conclusions and Recommendations.

Porter, B. 1993, An empirical study of the audit expectation-performance gap，Accounting and Business Research，Vol. 24，Winter.

Harris，S.，and D. Marxen. 1997. The auditor expectation and performance gaps：Views from.

auditors and their clients. Research in Accounting Regulation 11：159-176.

Koh. H. C.，and Woo. E.，The expectation gap in auditing，Managerial Auditing Journal，13/3［1998］147-154.

CICA（Canadian Institute of Chartered Accountants），1988，"Report of the Commission on Study the Public's Expectation of Audits"，Toronto：CICA.

Kelly A. S. and Mohrweis L. C. 1989，Bankers' and Investors' Perceptions of the Auditor's Role in Financial Statement Reporting：The Impact of SAS No. 58，Auditing：A Journal of Practice and Theory，Vol. 9，No. 1，Fall，pp. 87-97.

Humphrey C.，Moizer P. and Turley S. 1993，The Audit Expectation Gap in Britain：An Empirical Investigation，Accounting and Business Research，Vol. 23，No. 91A，pp. 395-411.

Monroe G. S. and Woodcliff D 1994，An Empirical Investigation of the Audit Expectation Gap：Australian Evidence，Accounting and Finance，May，pp. 47-74.

Epstein M.，and M. Geiger. 1994. Recent evidence of the expectation gap. Journal of Accountancy177（1）：60-66.

胡继荣，论审计期望差距的构成要素［J］，2001（1）：39-41.

刘圻，论审计期望差距的分类治理——一个程序理性的视角［J］，审计研究，2008（2）：65-71.

李雪，张帆，审计期望差距的成因及校正路径的探讨［J］，南京财经大学学报，2011（4）：84-91.

何敬，审计期望差距研究［D］，东北财经大学博士论文，2010年6月.

周赟，我国舞弊审计期望差的实证调查［J］，审计与理财，2007（8）：9-10.

吴瑞勤，我国审计期望差距调查研究［J］，财会通讯，2009（12）：113-115.

安亚人，宋英慧，论审计目标［J］，当代审计，1998（3）：13-14.

赵华，卢洁，对审计目标重新定位的思考［J］，商业会计，2010（3）：63-64.

王文彬，林钟高，关于审计目标的研究［J］，吉林财贸学院学报，

1992（6）：61-69.

孟建军，内部审计的增值目标及其实现途径［J］，财会通讯，2004（1）：285-286.

郭艳萍，内部审计增值目标实现途径——参与企业风险管理［J］，审计月刊，2007（8）：29-31.

李凤鸣，刘世林，论我国政府审计的目标［J］，安徽财贸学院学报，1986（2）：62-65.

鲍国民，试论国家审计目标的调整——兼论审计目标应适应审计环境［J］，审计理论与实践，1998（2）：10-11.

薛小荣，政府行为方式与审计目标的调整［J］，唐都学刊，2004（1）：125-129.

王秦湘，审计目标发展与未来前瞻性分析［J］，才智，2011（18）：3.

《中国特色社会主义审计理论研究》课题组，国家审计目标研究［J］，审计研究，2013（6）：3-11.

刘圣妮，注册会计师审计目标的演变［J］，江汉大学学报，2000（8）：111-113.

胡春元，注册会计师审计目标的新发展［J］，中国审计，2003（7）：51-55.

刘家义，以科学发展观为指导　推动审计工作全面发展［J］，审计研究，2008（3）：3-9.

第三章
审计主题对审计什么有何影响（下）？

审计主题对审计的影响是多方位的，本章基于不同审计主体的视角来探析审计主题对审计什么的影响。具体包括以下内容：政府审计对象、审计业务类型和审计主题；国家治理与国家审计：审计主题差异的理论框架和例证分析；内部审计主题类型及其差异化原因：理论框架和例证分析；内部审计业务类型及其差异化原因：理论框架和例证分析；NGO 组织的民间审计需求：基于不同需求者和不同审计主题的理论框架。

第一节　政府审计对象、审计业务类型和审计主题

政府审计内容涉及的审计基本问题是"审计什么"。2009 年 3 月 5 日，国务院原总理温家宝在第十一届全国人民代表大会第二次会议上所作的政府工作报告中提出"财政资金运用到哪里，审计就跟进到哪里"[1]，刘家义审计长 2011 年 8 月 31 日在南京审计学院做"国家治理与国家审计"主题报告时指出"人民利益的边界在哪里，国家审计的边界就在哪里"[2]。上述观点对政府审计内容的论断是高屋建瓴的。然而，国家审计并非万能，无法将整个社会的问题——揭露（王中信，吴开钱，2009）。政府审计内容是政府审计制度构建和实践活动中的基础性问题，直接决定政府审计活动范围，从理论上系统地搞清楚这个问题具有重要的理论价值和实践意义。

一般来说，政府审计内容包括审计对象、审计业务类型、审计主题和

---

[1]　http://www.xinhuanet.com，新华网，2009-03-05。

[2]　中国审计报，2011 年 09 月 14 日。

审计标的四个层级的问题，由于审计标的主要涉及审计载体，注重实务操作，作为理论框架，可以存而不论。关于政府审计对象有不少的研究，有一些文献涉及了政府审计业务类型，但很少有文献研究政府审计主题，更没有文献将三个层级的政府审计内容关联起来。本书从政府审计需求和政府审计供给交集的视角，引入政府审计主题，探索政府审计三个层级及其相互关系。

本书随后的内容安排如下：首先是一个简要的文献综述，梳理政府审计内容相关文献；然后，从政府审计需求和政府审计供给交集的视角，引入政府审计主题，提出政府审计内容的理论框架，主要是分析政府审计对象、政府审计业务类型、政府审计主题及它们三者之间的关系；在此基础上，用这个理论框架分析我国政府审计的审计对象、审计主题和审计业务类型，以一定程度上验证本书提出的理论框架；最后是结论和启示。

一、文献综述

根据本书的主题，相关的文献综述涉及三方面：政府审计对象，政府审计业务类型，政府审计主题。

关于审计对象有不少的研究文献，形成了多种不同的观点，主要的观点有五种：会计论、财政财务收支论、经济活动论、经济管理活动论、经济活动及相关信息论。会计论认为，审计的对象是会计（郭振乾，1995；苏永强，2004；王文彬，1981；李元贵，1986）；财政财务收支论认为，审计对象是财政财务收支活动（张文运，1988）；经济活动论认为，审计对象是经济活动（孙绍良，1985；王文彬，黄履申，1987；赵英俊，1989；涂强，1991；郭建生，2005；李兆东，鄢璐，2008；杜爱文，刘懋勇，2013）；经济管理活动论区分了经济活动和经济管理活动，认为经济活动和经济管理活动是两回事，审计的对象是经济管理活动（谢荣，1988；1989；王德伟，1992；杨献龙，2009）；经济活动及相关信息论认为，审计的对象包括经济活动及相关的信息（竹德操，达世华，1986；管锦康，1989；王文彬，林钟高，1989；吴频，1994；李凤鸣，刘世林，1996；杨跃进，1996）。

关于政府审计对象，一些法律和规范有明文规定。《中华人民共和国宪法》和《中华人民共和国审计法》都规定政府对象是政府的财政收支和行政机构、金融机构、企业事业组织的财务收支，属于财政财务收支论。《中华人民共和国国家审计准则》规定，依据法律法规和本准则的规定，对被审计单位财政收支、财务收支以及有关经济活动独立实施审计并作出审计结论，是审计机关的责任。这个规定包括了财政财务收支论和经济活动论。

不少文献专门研究政府审计对象。刘家义（2008；2009；2010）认为，国家审计是国家治理的重要组成部分，属于监督控制系统，服务于国家治理的决策系统，承担着对国家治理的执行系统实施监督和约束的职责，是国家经济社会运行的"免疫系统"。从这个观点来看，国家审计对象是国家治理的执行系统或国家经济社会系统。然而，这里的"疫"究竟是什么，作者并没有解释。谢盛纹（2012）认为，政府审计对象可以抽象化为权力、谁来使用权力和如何使用权力。靳思昌、张立民（2013）认为，要将国家审计边界定位于广义的产品或服务包括公共财政供给产品或服务、市场资本供给产品或服务及自愿资本供给产品或服务。

关于政府审计业务类型，INTOSAI（The International Organisation of Supreme Audit Institutions）在其《Fundamental Principles of Public Sector Auditing》将审计业务类型区分为财务审计、绩效审计和合规审计[①]；美国GAO（Government Accountability Office）2011版《Government Auditing Standards》将政府审计业务区分为三种类型：财务审计、鉴证业务和绩效审计。[②]

关于审计主题的研究很少，鸟羽至英（1995）将审计主题区分为信息审计和行为审计，谢少敏（2006）在其教材《审计学导论——审计理论入门和研究》介绍了鸟羽至英教授的研究。未见到文献专门研究政府审计主题。刘力云（2010）认为，中国政府审计的作用方式是发现问题、纠正问题和解决问题。然而，这里的"问题"究竟是什么，作者并没有进一步解释。

上述文献综述显示，关于政府审计对象、政府审计业务类型、政府审计主题三个层面的问题都有一定的文献涉及，然而，关于上述三个层面及它们之间的关系还是缺乏系统的理论框架。本书拟致力于建立这个理论框架。

二、政府审计内容：理论框架

政府审计内容的理论框架主要涉及两个问题，一是从理论上解释清楚政府审计对象、政府审计主题、政府审计业务类型；二是从理论上解释清楚它们三者之间的关系。

（一）政府审计对象：国有资源经管责任

国有资源存在委托代理关系是不争的事实（丹尼斯·C·缪勒，1999；欧文·E·休斯，2001）。然而，国有资源委托代理关系包括的内容是很丰

[①] http://www.intosai.org

[②] http://www.gao.gov

富的，国有资源经管相关合约或行政关系的产生、执行、评估及续约或终止都有很多内容。政府审计在国有资源委托代理关系中涉及哪些内容呢？政府审计对象是政府审计的活动域，它是审计需求和审计功能的交集。一方面，只有存在审计需求，审计供给才可能成为政府审计的内容；另一方面，只有具有审计供给能力，审计需求才可能成为审计内容。从政府审计需求来说，主要是源于国有资源委托代理关系中的代理人具有自利和有限理性，再加上激励不相容、信息不对称、环境不确定等因素的存在，代理人可能产生机会主义倾向和次优问题，为此，需要一个治理机制来对应这些问题，政府审计是其中之一。从政府审计供给来说，主要由政府审计的技术属性决定。从技术逻辑来说，政府审计就是以国有资源经管特定事项为对象，用系统方法收集证据，对特定事项与既定标准之间的相符程度发表意见。这里的关键是"既定标准"和"特定事项"。没有"既定标准"，政府审计就没有供给能力，即使存在"既定标准"，政府审计也不是万能的，只能就国有资源经管一些"特定事项"发表意见。从政府审计技术发展到目前的状况来看，这里的"特定事项"主要是与国有资金、国有资产、国有资源（狭义）、产品或服务相关的事项。

源于国有资源委托代理关系的审计需求和源于政府审计技术属性的供给能力，二者的交集就形成了政府审计对象，这个对象就是国有资源委托代理关系中的经管责任，也就是国有资源经管责任。国有资源经管责任就是一定的主体使用国有资金、国有资产、国有资源（狭义）来生产产品或服务时承担的责任。一般来说，包括以下三方面的内容：

（1）使用国有资金、国有资产和国有资源（狭义）责任：委托人会将一定的国有资金、国有资产和国有资源（狭义）交给国有资源经管责任承担者。例如，安排财政预算等。委托人将国有资金、国有资产和国有资源（狭义）交付给国有资源经管责任承担者时，对如何使用这些国有资金、国有资产和国有资源（狭义）当然会提出一定的要求。同时，更为根本的是，委托人交付这些国有资金、国有资产和国有资源（狭义）的目的是让国有资源经管责任承担者使用这些资源来完成其职责，离开职责，委托人没有理由将国有资金、国有资产和国有资源（狭义）交付给国有资源经管责任承担者。同时，交付多少国有资金、国有资产和国有资源（狭义）也由是国有资源经管责任承担者承担的职责决定的。

（2）生产产品或服务责任：对于一般的委托代理关系来说，委托人会要求代理人完成一定的事项，对于国有资源委托代理关系来说，委托人会要求国有资源经管责任承担者提供一定的产品或服务。一般来说，在国有资源委托代理关系中，每个机构、每个部门、每个岗位都有其明确的职责，这种职责就是该部门或岗位的责任。履行好了职责就是履行好了委托人托付的责任，也就提供了应该提供的产品或服务。

（3）相关信息生产及报告责任：一般来说，国有资源经管责任承担者要定期向委托人报告信息。从报告的内容来说，包括职责履行相关信息、国有资金、国有资产和国有资源（狭义）使用相关信息。同时，委托人对国有资源经管责任承担者的信息报告会有要求：一是真实报告，二是完整报告，三是及时报告。当然，为了报告上述信息，必须有一个信息生产系统，同时，在这个信息生产系统中，还有些信息并不报告给委托人，而是国有资源经管责任承担者自己使用。无论是信息的生产，还是信息的报告，从计量属性来说，分为财务信息和业务信息，前者以货币计量，后者以非货币计量。

此外，上述三个方面，都要求国有资源经管责任承担者按最大善意原则行事。一般来说，每个人都会自己善待自己，最大善意就是像为自己办事一样为他人办事。国有资源委托代理关系的实质是国有资源经管责任承担者为他人服务，最大善意就是国有资源经管责任承担者像为自己办事一样来完成委托人的托付。在国有资源委托代理关系中，最大善意涉及多个方面，包括：产品或服务，国有资金、国有资产和国有资源（狭义），信息生产及报告的各个方面。如果代理人在每个方面都像为自己办事一样来行事，则最大善意就实现。一般来说，最大善意至少包括以下三方面的要求：第一，遵守相关法律法规；第二，经济有效地使用资金、资产和资源；第三，用最有效的方式做事。

对于上述三个方面的内容，在一定的时空范围内，凡是存在既定标准的，就纳入政府审计范围，成为政府审计对象。

（二）政府审计业务类型

根据前面的分析可知，政府审计对象是国有资源经管责任，包括三方面的内容：使用国有资金、国有资产和国有资源（狭义）；生产产品或服务；相关信息生产及报告。而这些内容要成为政府审计内容，还需要有既定标准，政府审计只能对有既定标准的事项进行审计。

（1）使用国有资金、国有资产和国有资源（狭义）的既定标准。委托人将国有资金、国有资产和国有资源（狭义）交付国有资源经管责任承担者，并不意味着国有资源经管责任承担者可以任意使用它们。一般来说，会有显性或隐性要求。例如：按预算使用国有资金、国有资产和国有资源（狭义）；遵守国有资金、国有资产和国有资源（狭义）的相关法律法规；经济有效地使用国有资金、国有资产和国有资源（狭义）；建立有效的制度体系来管理和使用国有资金、国有资产和国有资源（狭义）；等等。这些显性或隐性要求可以归结为委托人的期望和最大善意原则。在现实生活中，关于国有资金、国有资产和国有资源（狭义）有许多的法律法规和政策，还有完整的财政预算管理制度、国有资产管理制度、国有资源管理制度、最佳管理实务及惯例，这些都是政府审计赖以进行的既定标准。

（2）生产产品或服务的既定标准。产品或服务的生产是国有资源经管责任承担者存在的价值所在。委托人将国有资金、国有资产和国有资源（狭义）交付给国有资源经管责任承担者的目的是让其生产产品或服务。但是，并不意味着国有资源经管责任承担者可以任意生产产品或服务，而会有一些的显性或隐性要求。例如：生产数量和质量都满足委托人要求的产品或服务；低成本、高效率地生产产品或服务；建立有效的制度体系来管理产品或服务的生产等。这些显性或隐性要求同样可以归结为委托人的期望和最大善意原则。在现实生活中，关于产品或服务的生产有许多的相关法律法规和政策，还有完整的国民经济和社会发展长期规划、国民经济和社会发展年度计划、项目规划和计划、绩效考核标准、部门职责、部门工作规划及计划、最佳管理实务及惯例等，它们都是政府审计赖以进行的既定标准。

（3）相关信息生产及报告的既定标准。事实上，相关信息生产及报告并不是独立的，它离不开国有资金、国有资产和国有资源（狭义）的使用，也离不开产品或服务的生产。信息来源于这些领域，也是关于它们的信息。所以，事实上，相关信息生产及报告是附属于上述两方面的内容。一般来说，这些信息按其计量属性，可以区分为财务信息和业务信息。但是，在这些领域中的信息生产及报告，并不是国有资源经管责任承担者可以随意为之，委托人也会有显性或隐性要求。例如：真实、完整、及时地生产及报告信息；建立有效的信息系统等。这些显性或隐性要求同样可以归结为委托人的期望和最大善意原则。现实生活中，关于公共部门的信息生产及报告有许多的相关法律法规和政策，还有公共部门会计制度、公共部门统计制度、最佳管理实务及惯例等，它们都是政府审计赖以进行的既定标准。

以上所述的各种国有资源经管责任的既定标准归纳起来，如表3-1所示，这些领域都可能成为政府审计业务。

表 3-1　国有资源经管责任的既定标准

国有资源经管责任	既定标准
国有资金的使用	相关法律法规和政策；财政预算管理制度；最佳管理实务和惯例
国有资产的使用	相关法律法规和政策；资产管理制度；最佳管理实务和惯例
国有资源的使用	相关法律法规和政策；资源管理制度；最佳管理实务和惯例
产品或服务的生产	国民经济和社会发展长期规划；国民经济和社会发展年度计划；项目规划和计划；绩效考核标准；部门职责；部门工作规划及计划；最佳管理实务及惯例
财务信息生产及报告	相关法律法规和政策；公共部门会计制度；最佳管理实务及惯例
业务信息生产及报告	相关法律法规和政策；公共部门统计制度；最佳管理实务及惯例

　　表 3-1 所示的领域是存在既定标准，这些领域是政府审计的业务范围。然而，能否真正成为政府审计业务，除了受政府审计需求的制约外，还受到一些权变因素的因素。从政府审计业务类型发展历史来看，经历了财务收支审计、财务报告审计、综合审计三个阶段。也有人将财务收支审计和财务报告审计合并称为财务审计，将综合审计称为绩效审计。所以，总体来说，政府审计业务类型经历财务审计和绩效审计两个阶段（王光远，1996）。在财务收支审计阶段，主要关注国有资金、国有资产的使用是否符合既定标准，其主要内容是合规审计；在财务报告审计阶段，主要关注财务信息生产及报告是否符合既定标准；综合审计阶段也称为绩效审计阶段，这个阶段除了财务报告审计外，还关注产品或服务的生产是否符合既定标准。由于业务信息生产及报告离不开产品或服务的生产，所以，关注产品或服务的生产是否符合既定标准也就会关注业务信息生产及报告是否符合既定标准。如果涉及国有资源，也会关注国有资源的使用是否符合既定标准。所以，绩效审计事实上是一种综合审计。同时，对于国有资金、国有资产和国有资源（狭义）的使用以及产品或服务的生产，还关注国有资源经管责任承担者建立的管理制度是否最佳管理实务和惯例，也就是相关制度是否存在缺陷。政府审计不同阶段所关注的国有资源经管责任内容归纳如表 3-2 所示。

表 3-2　国有资源经管责任和审计业务类型

国有资源经管责任	审计业务类型
国有资金的使用、相关信息生产及报告	财务收支审计、财务报告审计
国有资产的使用、相关信息生产及报告	财务收支审计、财务报告审计
国有资源的使用、相关信息生产及报告	综合审计
产品或服务的生产、相关信息生产及报告	综合审计

（三）政府审计主题

前已述及，从技术逻辑来说，政府审计就是以特定事项为对象，这里的"特定事项"主要是与国有资金、国有资产、国有资源（狭义）、产品或服务相关的事项。审计主题是对纳入审计对象的特定事项的再分类或构成要素。鸟羽至英（1995）将审计主题区分为信息审计和行为审计。事实上，信息可以区分为财务信息和业务信息，而行为又可以区分为行为和约束行为的制度，所以，共有四种审计主题：财务信息、业务信息、行为、制度。不同的审计主题，承载的审计目标不同。对于财务信息、业务信息这两个主题，一方面，可以鉴证这些信息的真实性；另一方面，还可以评价这些信息所反映的绩效处于何种水准，也就是将真实的绩效数据与一定的标杆进行比较，以确定绩效的优劣，一般可以称为合理性。对于制度、行为这两个主题，一方面，可以鉴证这制度是否合法合规、行为是否合法合规；另一方面，还可以判断制度、行为是否存在缺陷，也就是将制度、行为与一定的标杆进行比较，以判断制度、行为是否存在改进潜力，也可以称为合理性。由是不同主题的审计目标不同，其审计载体也不同，进行审计取证模式也不同，同时，基于不同的审计取证模式所获取的审计取证的证明力也不同，基于审计证据所能发表的审计意见类型也不同。所以，将纳入审计对象的特定事项再区分为审计主题，是非常有意义的，也是有效审计实施的前提。

那么，国有资源经管责任各方面的内容及其审计业务类型有哪些审计主题呢？我们分别来分析国有资源经管责任各方面内容的审计主题。

（1）国有资金的使用、相关信息生产及报告。国有资金的使用涉及两方面的主题：一是相关行为是否合法合规、合理。二是国有资金相关的管理制度是否合法合规、合理；相关信息生产及报告由于主要是国有资金相关的信息，所以，主要涉及财务信息。一方面，关注财务信息是否真实；

另一方面，关注财务信息反映的绩效是否合理。

（2）国有资产的使用、相关信息生产及报告。国有资产的使用涉及两方面的主题：一是相关行为是否合法合规、合理，二是国有资产相关的管理制度是否合法合规、合理。相关信息生产及报告由于主要是国有资产相关的信息，所以，主要涉及财务信息，一方面，关注财务信息是否真实；另一方面，关注财务信息反映的绩效是否合理。

（3）国有资源的使用、相关信息生产及报告。国有资源的使用涉及两方面的主题，一是相关行为是否合法合规、合理，二是国有资源相关的管理制度是否合法合规、合理。相关信息生产及报告既可能有财务信息，也可能有业务信息。无论何种信息，一方面，关注信息是否真实，另一方面，关注信息反映的绩效是否合理。

（4）产品或服务的生产、相关信息生产及报告。产品或服务的生产涉及两方面的主题：一是相关行为是否合法合规、合理，二是产品或服务生产相关的管理制度是否合法合规、合理。相关信息生产及报告既可能有财务信息，也可能有业务信息。无论何种信息，一方面，关注信息是否真实，另一方面，关注信息反映的绩效是否合理。

以上是从国有资源经管责任的角度来分析审计主题。事实上，不同的审计业务类型所涵盖的审计主题也不同。财务收支审计主要关注财务收支财务是否合法合规、合理，涉及行为主题；同时，也关注财务收支相关管理制度合法合规、合理，涉及制度主题。财务报告审计关注财务信息是否真实，涉及财务信息主题。综合审计除了关注财务报告审计关注的内容外，还关注产品或服务生产及相关信息、关注国有资源使用及相关信息，涉及的主题包括财务信息、业务信息、制度、行为。根据上述审计业务类型与审计主题的关系，可以认为：一方面，审计主题是审计业务的元要素，如果一个审计业务涉及多个审计主题，需要根据审计载体不同，分别采用不同的审计取证模式，并根据获取的审计证据不同，发表不同类型的审计意见；另一方面，审计业务是不同审计主题的组合，任何一个审计业务，都可以拆分为不同的审计主题。形象地说，如果将审计业务作为一个已经搭成的积木构件，则审计主题就是搭成这个构件的积木。

以上所述的国有资源经管责任各方面的内容及相应的审计业务所体现的审计主题，归纳起来如表3-3所示。

表3-3　国有资源经管责任、审计业务类型和审计主题

国有资源经管责任	审计业务类型	审计主题			
		财务信息	业务信息	制度	行为
国有资金的使用、相关信息生产及报告	财务收支审计、财务报告审计	★		★	★
国有资产的使用、相关信息生产及报告	财务收支审计、财务报告审计	★		★	★
国有资源的使用、相关信息生产及报告	综合审计	★	★	★	★
产品或服务的生产、相关信息生产及报告	综合审计	★	★	★	★
★表示有这种情形					

表3-3列示的国有资源经管责任审计业务类型及审计主题是包括了各种的可能情形。现实生活中，由于委托人需求、审计资源及其他一些权变因素的影响，真正成为现实审计内容的只是其中的一部分。形象地说，表3-3是政府审计业务的一个"菜谱"，而一定时空条件下的政府审计业务，只是从这个"菜谱"中点了若干"菜品"，当然，也可能点了全部"菜品"。

三、我国政府审计内容分析

本书以上提出了一个关于政府审计内容的理论框架，下面，我们用这个框架来分析我国政府审计内容，以一定程度上验证这个理论框架。

关于我国政府审计对象，《中华人民共和国宪法》《中华人民共和国审计法》《中华人民共和国国家审计准则》都有规定，还有一些文献专门研究政府审计对象。这些法律规范及文献对政府审计对象有不同的认识。其根源是对政府审计与国有资源经管责任的关系有不同的认识，并且，对于国有资源经管责任的内容有不同的认识。然而，有三方面的证据表明，我国政府审计对象与本书的理论框架越来越一致。（1）刘家义（2008；2009；2010）国家治理免疫系统论，其中的国家治理或国家经济社会运行，与本书的治理机制具有实质上的一致性，都强调公共部门的良好运行，都要求国有资源经管责任承担者履行好其国有资源经管责任。（2）国务院总理李克强2013年6月17日在审计署考察时提出三点要求，一是念好权力监督的

"紧箍咒"，促进廉洁政府建设；二是为国家看好钱财，促进俭朴政府建设；三是完善制度，促进法治政府建设。① 这里的廉洁政府、俭朴政府、法治政府都是强调良好的公共治理，而政府审计在良好的公共治理中发挥作用，就是促进国有资源经管责任承担者履行好其国有资源经管责任。（3）国务院关于加强审计工作的意见（国发〔2014〕48 号）要求，对国有资金、国有资产、国有资源、领导干部经济责任履行情况进行审计，实现审计监督全覆盖。中国共产党十八届四中全会通过的《中共中央关于全面推进依法治国若干重大问题的决定》要求，对国有资金、国有资产、国有资源和领导干部履行经济责任情况实行审计全覆盖。两个重要文献都要求对国有资金、国有资产、国有资源进行审计，而《中共中央关于全面推进依法治国若干重大问题的决定》还要求对领导干部履行经济责任情况实行审计，而领导干部履行经济责任情况要离不开国有资金、国有资产、国有资源。所以，总体来说，这两个重要文献对审计对象的界定，与本书提出的国有资源经管责任（一定的主体使用国有资金、国有资产、国有资源（狭义）来生产产品或服务时承担的责任）是完全一致的。

关于政府审计业务类型及审计主题，我国的政府审计业务类型经历了三个阶段，不同阶段都有相应的审计主题。在政府审计恢复的早期，强调审计的监督职能。从国有资源经管责任的内容来说，主要是国有资金、国有资产的使用，主要关注财政财务收支是否合规。就审计主题来说，是财政财务收支行为。后来，有一段时期，政府审计开始关注决算草案。从国有资源经管责任的内容来说，主要是国有资金、国有资产的使用相关的信息。就审计主题来说，是财务信息。当然，由于各种原因，这种审计业务类型及审计主题没有得到持续坚持。但是，根据国家审计署的十二五规划，决算草案审计还要继续探索。目前，我国政府审计已经进入综合审计阶段。就从国有资源经管责任的内容来说，不但关注国有资金、国有资产、国有资源（狭义）的使用及相关信息。还关注产品或服务的生产及相关信息，对于相关信息的关注是有选择，主要是在领导干部经济责任审计中关注与领导干部经济责任履行的相关财务信息和业务信息，并不是在所有的审计业务中都关注信息。就审计主题来说，行为是最重要的审计主题，跟踪违规行为，会涉及制度主题；同时，在经济责任审计中，会涉及财务信息及部分业务信息主题。当然，就审计主题来说，我国的综合审计阶段对审计

---

① 人民网北京 2013 年 6 月 18 日电。

主题也是有所选择的，并不是重视所有的审计主题。这其中的原因较为复杂，需要做专门探讨，这里不深入分析。

总体来说，本书提出的政府审计内容理论框架能解释我国政府审计内容。

四、结论和启示

政府审计内容涉及的审计基本问题是"审计什么"，包括审计对象、审计业务类型、审计主题等问题，本书从政府审计需求和政府审计供给交集的视角，引入政府审计主题，探索政府审计三个层级及其相互关系。

政府审计对象是政府审计的活动域，它是审计需求和审计功能的交集。一方面，只有存在审计需求，审计供给才可能成为政府审计的内容；另一方面，只有具有审计供给能力，审计需求才可能成为审计内容。源于国有资源委托代理关系的审计需求和源于政府审计技术属性的供给能力，二者的交集就形成了政府审计对象。这个对象就是国有资源委托代理关系中的经管责任，也就是国有资源经管责任。国有资源经管责任就是一定的主体使用国有资金、国有资产、国有资源（狭义）来生产产品或服务时承担的责任，包括三方面的内容：使用国有资金、国有资产和国有资源（狭义）；生产产品或服务；相关信息生产及报告。上述三个方面，都要求国有资源经管责任承担者按最大善意原则行事。

在一定的时空范围内，凡是存在既定标准的国有资源经管责任，就纳入政府审计范围，成为政府审计对象。然而，能否真正成为政府审计业务，除了受政府审计需求的制约外，还受到一些权变因素的因素。从政府审计业务类型发展历史来看，经历了财务收支审计、财务报告审计、综合审计三个阶段。

审计主题是对纳入审计对象的特定事项的再分类或构成要素。财务信息、业务信息、行为、制度是不同的四种审计主题。不同审计主题的审计目标、审计取证模式和审计意见类型不同，所以，将国有资源经管责任和各种审计业务再区分为审计主题，是非常具有意义的。

国有资源经管责任的内容不同，涉及的审计主题不同，国有资金的使用、相关信息生产及报告涉及制度、行为、财务信息三个主题；国有资产的使用、相关信息生产及报告涉及制度、行为、财务信息三个主题；国有资源的使用、相关信息生产及报告涉及制度、行为、财务信息、业务信息四个主题；产品或服务的生产、相关信息生产及报告涉及制度、行为、财务信息、业务信息四个主题。

审计业务类型与审计主题也存在密切关系：一方面，审计主题是审计业务的元要素，如果一个审计业务涉及多个审计主题，需要根据审计载体不同，分别采用不同的审计取证模式，并根据获取的审计证据不同，发表不同类型的审计意见；另一方面，审计业务是不同审计主题的组合，任何一个审计业务，都可以拆分为不同的审计主题。

政府审计内容的讨论看似理论问题，实则具有重要的实践意义。本书提出的政府审计内容的理论框架对审计实践有四点重要启示：第一，由于政府审计技术属性的制约，政府审计不是万能的，应该有所为，有所不为；第二，政府审计对象、政府审计业务类型、政府审计主题三者是密切相关的，分别是审计内容的宏观、中观、微观层级，需要系统协调；第三，一般来说，宏观层级的政府审计内容是相对稳定的，而中观、微观层级的审计内容则受到一些权变因素的影响，并没有一个放之四海而皆准的框架，所以，要根据具体的环境条件来选择这二个层级的内容；第四，审计主题是政府审计内容的最基础层级，也是具体实施审计取证的层级，所以，在不同的审计业务中，如何确定相应的审计主题是非常重要的。

第二节　国家治理与国家审计：审计主题差异的理论框架和例证分析

国家审计源于公共委托代理关系，然而，不同国家甚至同一国家在不同时期，国家审计呈现差异化，这些差异化表现在许多方面。例如，审计主题不同、审计体制不同、审计取证模式不同、审计信息公开不同等。针对国家审计的上述差异，有一些研究文献。本书关注不同国家审计的审计主题差异。

审计主题就是审计人员所要发表审计意见的直接对象，审计主题的不同，审计业务类型也就不同。例如，美国 GAO 审计资源的 85% 用于绩效审计，绩效审计是其主要业务类型，我国政府审计业务类型则与之有很大差异。关于国家审计主题差异的原因，缺乏相关研究。本书按公共委托代理关系、国家治理构造、机会主义类型到国家审计主题这个逻辑，构建解释国家审计主题差异的理论框架。

本书随后的内容安排如下：首先是一个简要的文献综述，梳理相关文献；在此基础上，按公共委托代理关系、治理构造、机会主义类型到国家审计主题这个逻辑，提出解释国家审计主题差异化的一个理论框架；然后，用这个理论框架来解释中美两国政府审计主题差异，以一定程度上验证上述理论框架。

一、文献综述

国家审计都是源于公共代理关系，然而，国家审计的审计主题却呈现差异化。这其中的原因是什么？现有文献对这个问题缺乏直接研究。有一定文献与这个问题有一定的相关性。

刘家义（2012）认为，国家审计是国家治理这个大系统中内生的具有预防、揭示和抵御功能的免疫系统。随着国家治理的目标、任务、重点和方式的发展历史，国家审计的目标、任务、重点和方式也在转变。国家治理的目标决定了国家审计的方向，国家治理的模式决定了国家审计的方式。还有一些文献也论述了国家治理与国家审计的关系，得出类似的结论（尹平，戚振东，2010；冯均科，2011；杨肃昌，李敬道，2011；谭劲松，宋顺林，2012；蔡春，朱荣，蔡利，2012；杨肃昌，2014）。

还有一些文献认为，代理人某种机会主义的严重程度及委托人的监督或问责需求，决定审计是否会出现，也决定审计业务的重点（郑石桥，陈丹萍，2011；郑石桥，2012；郑石桥，贾云洁，2012）。

总体来说，上述文献间接涉及国家审计主题选择，但是，关于这个国家审计主题之选择，缺乏系统的理论解释。本书拟建立一个解释国家审计主题差异化的理论框架。

二、国家治理与国家审计：审计主题差异的理论框架

（一）公共组织委托代理关系与机会主义

尽管对委托代理关系有不同的表述，在不同的学科中还有含义上的差异。但是，"花他人的钱为他人办事"是委托代理关系最根本的特征。国家作为一个整体是一个公共组织，国家的各个机构更是一个公共组织。绝大多数公共组织都具有"花他人的钱为他人办事"的属性，所以，都存在委托代理关系。在很多的情形下，"花他人的钱为他人办事"是各种公共组织存在和运转的基本形式，失去这个属性，该公共组织也没有存在的必要性。

委托代理关系的构成要素包括关系人和内容两个方面，委托人将一定的资源、权力、事项交付给代理人，代理人使用委托人交付的资源和权力来完成委托人要求的事项。当然，在这个过程中，委托人和代理人之间还有许多的信息沟通，并且，委托人还要根据代理人对资源和权力的使用情况及事项完成情况对代理人进行奖惩并决定是否继续这种委托代理关系。

所以，总体来说，委托人和代理人是组成委托代理关系的关系人，而资源、权力、事项、信息沟通、奖惩等共同组成委托代理关系的内容。

然而，委托代理关系是否会有效地运行呢？也就是说，代理人是否会按委托人的愿意来行事？一般来说，代理人作为理性人，会有自己的利益考虑，当违约带来的效用大于其守约时，代理人可能会有偏离既定约定的激励，我们将这种偏离称为机会主义（只是从代理人视角，不排除委托人也存在机会主义）。

那么，代理人是否会具有发生机会主义的条件呢？在委托代理关系中，由于激励不相容、信息不对称、环境不确定同时存在，所以，代理人机会主义完全可能发生。

激励不相容主要表现在两个方面：第一，代理人和委托人的目标之间存在差异，委托人所追求的目标未必是代理人想要追求的目标，代理人和委托人之间的目标存在差异，有时甚至完全相反。第二，对委托人有益的事，未必对代理人也有益。例如，代理人通过努力工作，使组织目标更好地实现，这对委托人可能有益。但是，如果代理人不能从组织目标更好地实现中受益，则代理人可能缺乏努力工作的激励，从而表现卸责。

信息不对称是指代理人知道的信息在充分性、可靠性、及时性等方面都高于委托人。在委托代理关系中，代理人通过资源和权力的使用来完成委托人托付的事项，所以，就相关信息来说，代理人是第一时间、第一渠道获得第一手信息，而委托人的信息主要来源于代理人提供。在这种过程中，代理人可能延迟信息提供，也可能提供虚假信息，还可能会隐匿一些信息，从而使得委托人获取的信息数量和质量都不如代理人，信息不对称出现了。

环境不确定是指代理人使用委托人交付的资源和权力来完成委托人托付的事项时，其最终结果除了受到代理人的努力程度之影响外，还会受到外部环境因素的影响，而这些环境因素又具有不确定性，一般来说，无法将环境因素对产出结果的影响区分开来，从而导致两个后果：第一，好的业绩可能是有利环境的影响，不一定是代理人努力的结果；第二，不好的业绩可能是不利环境的影响，不一定是代理人不努力的结果。

上述三个因素一定要同时存在，代理人才具备发生机会主义的条件。如果没有激励不相容，代理人就缺乏机会主义的动机，从源头上就不会产生机会主义。如果缺乏信息不对称，即使存在激励不相容，在信息对称的情形下，委托人知道代理人的所作所为，代理人犹如"在鱼缸中游泳"，要做些什么小动作，委托人会觉察出来。即使激励不相容和信息不对称同时存在，如果环境具有确定性，委托人可以根据代理人的产出来衡量代理人的努力程度，此时，代理人的机会主义也就难以发生。正是由于上述激励不相容、信息不对称和环境不确定同时存在，代理人机会主义就具备产生的条件了。

既然代理人机会主义就是代理人偏离与委托人的约定，委托人和代理人有什么约定呢？无非表现为两个方面：第一，按一定的方式做事。在许多情形下，委托人对代理人有明示甚至约定，希望代理人如何行为。例如，希望代理人遵守相关法律法规。在另外一些情形下，委托人对代理人没有明示，但是，从委托代理关系的本质来看，有隐含表达。例如，希望代理人按最大善意原则来行事。第二，做委托人希望的事。委托人将资源和权力交付给代理人，当然是希望代理人使用这些资源和权力来完成委托人自己托付的事项，而不是做其他的事项。所以，总体来说，委托人期望代理人按一定的方式来完成一定的事项。从这种意义出发，代理人对委托人期望的偏离有两种情形：一是不按委托人希望的方式做事。主要表现为行为偏离，本书称为行为机会主义；二是不做委托人期望的事，或者是委托人期望的事做得不好。在这种情形下，代理人一般不会将事项的真相直接报告给委托人，而是给委托人提供虚假信息，所以，最终结果主要表现为信息虚假，也就是信息偏离，本书称为信息机会主义。

（二）公共组织治理模式与机会主义行为类型

一般来说，激励不相容、信息不对称和环境不确定是委托代理关系的常态，所以，代理人很有可能产生机会主义。委托人作为理性人当然会预期到代理人的机会主义，所以，会构造针对代理人机会主义的外部治理机制，同时，也会要求代理人自己构造应对机会主义的内部治理机制。一般来说，外部治理和内部治理具有高度的相关性，没有一定水平的外部治理机制，内部治理机制难以建立；同时，没有一定水准的内部治理为基础，外部治理也就难以落实。尽管如此，治理机构的构造还是可以有不同的选择，而正是这些不同的选择，使得代理人机会主义类型不同。

一般来说，在产生机会主义的三个条件中，环境不确定是难以控制的，所以，主要是从降低激励不相容和信息不对称这个路径出发。制衡机制、监督机制、问责机制、公开透明机制主要是降低信息不对称，而激励机制和道德机制主要是降低激励不相容。这些机制是否具有经常性和依靠力量的来源，如表3-4所示。这些机制可以分类两类，一类是依靠力量来自流程内部，并且具有经常性；另一类是依靠力量来自流程外部，并且不具有经常性。

表 3-4　是否具有经常性和依靠力量的来源

具体机制	是否具有经常性	依靠力量来自流程内部还是外部	机制类型
制衡机制	具有经常性	流程内部	内部—经常性机制
激励机制	具有经常性	流程内部	内部—经常性机制
道德机制	具有经常性	流程内部	内部—经常性机制
监督机制	不具有经常性	流程外部	外部—非经常性机制
问责机制	不具有经常性	流程外部	外部—非经常性机制
公开透明机制	不具有经常性	流程外部	外部—非经常性机制

一般来说，在应对机会主义的过程中，首先是内部—经常性机制发挥作用（称为第一道防线），将机会主义行为抑制在萌芽之中。通过内部—经常性机制发挥作用之后，可能还存在一些机会主义，称为剩余机会主义。对于这类机会主义，再通过问责机制、监督机制和公开透明机制来发挥作用（称为第二道防线），通过这些机制对机会主义行为的再次抑制，使机会主义行为降低到可容忍的程度。上述作用过程如图 3-1 所示。

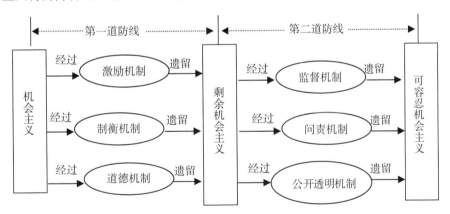

图 3-1　机会主义行为抑制过程

从宏观构造上来看，治理机制构造有两种类型，一种类型是以第一道防线为主，另外一种类型是以第二道防线为主。如果是以第一道防线为主，则内部—经常性机制是主要的工具性机制，它们是抑制机会主义的主力军。如果是以第二道防线为主，则外部—非经常性机制是主要的工具性机制，它们是抑制机会主义的主力军。为了叙述的方便，我们将第一种情形称为内部—经常性治理模式，第二种情形称为外部—非经常性治理模式。

不同的治理模式对代理人机会主义会产生什么样的影响呢？本书前面已经将机会主义分为行为机会主义和信息机会主义。不同的治理模式下，行为机会主义和信息机会主义的严重程度会不同。

在内部—经常性治理模式下，由于内部—经常性机制发挥主要作用，而这些机制的特征是具有经常性，并且控制力量来源流程内部。所以，对机会主义的控制效果较好，代理人在行为方面的机会主义受到有效控制，代理人要想在如何做事方面偏离委托人的期望是很困难的，代理人行为机会主义难以发生。也正是在这种背景下，由于有了较为完善的行为治理机制，委托人对代理人行为方面的关注程度较低，主要关注做了什么事，从而，信息成为委托人关注的重点，代理人当然也会以此为重点，当通过努力不能完成委托人的期望时，弄虚作假就成为必然的选择。同时，在这种情形下，委托人还可能有更高的要求，例如，代理人是否可以做更多的事，或者以更少的投入来完成既定的事。信息机会主义出现了。

在外部—非经常性治理模式下，作为第一道防线的内部—经常性机制较为粗糙，"牛栏关猫，进出自由"的现象还屡见不鲜，对机会主义抑制的效果较差，所以，代理人机会主义较容易发生，需要依靠第二道防线来抑制的剩余机会主义较为严重。也正是在这种背景下，行为机会主义成为代理人机会主义的重灾区，也成为委托人关注的重点。当然，这并不表明代理人没有信息机会主义，而是由于代理人行为机会主义严重，相对而言，信息机会主义的受关注程度倒是退居其次了。

当然，内部—经常性治理模式和外部—非经常性治理模式的区分是就典型形态而言，现实世界是复杂的，还存在许多介于二者之间的治理模式，从而使得具有严重性的机会主义类型也不只是上述两种典型形态。例如，行为机会主义和信息机会主义同时严重在现实生活中也是存在的。

（三）机会主义行为类型与审计主题

本书前面的分析表明，在外部—非经常性治理模式，行为机会主义是重点，而在内部—经常性治理模式下，信息机会主义是重点。不同类型的机会主义对审计主题有什么影响呢？

在应对机会主义的治理构造中，审计属于第二道防线，它应对的是经过第一道防线之后的剩余机会主义。审计主题就是审计人员所要发表审计意见的直接对象，从理论上来说，审计主题由委托人决定，委托人关注什么问题，该问题就可以成为审计主题。不同的治理模式下，委托人关注的重点问题不同，从而产生不同的审计主题。

在内部—经常性治理模式下，委托人关注的重点是代理人的信息机会主义，所以，信息成为这种治理模式下的主要审计主题，信息的真实性及其所反映的绩效之合理性成为审计关注的重点。由于财政财务报告和绩效报告是主要的信息载体，所以，财政财务报告审计和绩效审计成为主要的审计业务类型。

在外部—非经常性治理模式下，委托人关注的重点是代理人的行为机会主义，所以，行为成为这种治理模式下的主要审计主题，行为的合规性、合理性成为审计关注的重点。由于行为本身有许多方面，并且行为主体也有不同的层级，从而使得行为审计类型也较多。例如，舞弊审计、预算执行审计、财务收支审计、合规审计等都属于行为审计。

一般来说，内部—经常性治理模式是较为成熟的模式，治理构造较完善的公共组织，更多地采用这种模式，所以，这些国家的国家审计主题是以信息为主，财政财务报告审计和绩效审计是主要审计业务。而外部—非经常性治理模式是不成熟的治理模式，治理构造不完善的公共组织，更多地采用这种模式，所以，这些国家的国家审计主题是以行为为主，舞弊审计、预算执行审计、财务收支审计、合规审计是主要审计业务。

三、国家治理与国家审计：中美两国审计主题差异分析

本书从公共委托代理关系、治理构造、机会主义类型到国家审计主题这个逻辑顺序，分析了国家治理与国家审计主题之间的关系，提出了解释国家审计主题差异化的一个理论框架。然而，这个理论框架能否解释现实世界的审计主题差异呢？由于本书篇幅，我们仅通过中美两国政府审计主题差异的分析来一定程度上验证这个理论框架。

先来看我国当代的政府审计主题选择。我国处于转轨时期，改革开放过程中有大量的制度变迁，所以，各种违规行为还有大量的机会。根据审计署披露，抽查 56 个中央部门已报销的 29363 张可疑发票中，有 5170 张为虚假发票，列支金额为 1.42 亿元。在这种背景下，行为合规性理所当然就成为重要的审计主题。从审计署历年的绩效报告也显现出这种审计主题的选择①：（1）2010 年，审计署统一组织审计项目 31 项（类），其中：财政审计项目 21 个（类）；金融审计项目 2 个（类）；企业审计项目 1 个（类）；

---

① 国家审计署从 2011 年开始披露上年度绩效报告。

经济责任审计项目 3 个（类）；资源环境审计项目 1 个（类）；涉外审计项目 3 个（类）。查出违规问题金额 599.4 亿元。投入产出比为 1∶79。(2) 2011 年,审计署统一组织审计 36 项（类）,其中：财政审计项目 22 项（类）；金融审计项目 2 项（类）；企业审计项目 2 项（类）；经济责任审计项目 3 项（类）；资源环境审计项目 2 项（类）；涉外审计项目 5 项（类）。查出主要问题金额 866.8 亿元。投入产出比为 1∶96。(3) 2012 年,审计署统一组织审计 25 项（类）：其中：财政审计项目 13 项（类）,金融审计项目 2 项（类）,政府重点投资审计项目 3 项（类）,经济责任审计项目 3 项（类）,涉外审计项目 4 项（类）。可用货币计量的审计工作成果 1282 亿元。投入产出比为 1∶116。(4) 2013 年,审计署统一组织的 26 个审计项目,其中：财政审计项目 12 个,政府重点投资审计项目 1 个,企业审计项目 1 个,经济责任审计项目 6 个,资源环境审计项目 1 个,涉外审计项目 5 个。可用货币计量的审计工作成果 2752 亿元。投入产出比为 1∶252。

从上述绩效数据可以看出,行为合规性和合理性审计是主要的审计业务,并且,查出的违规金额是逐年增长,审计机关的投入产出比是逐年提高。我国政府审计为什么以行为为主要的审计主题呢？我们认为,最根本的原因是我们的社会经济生活中,各种违规及不合理行为还较多,在这种背景下,针对这些违规行为和不合理行为的审计自然成为主要的审计主题。为什么违规和不合理行为会较多呢？主要的原因是我国的国家治理还未能实现现代化,内部—经常性治理模式还未建成,防范机会主义的第一道防线还不严密,"牛栏关猫,进出自由"的现象还屡见不鲜。在这种背景下,选择行为合规合理性作为主要的审计主题当然是有其必然性和合理性。

一般而言,美国 GAO① 的审计业务发展大致可分为四个阶段：账项基础财务审计阶段,制度基础财务审计阶段,综合审计阶段,绩效审计阶段[11][12][13][14]。在账项基础财务审计阶段（1921-1950）,财政财务收支审计成为 GAO 的主要审计业务,逐张检查会计凭证和单据以审核财政收支的合法性,成为主要的审计方式。很显然,在账项基础财务审计阶段,财政财务收支行为是主要的审计主题。在制度基础财务审计阶段（1950-1967）,GAO 关注的重点仍然是财政财务收支的合规合法,但是,审计模式已经发生变化,不是直接面向行为,而是面向对行为进行控制的内部控制,关注制度本身的缺陷。通过制度缺陷来寻找违规,通过制度的完善来促进财政

---

① General Accounting Office, 2004 年更名为 Government Accountability Office

财务收支合规。很显然，制度基础财务审计阶段，审计主题还是财政财务收支行为，但是，审计模式发生了变化。在综合审计阶段（1967－1970 年代），GAO 的审计业务中增加了绩效审计，走向了财务收支审计与绩效审计并重的阶段。很显然，在综合审计阶段，审计主题有两个，一个是财政财务收支行为，另一个是绩效信息。在绩效审计阶段（1980 年代至今），绩效审计占整个审计工作量的比重已经超过 85%。很显然，这个阶段的主要审计主题是绩效信息。

为什么美国联邦政府审计主题会发生上述变迁呢？主要的原因是美国的国家治理模式发生了变化，从而需要审计来应对的机会主义类型发生了变化。在账项基础财务审计阶段，国家治理较为粗糙，行为机会主义较为严重。后来，国家治理有一定的完善，与财政财务收支行为相关的内部控制得到完善，通过发现内部控制存在的缺陷来寻找违规行为成为有效的取证模式，同时，通过发现内部控制存在的缺陷也可以进一步促进内部控制的完善，这就进入了制度基础财务审计阶段。随着国家治理的进一步完善，行为机会主义已经不再是主要的问题，信息机会主义的被关注程度显著提升，绩效信息作为审计主题的重要性越来越显现，最终成为主要的审计主题。

对中美两国政府审计的简要分析显示，国家治理模式决定需要审计应对的机会主义类型，而机会主义类型会决定审计主题选择，进而决定政府审计业务类型和审计资源投入。这个结论，与本书前面提出的理论框架相一致。

四、结论和启示

国家审计源于公共委托代理关系，然而，不同国家甚至同一国家在不同时期，国家审计主题呈现差异化。本书按公共委托代理关系、治理模式、机会主义类型到审计主题这个逻辑，分析国家审计主题差异的原因。

由于激励不相容、信息不对称和环境不确定，代理人可能发生机会主义，一是不按委托人希望的方式做事，主要表现为行为偏离，称为行为机会主义；二是不做委托人期望的事，或者是委托人期望的事做得不好，主要表现为信息虚假，称为信息机会主义。

应对机会主义的治理机制构造有内部—经常性治理模式和外部—非经常性治理模式两种类型，不同的治理模式下，行为机会主义和信息机会主义的严重程度不同。在内部—经常性治理模式下，由于内部—经常性机制发挥主要作用，而这些机制的特征是具有经常性，并且控制力量来自流程内部，所以，对机会主义的控制效果较好，代理人在行为方面的机会主义受到有效控制，信息机会主义成为关注重点。在外部—非经常性治理模式下，作为第一道防线的内部—经常性机制较为粗糙，对机会主义抑制的效果较差，所以，代理人机会主义较容易发生，需要依靠第二道防线来抑制的剩余机会主义较为严重，行为机会主义成为代理人机会主义的重灾区。

在应对机会主义的治理构造中，审计属于第二道防线，它应对的是经过第一道防线之后的剩余机会主义。审计主题就是审计人员所要发表审计意见的直接对象。从理论上来说，审计主题由委托人决定，委托人关注什么问题，该问题就可以成为审计主题。不同的治理模式下，委托人关注的重点问题不同，从而产生不同的审计主题。在内部—经常性治理模式下，委托人关注的重点是代理人的信息机会主义，所以，信息成为这种治理模式下的主要审计主题，信息的真实性及这些信息反映的绩效的合理性成为审计关注的重点。由于财政财务报告和绩效报告是主要的信息载体，所以，财政财务报告审计和绩效审计成为主要的审计业务类型。在外部—非经常性治理模式下，委托人关注的重点是代理人的行为机会主义，所以，行为成为这种治理模式下的主要审计主题，行为的合规性、合理性成为审计关注的重点。由于行为本身有许多方面，并且行为主体也有不同的层级，从而使得行为审计类型也较多，例如，舞弊审计、预算执行审计、财务收支审计、合规审计等都属于行为审计。

对中美两国政府审计主题差异的简要分析显示，国家治理模式决定需要审计应对的机会主义类型，而机会主义类型会决定审计主题选择，进而决定政府审计业务类型和审计资源投入。这个结论，与本书前面提出的理论框架相一致。

公共组织治理模式、机会主义类型和审计主题之间的关系告诉我们，审计制度不能脱离其赖以产生的环境，在这些环境因素中，公共组织治理模式及其相应的机会主义类型是最重要的环境因素，要根据这些因素的状况来选题审计主题，如果脱离这些环境因素，盲目创新或盲目跟随其他国家的审计制度，则国家审计就难以在国家治理中发挥其应有的作用。党的十八届三中全会做出了全面深化改革若干重大问题的决定，全面深化改革的总目标是完善和发展中国特色社会主义制度，推进国家治理体系和治理能力现代化。在这种背景下，国家审计要立足国家治理的现状，继续强化行为审计；同时，要以行为审计发现的问题为出发点，挖掘其体制、机制和制度原因，促进国家治理的现代化。

第三节　内部审计主题类型及其差异化原因：理论框架和例证分析

内部审计制度建构的一个基础性的问题是审计什么——这就是审计内容。它包括审计对象、审计主题、审计业务类型、审计标的等多个层面。一般认为，审计对象是经管责任，而审计标的主要涉及审计证据的来源，所以，审计主题和审计业务类型是审计内容的核心内容（郑石桥，2016a）。本书从内部审计视角出发，关注其中的审计主题。审计主题是审计内容的骨架，不同的审计内容按审计主题形成有逻辑的框架体系，要建立有效的内部审计制度，必须有一个这种的框架。从现实世界来看，不管是否意识到这个问题，每个组织的内部审计都有一定的审计主题，并且，不同的组织之间，内部审计主题存在差异。那么，既然都需要内部审计主题，不同组织之间为什么又会呈现差异化呢？

现有文献对审计主题有一定的研究，一些文献还从审计一般和政府审计的视角出发，分析了审计主题差异的原因。然而，关于内部审计主题及其差异化还缺乏针对性的研究。本书在现有文献的基础上，聚焦内部审计，提出内部审计主题及其差异化的理论框架。

随后的内容安排如下：首先是一个简要的文献综述，梳理内部审计主题相关文献；在此基础上，提出一个关于内部审计主题及其差异化的理论框架；最后，用这个理论框架来分析内部审计权威文献倡导的审计主题及其变化，以一定程度上验证这个理论框架；最后是结论和启示。

一、文献综述

本书研究内部审计主题及其差异化的原因，文献综述包括两部分内容，一是关于内部审计主题及其差异化，二是关于内部审计内容及其差异化。

没有文献直接研究内部审计主题及其差异化，但是一些文献从审计一般和政府审计的视角研究审计主题，这对本书的研究有一定的启发作用。一些文献认为，审计主题就是审计师发表审计意见的特定事项（郑石桥，宋夏云，2014；郑石桥，郑卓如，2015），鸟羽至英（1995）、谢少敏（2006）将审计主题区分为行为主题和信息主题，郑石桥、周天根、王玮（2015）在此基础上，将行为主题区分为具体行为主题和制度主题，将信息主题区分为财务信息主题和业务信息主题。还有一些文献研究审计主题差异化的原因。郑石桥、周天根、王玮（2015）认为，组织治理模式的不同导致了审计主题的差异化；郑石桥（2015a，2015b）认为，由于国有资源经管责任的内容不同及公共组织治理模式的不同，导致了政府审计主题的差异化。

关于内部审计内容及其差异化的相关研究有两方面的文献，一是职业组织的权威文献，二是研究性文献。关于职业组织的权威文献，IIA 发布的内部审计职责说明书及审计准则和实务框架都涉及内部审计内容，其 2013 版 IPPF 认为，内部审计内容是风险管理、控制和治理过程（IIA，2013）；中国内部审计协会颁布的《第 1101 号—内部审计基本准则》规定，内部审计内容是业务活动、内部控制和风险管理（中国内部审计协会，2013）；我国审计署发布的《审计署关于内部审计工作的规定》认为，内部审计内容是财政收支、财务收支、经济活动（中华人民共和国审计署，2003）。研究性文献对内部审计内容的观点较多，主流观点有三种，第一种观点，内部审计的对象包括会计资料、统计核算资料和其他业务核算资料；第二种观点，内部审计的对象是经济活动；第三种观点，内部审计的对象和范围，既包括各单位的经济活动，也包括各单位的经济管理工作（陈光汉，1985；杨跃进，1996）。还有一些文献认为，治理型内部审计、增值型内部审计，其审计内容不同于传统的内部审计，易仁萍（2005）认为，内部控制、风险管理是内部审计的核心内容；邢风云（2012）认为，内部审计对象不仅限于财务方面，而是向更多的管理领域延伸；刘德运（2014）认为，内部审计的对象具体可以表述为风险管理、公司治理和内部控制。此外，还有些文献描述了内部审计内容的变迁及影响因素，认为是审计环境的变化推动了审计内容的变化（王光远，2003a；2003b；2003c；2003d；2003e）。

上述这些文献对我们认知内部审计主题及其差异化有较大的启发作用，然而，关于内部审计主题并没有针对性的研究，对于内部审计主题及其差异化，缺乏一个系统化的理论框架。本书拟提出这个理论框架。

二、理论框架

从技术逻辑来说，审计就是对特定事项与既定标准之间的一致性发表意见，这里的特定事项就是审计主题（郑石桥，宋夏云，2014；郑石桥，郑卓如，2015），内部审计也不例外。审计主题是内部审计制度建构的关键要素，一方面，它受到其他一些因素的影响，这些因素包括组织治理机制、组织环境、内部审计定位等；另一方面，它又会影响内部审计业务类型，并通过业务类型影响内部审计其他基本要素，进而影响内部审计制度的整体效果。所以，内部审计主题是内部审计制度中承前启后的制度变量，其基本情形如图3-2所示。由于篇幅所限，本书关注影响内部审计主题及其影响因素——也就是内部审计主题差异化的原因（图中实线标识部分），至于内部审计主题对内部审计业务类型及通过业务类型形成的进一步影响，拟另做专门探究，本书不涉及（图中用虚线表示）。

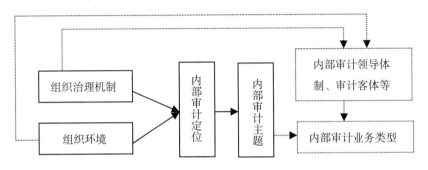

图3-2 研究框架

（一）内部审计主题：概念、范围和类型

从本质上来说，内部审计是以系统方法从行为和信息两个角度独立鉴证经管责任履行中影响组织目标的消极因素及相关治理机制并将结果传达给组织内部利益相关者的制度安排（郑石桥，2016b）。根据这个本质，内部审计关注的是经管责任（accountability）履行中影响组织目标的消极因素，这些消极因素包括代理问题、次优问题和风险暴露。代理问题是由于代理人的自利而产生的影响组织目标的消极因素，次优问题是由于代理人的有限理性而产生的影响组织目标的消极因素。从广义来说，代理问题和次优问题都是风险暴露；从狭义来说，风险暴露是指代理问题和次优问题之外，对组织目标有负面影响且未能有效应对的外部及内部因素。在许多情形下，上述三类消极因素交织起来，无法清晰地判断是何种问题。

内部审计对于代理问题、次优问题和风险暴露并不是万能的，所做的基础性工作是鉴证，也就是判断是否这些问题是否存在。在此基础上，再推动解决上述问题。内部审计判断上述问题是否存在核心内容是将与上述代理问题、次优问题及风险暴露相关的特定事项与既定标准进行比较，以判断特定事项与既定标准之间的一致性。如果不一致，就判断为偏差，并且，推动对偏差的整改。这里的特定事项就是内部审计关注的审计主题。

那么，内部审计主题的范围是什么呢？两个因素限定了内部审计主题的范围，一是经管责任或组织目标，二是既定标准的存在。经管责任也就是代理人从委托人那里接受的责任，一般来说，这个责任也就体现为代理人负责的这个组织或岗位的目标，如果将岗位称谓微组织，则经管责任也就是组织目标。代理人为了履行其经管责任，或为了实现组织目标，要做很多的努力，而代理问题、次优问题及风险暴露是对组织目标有负面影响的消极因素，审计师要关注是否存在这些消极因素。所以，离开经管责任或组织目标，也就无论谈起消极因素。并且，内部审计围绕组织目标开展工作，也就是只能关注影响组织目标的消极因素，不能偏离这个主题。内部审计并不是一般意义上关注代理问题、次优问题及风险暴露，而是关注与组织目标或经管责任相关的代理问题、次优问题及风险暴露。

即使围绕组织目标或经管责任开展工作，内部审计还要受到既定标准的限制，对于没有既定标准的事项，审计师就无法做出该特定事项是否发生偏差的判断。所以，既定标准的存在，是内部审计主题存在的又一个前提条件。这里的既定标准就是该特定事项应该如何的要求或流程或做法或惯例，如果该特定事项的现实与其应该如何发生不一致，就判定为偏差，如果没有既定标准，当然也就不存在应该如何的问题，当然也就无法判断是否存在偏差。现实生活中，有一些对组织目标可能存在负面影响的行为或制度，但是，由于缺乏清晰的标准，内部审计在这些方面就无能为力。例如，究竟什么样的领导风险是适宜的，目前还没有统一的认识，这也就导致对领导风险没有清晰的既定标准，审计师当然也就无法对领导是否存在偏差进行判断。在一些情形下，虽然没有清楚的既定标准，但是，如果主要的利益相关者能就在多个可能的标准中就某一标准的适宜性达成共识，这种标准也能成为既定标准。

上述两个因素结合起来，限定了内部审计主题的范围，大致如图 3-3 所示，图中的阴影部分，就是内部审计主题的范围。

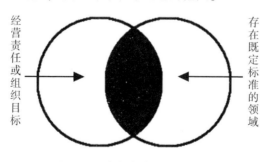

图 3-3　内部审计主题的范围

接下来的问题是，内部审计主题有哪些种类？在内部审计主题的范围内，审计师能鉴证的影响组织目标的代理问题、次优问题及风险暴露一般包括四种特定事项：财务信息，业务信息，具体行为，制度（郑石桥，宋夏云，2014；郑石桥，郑卓如，2015；郑石桥，周天根，王玮，2015）。

财务信息是以货币计量的信息，主要体现在内部会计报表中。这些信息，一方面表现表明了各管理层对组织资源的使用情况，另一方面则反映了组织的财务状况和财务成果，从财务视角表明了各管理层绩效。正是由于财务信息的上述功能，各管理层有可能操纵财务信息，通过这种操纵，谋取自己的利益。所以，财务信息虚假是代理问题。另外，即使各管理层无意操纵财务信息，由于人的有限理性，在财务信息的生产过程中也可能发生错误，从而使得财务信息失真，这就产生次优问题。在一些情形下，可能无法区分财务信息不真实是信息虚假还是信息错误，一般合称财务信息错弊。而财务信息错弊可能掩盖一些财务风险，从而带来未能应对的风险暴露。基于上述原因，内部审计师对于各管理层提供的财务信息要鉴证其真实性，其既定标准是组织关于财务信息生产及报告的规定，从而财务信息成为重要的内部审计主题。一些内部审计机构开展的财务审计是这种审计主题的典型代表。

业务信息是以非货币计量的信息，主体体现在内部各种统计报表中。这些信息在很大程度上反映了各管理层营运的过程和结果，所以，这些信息在很大程度上也是各管理层的绩效指标。基于与财务信息相同的原因，这些信息可能产生代理问题、次优问题，产生信息错弊，并进而带来未能应对的风险暴露。为此，内部审计师需要对这些信息进行鉴证，其既定标准是组织关于业务信息生产及报告的规定，从而业务信息成为重要的内部审计主题。一些内部审计机构在开展绩效审计、经济责任审计时，对非财务计量的绩效指标和经济责任指标进行，就是这种审计主题的典型代表。

具体行为是各管理层履行其经管责任或实现组织目标中的作为或不作为。要实现组织目标或履行经管责任，有些事必须做，表现为作为；许多事必须按一定的方式做，表现为正确作为；有些事不能做，表现为不作为。遵守了上述要求，就是正常行为，违背了上述要求就是缺陷行为，很显然，只有正常行为能促进经管责任的履行或组织目标的达成，而缺陷行为是会损害组织目标或经管责任之履行的。为此，在存在既定标准或能对可能的既定标准达成共识时，内部审计师需要对各管理层的具体行为进行鉴证，以识别缺陷行为，从而使得具体行为成为重要的内部审计主题。这里的缺陷行为既可能是由于自利带来的不当作为或不作为，从而表现为代理问题；

也可能是有限理性带来的错误作为或不作为，从而表现为次优问题；还可能是由于自利或有限理性而带来的风险应对不当作为或不作为，从而表现为过度的风险暴露。行为主题审计的关键是既定标准是否存在，在许多情形下，具体行为的既定标准有明文规定，这些行为如果偏离既定标准，就是违规行为；在有些情形下，具体行为的既定标准并没有明文规定，需要审计师的职业判断，这种情形下判断的偏差行为，主要表现为现行行为与适宜要求之间存在差距，通常是不合理，一般称瑕疵行为。一些内部审计机构开展的财务收支合规性审计、经济合同合规性审计、工程结算合规性审计，就是这种审计主题的典型代表。

制度（institution）是要求大家共同遵守的办事规程或行动准则，是一种人们有目的建构的秩序规则。一般来说，任何组织的制度都包括两种类型，一是明文规定的规章制度，二是虽然没有明文规定，但是，该组织现行办事的程序或方法，有时甚至是潜规则。任何组织要达成其组织目标或者说管理层要履行好其经管责任，必须建立支持其组织目标或经管责任的制度体系。但是，由于各种原因，有些制度可能不支持组织目标或经管责任的良好履行，这类制度称谓缺陷制度。缺陷制度的形成有多种原因，可能是由于管理层自利而故意形成的制度缺陷（当然，这种缺陷是对组织目标有负面影响，但是，对管理层本身可能是有利的），从而显现了代理问题；也可能是由于管理层的有限理性形成制度缺陷，从而显现了次问题；还可以是由于管理层自利或有限理性，从而使得应对风险的制度存在缺陷，从而显现为风险过分暴露。无论是何种原因，都会对组织目标的达成形成负面影响。所以，内部审计师需要对制度进行鉴证，以判断制度是否存在缺陷，从而使得制度成为重要的内部审计主题。制度鉴证的关键问题是既定标准，当判断现行制度是否执行时，现行已经存在的制度当然就是既定标准；当判断现行制度设计是否存在缺陷时，一些法律法规及管理原理、管理惯例、行业惯例可能成为既定标准。当然，这需要与利益相关者协商这个既定标准，所以，制度审计只能在某些范围内开展。一些内部审计机构开展的内部控制审计是典型的制度审计，一些内部审计机构开展的管理审计、经营审计，制度也是主要的审计主题。

以上分别阐述了四种审计主题，事实上，财务信息和业务信息都是信息，具有不少的共性，可以合并称谓信息主题；而具体行为和制度更是密切相关，制度就是规范具体行为，而具体行为也需要按制度来实施，所以，制度和具体行为是一枚钱币的两面。正是在这个意义上，一些文献认为，将制度和具体行为合并称谓行为主题（鸟羽至英，1995；谢少敏，2006），从而，内部审计的全部审计主题是两类四种：信息主题——包括财务信息和业务信息，行为主题——包括具体行为和制度。

（二）内部审计主题差异化的原因——影响内部审计主题的因素

接下来的问题是，既然内部审计的全部审计主题是两类四种，为什么不同组织会选择不同的审计主题，换言之，影响内部审计主题选择或内部审计主题差异化的因素有哪些？我们按图 3-4 的框架来分析这些影响因素。

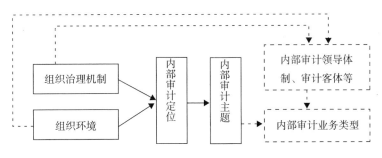

图 3-4　研究框架

内部审计本质既有共性本质，还有个性本质，内部审计定位，主要是指内部审计个性本质的选择。一般来说，内部审计个性本质有三个：一是作为业务流程中的审核机制，二是作为监督机制之外的监督机制，三是作为治理机制的监视机制（郑石桥，2016b）。不同的个性本质选择，对内部审计主题有重要影响。

当内部审计作为业务流程中的审核机制时，能审核什么呢？一般来说，主要有两种情形，一是审核前面的流程已经完成的经济行为是否符合既定的标准，此时的审计主题是经济行为，也就是具体行为主题；二是审核前面的流程已经加工完成的经济信息是否符合既定的信息加工之规定，也就是判断经济信息是否真实，此时的审计主题是信息，既可能是财务信息，也可能是业务信息。所以，概括来说，当内部审计作为审核机制时，其审计主题是具体行为、财务信息和业务信息。

当内部审计作为监督机制之外的监督机制时，能监督什么呢？一般来说，一般来说，也主要有两种情形，一是检查已经完成全部流程的经济行为是否符合既定标准，这种检查关注的经济行为，属于具体行为主题；二是检查已经完成全部流程的经济信息是否符合各自的生产及报告规定，这种检查关注的是经济信息，履行信息主题，这种的信息可能是财务信息，也可能是业务信息。所以，概括起来，作为监督机制的内部审计，其审计主题依然是具体行为、财务信息和业务信息。此时的审计主题与作为审核机制的内部审计相同，但是，由于是在业务流程之外履行的，所以，其功能不同，进而对消极因素的抑制之成本效益也不同。

当内部审计作为监视机制时，能监视什么呢？一般来说，监视的是治理机制，内部审计本身已经不直接应对代理问题、次优问题和风险暴露，而是监视应对这些问题的治理机制是否持续有效。这种治理机制，也就是本书前面提到的制度，风险管理/内部控制/治理过程/管理过程/价值链都是其具体形态。所以，此时的内部审计，其审计主题是制度。

以上所述的内部审计定位对内部审计主题的影响，归纳起来如表3-5所示。

表3-5　不同内部审计定位下的审计主题

审计定位	审计内容	审计主题类型
作为审核机制的内部审计	经济行为	具体行为
	经济信息	财务信息，业务信息
作为监督机制的内部审计	经济行为	具体行为
	经济信息	财务信息，业务信息
作为监视机制的内部审计	风险管理/内部控制/治理过程/管理过程/经营过程/价值链	制度

接下来的问题是，内部审计定位为什么会不同呢？虽然有不少的因素会影响内部审计定位，但是，主要的因素是组织治理机制和组织环境。

从组织治理机制来说，其本身是一个整体，包括多种机制，不同机制的组合原则是成本效益，各种机制组合起来形成的治理机制要求具有理想的成本效益比。一般来说，内部审计只是治理机制组合中的一部分，当业务流程中的其他机制能以适当的成本有效地抑制经济行为和经济信息的偏差时，内部审计一般不嵌入到业务流程中。只有其他机制不能以适当的成本有效地抑制这些偏差时，内部审计才需要作为业务流程中的审核机制。此时，审计主题就是履行完前置业务流程的经济行为和经济信息，前者属于具体行为主题，后者属于财务信息主题或业务信息主题。当业务流程中的其他机制能以适当的成本有效地抑制经济行为和经济信息的偏差，但是，还未能将其抑制到可容忍水准时，就需要内部审计作为监督机制。在业务流程完成之后，对已经履行完全部业务流程的经济行为和经济信息再次做检查，此时，审计主题就是履行完全部业务流程的经济行为和经济信息，前者属于具体行为主题，后者属于财务信息主题或业务信息主题。当治理机制组合能以适当的成本有效地将经济行为和经济信息的偏差抑制到可容忍水平时，内部审计一般就作为监视机制，确保治理机制的持续有效运行。此时，审计主题包括风险管理/内部控制/治理过程/管理过程/经营过程/价值链等，属于制度主题。所以，总体来说，组织治理状况对内部审计定位有重要影响（郑石桥，周天根，王玮，2015；郑石桥，2015b），并进而影响内部审计主题。

组织环境也影响内部审计定位，根据环境因素的多寡，组织环境可分为简单环境和复杂环境，前者的环境因素少，后者的环境因素多；根据环境因素的变动性，组织环境可分为静态环境和动态环境，前者变动性小，后者变动性大。两者组合起来，组织环境的基本类型如表3-6所示（郑石桥，马洁，马新智，2003）。

表3-6　组织环境类型

项目		环境复杂性	
		简单环境	复杂环境
环境变化性	静态环境	A	C
	动态环境	B	D

表3-6所示的四类组织环境中，不同类型的环境，对内部审计定位要求有差异。按ABCD的顺序，组织环境中的风险因素越来越难以应对，从而，组织治理机制也越来越复杂，特别是其中的风险管理对于组织目标的达成越来越重要，与此相一致，组织治理机制也就越来越复杂，并且，越来越需要根据组织环境的发展变化来不断地优化，这就需要经常对组织治理机制进行监视，以判断其是否存在缺陷，及时发现不适宜的风险暴露。这就意味着，按ABCD的顺序，内部审计作为组织治理监视机制的重要性也越来越强，与此相适应，制度主题在内部审计主题组合中也就越来越重要。所以，组织环境对内部审计定位有重要影响，并进而影响内部审计主题。

三、例证分析

本书以上提出了一个关于内部审计主题类型及其差异化的理论框架，下面，我们用这个理论框架来阐解一些权威文献对内部审计主题的界定，以一定程度上验证这个理论框架。

（一）IIA界定的内部审计主题

从1947年开始，IIA颁布了一系列的职责说明书或准则，这些职责说明书功或准则对内部审计概念都有界定。这些概念中界定的内部审计内容，归纳起来，大致如表3-7所示。

表3-7 IIA界定的内部审计内容

职责说明书或标准	内部审计内容	审计主题
SRIANo. 1	会计、财务及其他业务活动	财务信息，具体行为
SRIANo. 2	会计、财务及其他业务活动	财务信息，具体行为
SRIANo. 3	业务活动	具体行为
SRIANo. 4	业务活动	具体行为
SRIANo. 5	组织活动	具体行为
SRIANo. 6	组织活动	具体行为
SPPI	风险管理、控制和治理过程	制度
IPPF	风险管理、控制和治理过程	制度

表3-7显示两点，第一，IIA界定的所有内部审计内容都能纳入本书理论框架中提出的内部审计主题，但是，理论框架中提到的业务信息这个主题，在IIA的概念中并没有出现。从发达国家内部审计发展的实践来看，内部绩效指标审计还没有得到足够的重视，我国则不然，内部经济责任审计已经是很多内部审计机构的重要业务，这其中就包括业务信息审计。第二，内部审计主题在变迁，从最早的财务信息主题和具体行为主题，发展到目前的制度主题，并且，制度主题成为IIA唯一强制的内部审计主题。这其中的原因，主要是组织环境越来越具有复杂/动态的特征，从而使得应对风险的治理机制也越来越重要并且还可能越来越推动适宜性，从而越来越需要内部审计作为监视机制。

总体来说，本书的理论框架能解释IIA界定的内部审计内容或审计主题及其变化。

（二）我国权威文献对内部审计主题的界定

中国内部审计协会颁布的第1101号文《内部审计基本准则》规定：内部审计内容是业务活动、内部控制和风险管理（中国内部审计协会，2013）。这里的业务活动属于具体行为主题，这里的内部控制和风险管理属于制度主题。与IIA的IPPF界定的内部审计内容相比，增加了业务活动，删除了治理过程。这两个变化是很有道理的。首先，由于我国的大多数组织的治理机制还不能以适当的成本有效地将经济行为偏差抑制到可容忍的水准，所以，仍然需要内部审计作为监督机制或审核机制，所以，具体行为主题仍然需要；其次，对于我国的大多数组织来说，对组织治理（狭义的治理）进行审计还不具备条件，所以，组织治理纳入审计内容还不具有普通意义。

我国审计署发布的《关于内部审计工作的规定》界定的内部审计内容是财政收支、财务收支、经济活动（中华人民共和国审计署，2003）。很显然，这里界定的内部审计内容是财政收支、财务收支、经济活动，履行具体行为主题。这种界定的原因有两个，首先，根据政府审计的经验，我国有不少的组织还存在较严重的违规行为，这说明，这些组织的治理机制还不能以适当的成本有效地将经济行为偏差抑制到可容忍的水准，所以，仍然需要内部审计作为监督机制或审核机制，此时的审计主题属于具体行为；其次，我国的政府审计虽然具有综合审计的趋势，但是，最重要的审计主题还是具体行为，财政财务收支及相关经济活动是否合规，一起是政府审计关注的主要内容（郑石桥，2015b），审计署当然也希望内部审计也将这些内容作为审计重点。

综上所述，本书的理论框架基本能解释我国权威规范对内部审计内容或主题的界定。

四、结论和启示

审计主题是审计内容的骨架，要建立有效的内部审计制度，必须有一个这种的框架。本书提出一个关于内部审计主题及其差异化的理论框架，并用这个理论框架来分析内部审计权威文献倡导的审计主题及其变化。

内部审计主题是审计师发表意见的特定事项，有两类四种：信息主题—财务信息和业务信息，行为主题—具体行为和制度。内部审计作为抑制消极因素的机制之一，有三种定位：作为业务流程中的审核机制时，作为业务流程之外的监督机制时，作为治理机制的监视机制，组织治理机制的不同状况下，内部审计会有不同的定位。组织环境也影响内部审计定位，组织环境越是具有复杂/动态特征，越是需要内部审计作为治理机制的监视机制。在组织治理机制和组织环境影响的内部审计定位会影响内部审计主题选择，并导致内部审计主题差异化，当内部审计作为业务流程中的审核机制时，审计内容是完成前置程序的经济行为和经济信息，审计主题属于具体行为、财务信息、业务信息；当内部审计作为业务流程之外的监督机制时，审计内容是完成全部业务流程的经济行为和经济信息，审计主题属于具体行为、财务信息、业务信息；当内部审计作为监视机制时，审计内容是制度或管理过程，审计主题是制度。影响内部审计定位的主要因素是组织治理机制和组织环境。

本书提出的上述理论框架，能解释 IIA 及我国内部审计权威文献对内部审计内容或审计主题的界定及其变迁。

本书的研究再次启发我们，存在的，就是合理的。内部审计主题及其差异化是有其原因，各个组织的内部审计领导，应该从本组织的治理机制状况及面临的组织环境来选拔本组织的内部审计定位，并在此基础上，选择内部审计主题。只有这样建立起来的内部审计制度都能真正发挥作用。现实世界中，内部审计主题存在差异化，这恰恰是这些组织的领导理性思考的结果。

第四节　内部审计业务类型及其差异化原因：理论框架和例证分析

内部审计内容关注的是审计什么，审计主题和审计业务类型是其核心要素，前者是审计师发表审计意见的特定事项，后者是前者的细分或细分后的组合（郑石桥，2015；郑石桥，2016a）。审计业务类型决定了审计师能提供什么产品，也决定了审计师如何提供审计产品，从而也就决定了内部审计制度的效率和效果。

现实生活中，我们观察到一些内部审计业务类型的审计现象，例如，有些组织有明确的审计业务类型，有些组织则没有明确的审计业务类型，前者有明确的审计重点，后者没有明确的审计重点；不同的审计组织有不同的审计业务类型组合，也就是有不同的审计业务重点；同一组织在不同时期的内部审计业务类型组合发生变化，也就是审计业务重点发生变化。现实生活中的这些审计现象，引发我们思考这样的问题——内部审计业务类型有哪些？其差异化的原因是什么？

现有文献对内部审计业务类型及差异化原因有一定的研究，但是，关于内部审计业务类型还是缺乏一个有共识的框架，关于内部审计业务类型的影响因素——或者说内部审计业务类型差异化的原因，还是缺乏一个理论框架。本书以审计主题为基础，提出一个内部审计业务类型的分类框架及业务框架影响因素——也就是内部审计业务类型及其差异化的理论框架。

随后的内容安排如下：首先是一个简要的文献综述，梳理内部审计业务类型及其变化的相关文献；在此基础上，以审计主题为基础，提出一个内部审计业务类型的分类框架及业务类型差异化的理论框架；然后，用这个分析框架和理论框架来分析若干例证，以一定程度上验证这两个框架；最后是结论和启示。

一、文献综述

本书的主题是研究内部审计业务类型及其影响因素。根据这个主题，文献综述涉及两方面的文献，一是内部审计业务类型，二是影响内部审计业务类型的因素。

内部审计业务类型目前还处于不清晰阶段，理论界有多种观点，实务界也有多种称谓，概念使用交叉混淆等现象屡见不鲜（陈艳娇，2012）。Sawyer&Sumner（1988）将内部审计业务分为财务审计、经营审计、管理审计。柳旭斌（2003）将内部审计工作内容划分为财务审计、经营审计、经济责任审计、内部控制制度审计、绩效审计、专项业务活动审计。王光远（2004）认为，内部审计的大趋势是从财务审计到管理审计。刘实（2004）将其内部审计业务概括为财务管理审计和非财务管理审计。刘又满、刘哲跃、边华日（2005）将内部审计业务分为内部控制评审、经营审计、绩效审计、管理审计、经济责任审计、舞弊审计、计算机审计、安全审计、环境审计以及专项审计调查。陈锦烽、苏淑美（2006）将内部审计业务分为财务审计和非财务审计。CBOK（2006）的调查发现，排名前几位的内部审计业务分别：内部控制审计、经营审计、舞弊的违规调查、财务审计、监视道德准则遵守情况、管理审计。刘力云（2007）发现，政府部门内部审计的业务包括财务合规性审计、经济责任审计、内部控制、资产管理调查、分析和评价。中国内部审计发展研究中心的调查表明，我国国有企业内部审计业务类型包括财务审计、经济责任审计、专项审计、投资项目审计、经营审计、内部控制审计、物资采购审计、合规审计、风险审计、舞弊审计、IT审计、其他审计（时现，毛勇，2008）。时现（2009）将内部审计分为经营活动审计、内部控制审计、风险管理审计、公司治理审计、信息系统审计。李越冬（2010）通过文献综述发现，将内部审计内容包括财务报表审计、经营运作、风险管理与控制审计。杨钰、钟希余（2011）将内部审计划分为合规型、增值型与过渡型三类，认为合规型的业务主要是财务审计、经济责任审计和其他专项审计等；增值型的业务除了传统的财务审计、经济责任审计之外，还包括经济效益审计、制度审计、风险审计等；过渡型的业务包括财务审计、经济责任审计、经济效益审计等。陈艳娇

（2012）调查发现，内部审计业务类型排在前四位的是会计核算活动审计、经济责任审计、内部控制审计、工程审计，并以劳动价值论为基础，提出了内部审计业务的三种分类体系，按目标划分的业务类型包括真实性审计、合法性审计、效益性审计；按审计对象划分的业务类型包括治理审计、经营审计；按管理职能划分的业务类型包括内部控制审计、风险管理审计、战略审计。杜艺佳（2014）将内部审计业务类型分为经济责任审计、财务审计和管理审计。王颖（2014）从审计成果的角度，将内部审计业务类型分为预算执行审计、经济责任审计、专项审计调查、后续事项跟踪审计、工程决算（或预算）审计、合同审计。此外，还有些文献研究了特定类型内部审计业务的细分，娄尔行（1987）、鲍国民（1995）研究经营审计和管理审计的业务类型细分，傅黎瑛（2006）研究治理型内部审计的业务类型细分，徐光华、李兰翔（2007）研究管理审计的业务类型细分。

关于影响审计业务类型的因素，一些文献指出，董事会重视内部控制审计这是全世界内部审计发展的大趋势，董事会的需求是影响审计业务类型的重要因素（Selin&McMnmee，1999；Paape，Schffe&Snoep，2003）。胡建强、黄玉飞（2012）发现，内部审计隶属关系对内部审计传统业务的重要性无显著影响，但是，现代审计业务的重要性受内部审计隶属关系的系统影响，在总会计师和董事会领导下的内部审计部门，对内部控制审计的重视程度显著高于其他类型的隶属关系；内部审计的领导层级越低，经营审计的重要性越高。张蕊（2012）发现，规模越大的企业，财务审计的重要性越低，其他种类审计业务的重要性与企业规模无关。郑石桥（2012）、阮博莹（2013）、杜艺佳（2014）认为，问责内容决定内部审计业务类型，有什么样的问责内容就会有什么样的内部审计业务类型。此外，还有些文献描述了内部审计业务类型的变迁及影响因素，认为是审计环境的变化推动了审计业务类型的变化（王光远，2003a；2003b；2003c；2003d；2003e）。

上述这些文献为我们认知内部审计业务类型及其变化原因奠定了良好的基础，但是，总体来说，内部审计业务类型并没有形成有共识的分类体系，内部审计业务类型的影响因素也缺乏系统的理论框架，本书拟致力于上述两个问题。

二、理论框架

本书的理论框架关注两个问题，一是以审计主题为基础，提出一个关于内部审计业务类型的分类框架；二是在此基础上，研究影响内部审计业务类型的影响——或者说，研究内部审计业务类型差异化的原因。

（一）内部审计业务类型的分类框架

审计主题是审计师发表意见的特定事项，它是审计内容的骨架，包括财务信息、业务信息、具体行为、制度这四种类型。审计主题是个大范围，由许多具体内容组成，例如，财务信息和业务信息都很多，选择哪些？具体行为的类型也很多，选择哪些？制度同样很多，选择哪些？所以，还需要有一个可实施的分类框架，这个框架就是审计业务类型。总体来说，从内部审计主题到审计业务类型有两个逻辑步骤，一是对内部审计主题做进一步的细分，形成细分审计主题；二是根据细分审计主题形成内部审计业务类型。这有两种情形，一是单个细分主题独立形成一种审计业务，这就是单一性审计业务，有多种细分审计主题，就有多少种单一性审计业务类型；二是多个细分主题组合成为一种审计业务类型，这就形成综合性审计业务，不同的细分审计主题组合，形成不同的综合性审计业务类型（郑石桥，2015）。从内部审计主题到内部审计业务类型的逻辑路径如图3-5所示。

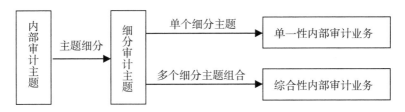

图3-5　内部审计主题与审计业务类型

1. 审计主题细分及单一性内部审计业务

前已叙及，审计主题有四种，各种审计主题都可以细分，从而形成细分审计主题。并且，各种细分审计主题都可以形成独立的审计业务，从而形成各种类型的单一性内部审计业务。

财务信息作为审计主题，可以细分为不同类型的财务信息，主要包括年度财务报表、中期财务报表、特定财务信息、纳税申报表、预测财务报表。这些财务信息形成财务信息的细分主题，针对上述这些细分主题，都可以形成独立的审计业务，分别是年度会计报表审计、中期财务报表审计、商定程序财务信息审计、纳税审计、盈利预测审核。此外，内部审计还可以内置于业务流程之中，对各种财务信息审计进行审核，从而形成财务信息审核业务。

业务信息作为审计主题，包括的内容很丰富，完全需要做进一步的细分。例如，分为统计信息、非财务计量自然资源信息、非财务计量环境信息、非财务计量工程项目信息、非财务计量绩效信息、非财务计量社会责任信息等。针对这些细分的业务信息，可以形成统计信息审计、非财务计量自然资源信息审计、非财务计量环境信息审计、非财务计量工程项目信息审计、非财务计量绩效信息审计、非财务计量社会责任信息审计这些独立的审计业务。此外，内部审计还可以内置于业务流程之中，对各种业务信息审计进行审核，从而形成业务信息审核业务。

具体行为作为审计主题，可以细分为不同类型的具体行为，分别以这些细分的具体行为为内容，形成各种类型的具体行为审计业务。例如，具体行为可以细分为财务收支行为、预算执行行为、工程结算行为、环境影响行为、人力资源管理行为、业务行为、舞弊行为等，都属于具体行为的细分，已经分别形成了相应的具体行为审计业务类型，分别是财务收支审计、预算执行审计、工程结算审计、环境合规审计、人力资源合规审计、业务合规审计、舞弊审计。此外，内部审计还可以内置于业务流程之中，对各种具体的经济行为进行审核，从而形成具体行为审核业务。

制度作为审计主题，也可以细分，由于任何一个组织的治理机制都包括很多的内容，并且，不同的内容之间相互关联，所以，制度主题的细分较为困难。例如，内部审计发展史上出现过和经营审计，通常是经营过程作为审计主题，而管理审计是以管理过程作为审计主题，IIA倡导的审计主题是风险管理、控制和治理过程，与此相应的审计业务是风险管理审计、内部控制审计和治理审计。还有些组织倡导信息系统审计。很显然，经营过程和管理过程是密切相关的，而风险管理、控制和治理之间的关系也没有共识，上述这些细分是可以改善的。另外，在信息化高度发达的今天，信息系统无疑成为重要的经营过程/管理过程，它们之间的关系也是相互包容。但是，无论如何，制度约束具体行为及信息的规则、程序或惯例等，是可以形成不同的细分主题，根据这些细分主题形成不同的制度审计业务类型。

以上所述的四种审计主题的细分及相应的单一审计业务，归纳起来，见表3-8。

表 3-8　审计主题细分及相应的单一性审计业务类型

定位	审计主题	细分审计主题	形成的单一性审计业务
内部审计作为业务流程之外的监督机制	财务信息	财务报表	财务报表审计
		中期财务报表	中期财务报表审计
		特定财务信息	商定程序财务信息审计
		纳税申报表	纳税审计
		预测财务报表	盈利预测审核
	非财务信息	统计信息	统计信息审计
		非财务计量自然资源信息	非财务计量自然资源信息审计
		非财务计量环境信息	非财务计量环境信息审计
		非财务计量工程项目信息	非财务计量工程项目信息审计
		非财务计量绩效信息	非财务计量绩效信息审计
		非财务计量社会责任信息	非财务计量社会责任信息审计
	具体行为	财务收支行为	财务收支审计
		预算执行行为	预算执行审计
		工程结算行为	工程结算审计
		环境影响行为	环境合规审计
		人力资源管理行为	人力资源合规审计
		业务行为（业务活动）	业务合规审计
		舞弊行为	舞弊审计
内部审计作为组织治理的监视机制	制度	经营过程	经营审计
		管理过程	管理审计
		风险管理、控制和治理过程	风险管理审计、控制审计、治理审计
		信息系统	信息系统审计

内部审计作为业务流程中的审核机制，审计主题是经济信息、经济行为（也就是信息和具体行为），业务类型是经济信息审核、经济行为审核。

2. 多个细分主题组合形成综合性审计业务

以上分析了单个细分审计主题形成的单一性内部审计业务。事实上，内部审计业务类型还有一种形成路径，这就是多种细分主题组合起来，形成综合性审计业务。由多个细分主题的组合形成一种审计业务，这其中的原因是什么？如果将审计业务类型比作审计产品，由审计产品类型是由消费者的需求所决定的，所以，综合性内部审计业务是由内部审计利益相关者的需求所决定的，当存在某种组合需求时，由相应的细分主题组成的综合性审计业务就会形成，现实生活中有多种综合性内部审计业务，其组合的细分审计主题大致如表 3-9 所示。

表 3-9　综合性内部审计业务及其细分主题

综合性审计业务	包括的细分审计主题
绩效审计	财务绩效指标——财务信息，非财务绩效指标——业务信息，业务合规性——具体行为，管理制度健全性——制度
经济责任审计	财务计量经济责任指标——财务信息，非财务计量经济责任责任——业务信息，财务收支合规性——具体行为，管理制度健全性——制度
工程审计	工程会计报表——财务信息，非财务计量工程信息——业务信息，工程财务收支合规性——具体行为，工程管理合规性——具体行为，工程管理制度健全性——制度
资源审计	资源会计报表——财务信息，非财务计量资源信息——业务信息，资源财务收支合规性——具体行为，资源管理合规性——具体行为，资源管理制度健全性——制度
环境审计	环境会计报表——财务信息，非财务计量环境信息——业务信息，环境财务收支合规性——具体行为，环境管理合规性——具体行为，环境管理制度健全性—制度

（二）内部审计业务类型变化的影响因素——内部审计业务类型差异化的原因

以上从审计主题出发，分析了内部审计业务类型的形成路径，一定程度上也说明了内部审计业务类型多样化的原因。接下来的问题是，在现实生活中，我们观察到，不同的组织有不同的审计业务类型，并且，同一组织的内部审计业务类型会变迁。这其中的原因是什么呢？

内部审计业务类型作为内部审计内容的组成部分，其影响因素来源于两个路径：一是内部审计内容不同层级之间的影响，主要是组织治理机制和组织环境影响内部审计定位，通过内部审计定位影响内部审计主题，审计主题影响内部审计业务类型；二是内部审计其他基本要素对内部审计业务类型的影响，主要是组织治理机制和组织环境影响内部审计目标、内部审计客体等其他基本要素，通过这些基本要素来影响内部审计业务类型。上述两个路径大致如图 3-6 所示，这也是本书关于内部审计业务类型差异化的理论框架，由于另有专文讨论内部审计主题，所以，对于组织治理机制和组织环境对内部审计定位进而对内部审计主题的影响，这里不做详细阐述（图中用虚线表示）。

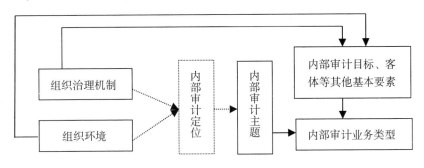

图 3-6　研究框架

1. 内部审计主题对审计业务类型的影响——一个简要分析

内部审计主题对审计业务类型都属于审计内容，审计主题的位阶高于审计业务类型，审计业务类型是审计主题的细分及细分后的组合，所以，不同的审计主题也就决定了审计业务类型。然而，审计主题细分类型很多，细分审计主题的组合可能性也很多，哪些细分审计主题及其组合能成为现实的审计业务类型会受到组织治理机制和组织环境的影响，就组织治理机制来说，不同的治理机制状况下，不同的审计主题及其细分受委托人的关注程度不同，对内部审计机制作为审核机制或监督机制或监视机制的需求程度不同，进而会影响这些审计主题及其细分是否会成为该组织的现实审计业务类型。就组织环境来说，根据环境因素的多寡及环境因素的变动性，可以区分为不同类型的组织环境，这些环境类型对内部审计是否要作为监视机制产生重要影响，并且，对需要监视的治理机制的细分内容也产生重要的影响。所以，总体来说，组织治理机制、组织环境会影响内部审计定位，通过内部审计定位影响内部审计主题，并通过内部审计主题影响内部审计业务类型。由于本人另有专文讨论该话题（郑石桥，2016b），这里仅做一简要分析。

2. 内部审计其他基本要素对内部审计业务类型的影响

内部审计制度有一些基本要素，这些基本要素之间相互影响，内部审计业务类型作为内部审计内容的一个层级，还受到内部审计其他基本要素的影响。

内部审计目标与内部审计业务类型关系密切，当内部审计直接目标是在流程中发现并纠正经济行为、经济信息的偏差时，内部审计业务类型是审核型业务，包括经济信息审核和经济行为审核。事实上，上述二者还可以进一步细分。例如，经济信息审计再细分为财务信息审核、绩效审计审核等；经济行为审核再细分为财务收支审核、合同审核、招标审核等。当内部审计直接目标是在流程外发现并处理处罚经济行为、经济信息的偏差，内部审计业务类型是监督型业务，包括的具体业务类型较多，表3-8中列示的内部审计作为业务流程之外的监督机制时的单一性审计业务都属于监督型业务，表3-9中列示的一些综合性审计业务也包括监督型业务；当内部审计直接目标是发现并推动整改制度缺陷，内部审计业务类型是增值型，具体包括管理审计、经营审计、信息系统审计、内部控制审计等。当然，内部审计目标受到审计定位的影响，还需要内部审计主题来承载，它们之间的关系，归纳起来见表3-10。

表3-10　内部审计目标和审计业务类型

审计定位	审计主题	直接目标	主要业务	业务类型
作为审核机制	具体行为/财务信息/业务信息	在流程中发现并纠正经济行为、经济信息的偏差	经济信息审核/经济行为审计等	审核型业务
作为监督机制	具体行为/财务信息/业务信息	在流程外发现并处理处罚经济行为、经济信息的偏差	财务信息审计/财务收支审计/舞弊审计/绩效审计等	监督型业务
作为监视机制	制度	发现并推动整改制度缺陷	管理审计/经营审计/信息系统审计/内部控制审计等	增值型业务

内部审计客体与审计业务类型同样具有密切关系，不同的审计客体承担的经管责任不同，从而影响其经管责任履行或组织目标的消极因素也不同，进而需要内部审计关注的重点内容也不同。例如，内部审计如果是经营权监督，审计客体不包括组织治理层，当然也就不可能有治理审计（狭义治理）；当内部审计是所有权监督时，内部审计客体选择中可以包括组织治理层，此时，治理审计（狭义治理）就有可能成为重要的内部审计业务。

内部审计体制作为内部审计主体的重要内容，对内部审计业务类型也产生重要影响。一般来说，内部审计体制不同，就意味着内部审计的领导不同，而这种领导不同，很有可能带来内部审计产品类型的需求不同，一些实证研究文献确实发现，不同的利益相关者对内部审计有不同的需求，例如，耿建新、续芹（2006）将内部审计需求区分为管理层需求和治理层需求，不同层级的需求有不同的审计内容；李曼、施建军（2012）在文献综述的基础上，将内部审计需求区分为治理动力、管理动机、外部环境动机，不同的动机下，对内部审计的内容有不同的需求。

以上简要地分析了几个内部审计基本要素对内部审计业务类型的影响，需要注意的是，内部审计基本要素之间是非线性关系，是相互影响的关系，不存在先后或主导。内部审计业务类型对内部审计其他基本要素也会产生重要影响，例如，不同的审计业务类型会要求不同的审计技术方法，并会有不同的审计产品，从而会有不同的审计效果。限于本书的主题，对这些问题不展开讨论。

三、例证分析

本书以上提出了内部审计业务类型的分类框架及其差异化的解释框架，下面，我们用这个分类框架来分析现实生活中的内部审计业务，以一定程度上验证这个分类框架的解释力。

（一）IIA Research Foundation 调查的内部审计业务类型

IIA Research Foundation（2003）问卷调查发现内部审计的工作内容见表3-11（前四列），表中最后两列关于审计业务及其类型是根据本书的理论框架进行分析的结果。

表3-11　高管层及审计委员会对内部审计工作的重要性评价

内部审计工作内容	重要性程度（用%表示）		重要性程度比较	审计业务类型	
	高管层 M	审计委员会 A		属于何种业务	属于何种类型
公司政策和程序的符合性	79	80	几乎相同	内部控制审计（制度遵循）	增值型业务
确认、监视和报告风险	72	85	A>M	非审计业务	不适用
检验风险性的会计领域（例如，会计估计，关联交易，表外交易）	37	52	A>M	商定程序财务信息审计	监督型业务
检验和报告内部控制的质量	89	92	几乎相同	内部控制审计	增值型业务

内部审计工作内容	重要性程度（用%表示）		重要性程度比较	审计业务类型	
	高管层 M	审计委员会 A		属于何种业务	属于何种类型
评估营运活动并确认营运改善方法	72	42	A<M	经营审计	增值型业务
监视关键营运活动	39	29	A<M	经营审计	增值业务
评估外部审计的质量	11	14	几乎相同	非审计业务	不适用
复核对外报告目的会计政策选择	8	12	几乎相同	商定程序财务信息审计	监督型业务
评估与组织中关键领域计算机系统相关的风险及相关控制	72	78	几乎相同	信息系统审计	增值型业务
检验全球经营以确定对政策和程序的遵守情况	42	47	几乎相同	内部控制审计（制度遵循）	增值型业务
监视道德准则遵守情况	50	62	A>M	内部控制审计（制度遵循）	增值型业务

根据表 3-11 的信息，有三点结论：第一，高管层和审计委员会，对内部审计业务类型的需求存在差异，同样的业务，这两者有不同的重要性判断，进而推之，如果内部审计归属高管层或审计委员会领导，其审计业务类型会有差别，这个结论与本书的理论框架一致；第二，内部审计的 11 项工作内容中，有 9 项是审计业务，这些审计业务都可以按本书提出的业务框架进行分类，这说明本书的分类框架具有解释力；第三，从业务类型来说，9 种审计业务中，7 属于增值型业务，2 种属于监督型业务，这说明，被调查对象已经是增值型内部审计了。

（二）中国内部审计协会评选的百佳审计案例的审计业务类型

中国内部审计协会 2015 年评选百佳内部审计案例，其基本情况如表 3-12 所示。104 个审计案例中，其中 5 个是内部审计管理或审计方法，不存在确定的审计业务，1 个审计业务不明确，其他 98 个案例，其审计业务归属如表 3-12 中的第 4 列所示。

表 3-12　百佳内部审计案例的审计业务归属

序号	项目名称	单位	所属审计业务
1	商业银行票据业务非现场审计案例浅析	中国工商银行股份有限公司内部审计局直属分局	经济行为审核
2	科研项目实物资产专项审计	中国核电工程有限公司监察审计部	管理审计
3	某有限公司所属 D 公司商品库存管理专项审计	中国船舶燃料有限责任公司监督部	管理审计
4	创新思路量化评价，审帮结合提升成效——BY 汽车制造厂原总经理 Z 某离任审计案例	北京汽车集团有限公司审计部	经济责任审计
5	一审多效的增值型评价服务——国有企业任中经济责任审计	建投控股有限责任公司审计与风险控制部	经济责任审计
6	工商银行第三方支付管理审计介绍	中国工商银行股份有限公司内部审计局天津分局	经营审计
7	数据挖掘寻线索，大修工程藏玄机	国网天津市电力公司审计部	工程审计
8	尝试经济增加值审计，履行内部审计咨询职能——以 2013 年度经济增加值完成情况审计为例	开滦（集团）有限责任公司审计部	管理审计
9	持续跟踪，多维查证——揭示建设项目信贷资金被挪用	中国建设银行股份有限公司河北总审计室	舞弊审计
10	于无声处听惊雷，于细微处见真章——记河北港口集团 A 中心财务收支审计	河北港口集团有限公司审计部	财务收支审计
11	传统绩效审计的新价值创造——某集团公司通过绩效审计维护股东利益的案例	新奥集团股份有限公司审计室	绩效审计
12	A 大学食堂财务收支审计案例——学生反映饭菜贵，食堂却说亏损，问题出在哪?	太原理工大学审计处	财务收支审计

序号	项目名称	单位	所属审计业务
13	专项内控审计助力企业健康发展	中煤平朔集团有限公司监察审计部	管理审计
14	火力发电企业燃料煤采购合同审计模式的标准化设计与应用	内蒙古能源发电投资集团有限公司检查审计部	管理审计
15	国企扬帆，内审护航—A集团参股公司内部审计案例	大化集团有限责任公司审计部	审计业务不明确
16	IT系统审计	一汽大众汽车有限公司内部审计科	信息系统审计
17	服务林区改革发展战略，为林业企业改革和转型提供决策依据—财务状况专项审计调查的案例分析	大兴安岭林业集团公司审计部	商定程序财务信息审计
18	严细审计"挖出"会计舞弊案	中国石油天然气集团公司大庆油田公司审计部	舞弊审计
19	精细审计追寻线索，循序渐进斩断黑手	黑龙江龙煤矿业控股集团有限责任公司审计与法律事务部	舞弊审计
20	基于大数据分析的汽车销售流程审计	上海汽车集团股份有限公司审计室	管理审计
21	项目管理失职，工程高估冒算	上海铁路局审计处	工程结算审计
22	外汇管理审计调查案例—基于"五个转变"背景	中国人民银行上海总部内审部	管理审计
23	2013年第三方支付管理审计案例	一中国工商银行股份有限公司内部审计局上海分局	管理审计
24	零四研究所投资控股公司存货专项审计案例	中国船舶重工集团公司第七〇四研究所监察审计处	管理审计
25	防微查弊，严控风险—百联集团商贸流通业务审计案例	百联集团有限公司审计中心	经营审计
26	风险导向及项目管理理念下的专项审计实践—外协外包（劳务费）专项审计	沪东中华造船（集团）有限公司审计部	管理审计

序号	项目名称	单位	所属审计业务
27	"机动车不避让行人违法抓拍系统"绩效审计案例	无锡市公安局审计处	信息系统审计
28	农村支局划小承包经营专项审计调查——从末梢单元落实情况看央企深化改革	中国电信集团公司江苏分公司审计部	管理审计
29	一次怀疑，一场惊叹——某隧道沟管工程审计案例	江苏省电力公司南京供电公司审计部	工程结算审计
30	穿透业务实质，还原真实绩效——借力大数据关注创新业务风险及效益	江苏银行股份有限公司内审部	经营审计
31	绩效审计助推燃气企业提质增效——南京港华燃气有限公司天然气供销差管理绩效审计案例	南京市城市建设投资控股（集团）有限责任公司监督办公室	经营审计
32	大数据成就审计大作为——来自服装辅料供应链的管理审计	海澜集团有限公司审计部	经营审计
33	风险导向抓重点，信息安全强内控——基层央行信息安全管理风险导向审计案例	中国人民银行衢州市中心支行内审科	信息系统审计
34	持卡人 POS 设备循环套现屡屡得手，为哪般？	浙江省农村信用社联合社宁波办事处审计处 宁波市区农村信用合作联社内审管理部	舞弊审计
35	迟到的工程结算，意外的内控收获——宁波港工程审计增值转型实践案例	宁波港集团有限公司监察审计部	工程结算审计
36	外汇检查全流程监管绩效审计案例	国家外汇管理局浙江省分局检查处	经营审计
37	房产逆市旺销的背后——一起遏制"假首付"按揭贷款的成功案例	浙江安吉农村商业银行股份有限公司审计部	舞弊审计

序号	项目名称	单位	所属审计业务
38	EPC 总承包方式下基建项目跟踪审计的运用	神皖能源有限责任公司内部控制部	工程审计
39	守护老百姓的保命钱——巢湖市卫生局合管中心合作医疗基金审计调查案例	巢湖市卫生和计划生育委员会内审科	舞弊审计
40	构筑内控坚固防线，有效控制财务风险——A公司（汽车4S店）审计案例	厦门国贸集团股份有限公司内控与审计部	内部控制审计
41	投资管理岂能任性——某航空制造企业对外投资管理审计案例	江西洪都航空工业集团有限责任公司审计部	经营审计
42	费心"过账"为哪般——某基层供电所违规套取项目劳务费的审计案例	国网江西省电力公司九江供电分公司审计部	财务收支审计
43	停车管理为何投诉不断——某停车管理中心停车收费管理问题审计案例	南昌市政公用投资控股有限责任公司法务审计部	管理审计
44	效益去哪儿了——领导任期经济责任审计案例	山东招金集团有限公司审计部	经济责任审计
45	保险公司基层机构违规经营问题审计案例	中国人民财产保险股份有限公司济南监察稽核中心	经营审计
46	合法外衣下隐藏的秘密——合同管理风险审计案例	中国石油化工股份有限公司胜利油田分公司审计风险部审计处	管理审计
47	"小"保险审出"大"效益——财产保险管理审计案例	青岛港（集团）有限公司审计部	经营审计
48	基层外汇局业务风险专项审计案例	国家外汇管理局山东省分局外汇综合处	经营审计
49	一起超付工程款引发的违法违纪审计案例剖析——领导任期经济责任审计案例	兖矿集团有限公司审计风险部	经济责任审计

序号	项目名称	单位	所属审计业务
50	GSG 高速动车组项目风险审计模式搭建与实施	青岛四方机车车辆股份有限公司审计与风险部	经营审计
51	深入剖析合同外垫资风险，实现专项审计的价值增值——合同外垫资项目专项审计	中国建筑第七工程局有限公司审计部	经营审计
52	防范工程成套项目管控风险，实现组织价值增值——对×成套项目的专项审计	中信重工机械股份有限公司审计部	经营审计
53	深挖细查现成效，内部审计立新功	中铁大桥局集团有限公司审计部	审计业务不明确
54	依托大数据，追踪隐秘资金——公司审计部对所属 A 公司电费管理专项审计案例	国网湖北省电力公司审计部	经营审计
55	规避风险堵漏洞，加强整改促管理——某大学金工实习中心审计案例	武汉理工大学审计处	管理审计
56	大胆创新、积极探索专项审计新路子——XX 移动公司户外广告专项审计案例	中国移动通信集团湖南有限公司长沙分公司审计部	经营审计
57	"对赌"，我们赢了——A 公司增资扩股及经营管理专项审计案例	江南工业集团有限公司监察审计部	管理审计
58	创新模式，改进方法，确保成效——湘潭大学 2011 年度预算管理审计	湘潭大学审计处	管理审计
59	IT 规划与外包管理专项审计	中国移动通信集团广东有限公司内审部	管理审计
60	硕鼠巨蠹鲸吞集体资产现形记——宫花村原干部郭某、张某、马某涉嫌侵占集体资产案件的专项审计调查	中山火炬高技术产业开发区审计办公室	舞弊审计

序号	项目名称	单位	所属审计业务
61	全过程跟踪审计创新与实践——深圳能源集团建设项目全过程跟踪审计案例	深圳能源集团股份有限公司审计管理部	工程审计
62	审计重拳出击，硕鼠无所遁形——审计查处某县交警大队虚假发票谋取暴利纪实	广西壮族自治区公安厅审计处	舞弊审计
63	小单位揪出"大贪官"	广西壮族自治区交通运输厅内审处	舞弊审计
64	审计严把关，精细出成效——某建安工程竣工结算审计案例	广西投资集团有限公司审计部	工程结算审计
65	重预防持续监督，为学校节约增效——高校工程跟踪审计案例	广西医科大学审计处	工程审计
66	创新审计模式，节约投资增效——某大学教学综合大楼工程审计案例	广西科技大学审计处	工程审计
67	中冶赛迪集团信息系统审计案例——BI系统在赛迪股份项目管理中的应用审计	中冶赛迪集团有限公司审计部	管理审计
68	基于大数据理念开展长安汽车经销商审计	重庆长安汽车股份有限公司审计督察部	经营审计
69	加强特许经营基建项目风险管控，提高企业投资经济效益	重庆建工集团股份有限公司审计部	经营审计
70	某中心支行集中采购绩效审计案例分析	中国人民银行成都分行内审处	经营审计
71	外协采购审计案例	四川长虹电子控股集团有限公司审计部	经营审计
72	XX公司2012年度至2013年上半年财务收支审计案例	成都铁路局审计处	财务收支审计
73	往来款项藏玄机，水落石出真相起——某乡镇卫生院财务审计案例	泸州市纳溪区卫生和计划生育局内部审计小组	财务收支审计

续表

序号	项目名称	单位	所属审计业务
74	破解信息化审计难题——2014年贵州电网公司信息化绩效审计案例	贵州电网有限责任公司审计部	审计业务不明确
75	深挖疑点广调查，巨款转移无遁形	云南电网有限责任公司审计部	舞弊审计
76	欺三瞒四造公司，偷天换日搞房开——某房产公司借助空壳贸易公司骗贷1750万元	中国农业银行股份有限公司云南省分行内控与法律合规处	经营审计
77	突出重点，敢于探索，创造性地开展消费者权益保护审计调查	中国建设银行股份有限公司云南总审计室	经营审计
78	竣工图纸不实，虚增施工费	国网西藏电力有限公司审计部	工程结算审计
79	无形的"血口子"——某铁路项目设备租赁专项审计案例	中铁二十局集团有限公司审计中心	经营审计
80	某公司生产调度大楼工程造价审计案例	陕西省地方电力（集团）有限公司审计部	工程结算审计
81	施工企业收尾工程项目物资管控专项审计案例	中铁二十一局集团有限公司审计处	经营审计
82	同级部门负责人履职绩效审计案例	中国人民银行西宁中心支行内审处	绩效审计
83	工程建设遗留问题及在建工程项目清理专项审计调查	中国电信股份有限公司宁夏分公司审计部	经营审计
84	创新监督方式，强化干部管理，多维度提升全疆农村信用社稳健发展水平——经济责任专项审计案例	新疆维吾尔自治区农村信用社联合社行业审计服务中心	经济责任审计
85	围绕公司战略，提升内审视角，发挥增值作用——香港公司经营管理审计案例	中国人寿保险（集团）公司审计部	管理审计
86	非结构化数据挖掘审计案例——非结构化数据挖掘技术在非现场审计中的应用实践	中国工商银行股份有限公司内部审计局	审计业务不明确
87	寿险公司假赔案内部舞弊案例介绍	中国太平保险集团有限责任公司稽核中心	舞弊审计

序号	项目名称	单位	所属审计业务
88	寿险继续率指标真实性稽核案例	中国太平保险集团有限责任公司稽核中心	商定程序财务信息审计
89	远程审计抓舞弊"黑手"——大数据时代的新型审计模式	中国太平洋保险（集团）股份有限公司审计中心	审计业务不明确
90	剥茧抽丝、正本清源——审计发现某保险公司伪造印章及文件案例	中国太平洋保险（集团）股份有限公司审计中心	业务合规审计
91	物资贸易专项审计案例	中国中铁股份有限公司审计部	经营审计
92	处心积虑套取资金，难逃审计人员火眼金睛	中国气象局审计室	财务收支审计
93	基于金融控股集团母公司视角的管理审计探析——以长城（宁夏）资产经营有限公司专项综合审计为例	中国长城资产管理公司审计部	管理审计
94	员工舞弊行为审计案例	中国光大银行股份有限公司审计部	舞弊审计
95	一笔2万元资金交易背后隐藏的秘密——某支行行长违规放贷4.5亿元，控制6亿元资金参与民间借贷	中国农业银行股份有限公司审计局	舞弊审计
96	伪造资料，企业瞒天过海骗取银行信用；洞若观火，审计抽丝剥茧揭示重大风险——某钢贸公司伪造合同印章骗取银行信用2991万元	中国农业银行股份有限公司审计局	业务合规审计
97	资产质量专项审计案例介绍	中国建筑工程总公司审计局	管理审计
98	海外攻坚克难，维护国家权益——尼日利亚OM联合账簿审计项目	中国海洋石油总公司审计部	财务报表审计
99	中国移动创新开展持续审计，实现对代理渠道套利行为的准实时监督	中国移动通信集团公司内审部	审计业务不明确
100	移动通信网络工程专项审计调查案例	中国联合网络通信集团有限公司审计部	工程审计

续表

序号	项目名称	单位	所属审计业务
101	创建风险导向审计模式，以价值分析促企业发展——山东联通开展用户价值审计分析案例	中国联合网络通信集团有限公司审计部	经营审计
102	海外企业工程建设管理审计与内控体系风险防范管理咨询审计	招商局国际有限公司内控与审计部	工程审计
103	积极开展管理审计，助力持续健康发展——新兴际华集团 A 公司管理审计案例	新兴际华集团有限公司审计风险部	管理审计
104	大型国有企业工程机械维修专项审计案例及分析	鞍钢集团公司审计部	工程审计

根据表 3-12 中的审计业务，百佳内部审计案例的审计业务类型归纳起来如表 3-13 所示，表中数据显示，98 个百佳内部审计案例都能归于适当的审计业务及类型，单一性审计业务为主，综合性审计业务也有一定程度的发展，单一性业务中，增值型业务为主。总体来说，根据本书的分类框架，能对百佳内部审计案例的业务进行归类，这说明这个分类框架具有解释力。

表 3-13　百佳内部审计案例的审计业务类型

审计业务类型		审计业务	数量	比例
单一性业务	审核型业务	经济行为审核	1	1.02%
	监督型业务	舞弊审计	13	
		财务收支审计	6	
		业务合规审计	2	
		商定程序	2	
		财务报表审计	1	
		监督型业务小计	30	30.61%
	增值型业务	经营审计	25	
		管理审计	23	
		信息系统审计	3	
		内部控制审计	1	
		增值型业务小计	52	53.06%
	单一性业务小计		83	

审计业务类型		审计业务	数量	比例
综合性审计业务	工程审计		8	
	经济责任审计		5	
	绩效审计		2	
	综合性审计业务小计		15	15.31%
合计			98	100%

四、结论和启示

审计业务类型决定了审计师能提供什么产品，也决定了审计师如何提供审计产品，从而也就决定了内部审计制度的效率和效果。本书以审计主题为基础，提出一个内部审计业务类型的分类框架及业务框架影响因素——也就是内部审计业务类型及其差异化的理论框架。

审计业务是内部审计主题的细分或细分后的组合，财务信息、业务信息、具体行为、制度这些审计主题都可以进行细分，每个单独的细分主题独立形成审计业务称为单一性内部审计业务；细分主题组合起来形成的业务称为综合性内部审计业务。组织治理、组织环境会影响内部审计定位，这种定位进而影响内部审计主题，并通过内部审计主题来影响内部审计业务类型，内部审计作为审核机制时的业务称为审核型业务，作为监督机制时的业务称为监督型业务，作为监视机制时的业务称为增值型业务；组织治理、组织环境还会影响内部审计目标、内部审计客体、内部审计领导体制等其他基本要素，并通过这些基本要素来影响内部审计业务类型。

本书的研究启示我们，审计业务及其类型并不是偶然因素的作用结果，而是一些必然因素共同作用的产出，要确定适宜的审计业务类型，必须从本组织的治理状况、环境因素等出发，并且在内部审计各基本要素的相互联系中来考虑审计业务类型及其变化的需要，只有这种，有效的内部审计制度才有可能。现实生活中，一些组织借鉴他人的审计业务类型，不顾自己的治理机制及组织环境状况，这种借鉴，只会是徒劳无功。

第五节　NGO 组织的民间审计需求：
基于不同需求者和不同审计主题的理论框架

NGO 组织是非政府（Non-Governmental Organizations，NGO）的非营利

组织（Non-Profit Organization，NPO），也就是民间非营利组织，是除企业组织、公共组织之外的社会组织。NGO 组织同样存在代理问题和次优问题，同样需要建立相应的治理机制来应对这些问题，外部审计和内部审计同样是治理机制的组成部分。一些国家还通过立法的形式，规定了 NGO 组织的外部审计。现有文献对 NGO 组织的审计需求有一定的研究，然而，并未区分不同的需求者及不同审计主题的需求。本书在现有研究的基础上，做出上述区分，提出一个关于 NGO 组织对民间审计需求的理论框架。

随后的内容安排如下：首先是一个简要的文献综述，梳理 NGO 组织审计需求的相关文献；在此基础上，以审计主题为骨架，区分不同的需求者，提出一个关于 NGO 组织对民间审计需求的整合理论框架；最后是结论和启示。

一、文献综述

企业审计需求的代理理论、信息含量理论、保险理论和信号传递理论，对 NGO 组织的审计需求有一定的解释力（刘明辉，薛清梅，2000；陈汉文，2012）。一些文献借鉴上述审计需求理论研究了 NGO 组织的审计需求。国外文献中，Gordon & Khumawala（1999）认为，由于捐赠者很少与慈善组织或他们的受益人有直接联系且捐赠者无法直接看到他们捐赠的影响，捐赠者更可能寻求得到组织绩效的保证，因此，慈善组织审计具有重要意义。Behn，De Vries & Lin（2007）对美国最大的 300 家非营利组织的研究发现，负债规模较高、获得的捐赠金额较高、组织规模较大、高管薪酬较高、高等教育领域的非营利机构更愿意提供经审计的年度报告。Trussel & Parsons（2008）发现，慈善组织的地区、组织规模、资产负债率和捐赠收入比例对审计报告的披露有影响。Kitching（2009）认为，高质量的慈善组织有动机聘请审计师来传递关于非营利组织捐赠资源管理的信息，低质量慈善组织则没有这种动机。

国内文献中，张立民、李晗（2011）认为，由于非营利组织是由利益相关者组成的契约结合，政府、捐赠者、受益者和非营利组织自身等利益相关者都对非营利组织信息披露与审计提出了基于自身权利的需求，使其成为理论和现实的必然。陈楚涵（2013）发现，全国性基金会比地方性基金会更愿意披露年度审计报告，基金会规模越大，越愿意披露年度审计报告，审计报告披露与后期捐赠收入正相关。陈丽红等（2014）发现，规模越大、组织越复杂、管理效率越好、资产负债率越高、注册在发达地区、成立时间越长、私募性质的基金会更倾向于选择"百强"事务所；选择"百强"事务所审计，捐赠者对基金会会计信息质量的变化给予了更显著的反应。刘亚莉、解露莎（2014）发现，接受审计的慈善理事会会议次数更多，设立监事会的比例更高，注册在发达地区的、全国性的、接受政府补助慈善组织更倾向于进行报表审计，非公募基金会比公公募基金会更倾向于进行报表审计。陈丽红（2015）发现，聘请高质量会计师事务所有助于增强会计信息与捐赠决策之间的关系。张立民、曹丽梅、李晗（2015）发现，当基金会选择百强事务所审计时，能够有效实现审计的治理职能，吸引更多的捐赠者进行捐赠；当基金会选择民政部中标事务所审计时，不能有效实现审计的治理职能，从而不能显著增加捐赠收入。

上述文献综述显示，现有文献主要是借鉴企业组织的审计需求理论研究了 NGO 组织的审计需求，这种研究对于认知 NGO 组织审计需求当然有重要价值，然而，这些研究并未区分不同的需求者及不同审计主题的需求。本书拟区分这些不同的审计需求，提出一个 NGO 组织的民间审计需求理论框架。

二、理论框架

NGO 组织的民间审计需求理论框架包括两部分内容：第一，NGO 组织的民间审计需求有哪些需求者？这些需求者对哪些审计主题有审计需求？第二，上述这些不同的需求者的不同审计主题的审计需求中，哪些要由民间审计机构来供给？上述两部分内容也就是本书的研究框架（如图 3-7 所示）。

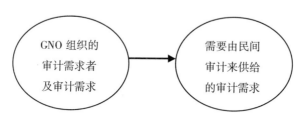

图 3-7　研究框架

（一）NGO 的审计需求：基于不同需求者、不同审计主题的审计需求

一般认为，审计离不开委托代理关系而形成的经管责任，NGO 组织同样存在委托代理关系。首先，外部捐赠者、受益人、登记管理机关，与 NGO 组织的最高管理层之间形成委托代理关系，前者是委托人，后者是代理人，在这种委托代理关系中，委托人他们期望得到的回报是公益性的、非营利性的，这是一种不同于企业组织和公共组织的委托代理关系（Fama & Jenson，1983）；其次，对于一些规模较大的 NGO 组织来说，其内部有分

级管理，这就形成了最高管理层与下属各层级（称为非高层管理层）之间的委托代理关系，前者是委托人，后者是代理人。上述两个层级的委托代理关系会形成多种经管责任，从而都可能产生需求，与外部委托代理关系相关的审计需求称为外部审计需求，与内部委托代理关系相关的审计需求称为内部审计需求（如图3-8）。

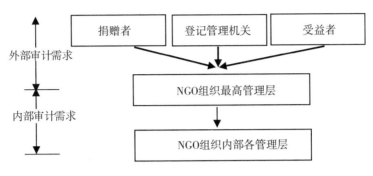

图3-8　研究框架

NGO 组织的委托代理关系为什么会导致审计需求呢？从理论上来说，即使是 NGO 组织的委托代理关系（Yetman & Yetman，2013），同样存在信息不对称、激励不相容、环境不确定三个因素，相对于委托人，代理人具有信息优势，这就产生信息不对称；代理人与委托人存在目标差异，这就产生激励不相容；NGO 组织的绩效是由代理人努力程度与环境共同决定的，而环境又具有复杂性和动态性，这就无法根据 NGO 组织的绩效来判断代理人的努力程度。正是由于上述这些因素的存在，代理人作为理性人，会具有自利倾向，从而产生各种代理问题（Callen，Klein & Tinkelman，2003；Trussel，2003；Jones & Roberts，2006；Krishnan，Yetman & Yetman，2006）；代理人还是有限理性的，可能会犯错误，从而产生次优问题。因此，如何建立有效的治理机制来应对 NGO 组织的上述代理问题和次优问题，成为 NGO 组织发展亟须解决的重要问题（Schmitz，Raggo & Tosca，2012）。一般来说，NGO 组织建立的代理问题和次优问题治理机制中可能会包括审计（周亚荣，2007），这就产生了审计需求。我们具体分析如下：

（1）在 NGO 组织的外部委托代理关系中，外部捐赠者、受益人、登记管理机关作为委托人可能存在审计需求。第一，委托人希望通过审计，检查 NGO 组织是否有违规外部捐赠者要求或登记管理机关颁布的相关法律法规的行为、是否按 NGO 组织的承诺使用接收到的资源。例如，国务院 2004 年颁布的《基金会管理条例》规定，公募基金会每年用于从事章程规定的公益事业支出，不得低于上一年总收入的70%，基金会工作人员工资福利和行政办公支出不得超过当年总支出的10%。上述规定是否得到遵守呢？外部审计可以对上述问题进行检查。这类审计需求属于经济行为审计主题，审计需求理论中的代理理论可以解释这类审计需求。第二，委托人希望通过审计，检查NGO组织是否建立了有效的内部控制，确保有效的防范NGO组织面临的各种风险。这类审计需求属于经济制度审计主题，解释这种审计需求的理论是代理理论。第三，NGO组织要对外披露一些信息，外部委托人可能怀疑这些信息的真实性，通过审计，检查这些信息是否存在舞弊或错误，从而增加这些信息对外部委托人的决策有用性。这类审计需求属于信息审计主题，可能包括财务信息与业务信息，解释这种审计需求的理论是信息含量理论。同时，由于有了外部审计师NGO组织的经济行为、经济制度及信息的检查，如果外部审计师发表了错误的审计意见，委托人可以要求外部审计师承担责任，从而一定程度上弥补委托人的损失。解释这类审计需求的理论是保险理论。这类审计需求的类型，要视外部审计已经审计的事项而言，可能包括经济行为、经济制度、财务信息、业务信息四类审计主题。

（2）在NGO组织的外部委托代理关系中，NGO组织的管理层作为代理人，同样可能存在外部审计需求。其原因是，代理人基于其自身的目的，可能给外部利益相关者提供了一些陈述或信息，但是，外部利益相关者可能不一定相信这些陈述或信息，通过外部审计，通过审计师告诉外部利益相关者，代理人提供的陈述或信息是值得依赖的，这就会大大增加外部利益相关者对这些陈述或信息的依赖程度。在这种过程上，信号起到了陈述或信息可靠性的信号作用。解释这种审计需求的理论是信号传递理论。就需求类型来说，要视代理人提供的陈述或信息而言，可能包括经济行为、经济制度、财务信息、业务信息这四类审计主题。

（3）在NGO组织的内部委托代理关系中同样存在委托人和代理人，同样存在类似于外部委托代理关系中的委托人审计需求和代理人审计需求。

上述不同需求者对不同审计主题的需求，归纳起来如表3-14所示。

表 3-14　NGO 组织的审计需求

需求者		需求的审计主题	解释理论
外部委托代理关系	委托人：外部捐赠者、受益人、登记管理机关	经济行为	代理理论
		经济制度	代理理论
		财务信息、业务信息	信息含量理论
		经济行为、经济制度、财务信息、业务信息	保险理论
	代理人：NGO 组织管理层	经济行为、经济制度、财务信息、业务信息	信号传递理论
内部委托代理关系	委托人：NGO 组织最高管理层	经济行为	代理理论
		经济制度	代理理论
		财务信息、业务信息	信息含量理论
		经济行为、经济制度、财务信息、业务信息	保险理论
	代理人：NGO 组织非最高管理层	经济行为、经济制度、财务信息、业务信息	保险理论

　　表 3-14 所列的各类需求者对不同审计主题的需求，只是潜在的审计需求。这些潜在需求要成为有效审计需求，有两方面的条件：一是这些审计需求是符合成本效益原则的，虽然审计能满足需求者的某种需求，从而获得某种效用，但是，审计也是有成本的，如果成本大于效用，同这种审计需求难以成为有效需求；二是需求者有行动能力，如果需求者没有行动能力来实现其审计需求，则只能借鉴于政府作为需求者代理，这需要政府认为这种审计需求是符合成本效益原则，并且具有重要性，否则，政府不会推动这种审计需求得到实现，委托人本身也无法推动这种审计需求得以实现，潜在审计需求难以转换为有效审计需求。现实生活中，对于一些 NGO 组织，政府通过立法的方式，规定必须接受一定形式的审计，这事实上是政府作为行动者，推动了外部利益相关者的潜在审计需求得到实现。例如，财政部、民政部《关于加强和完善基金会注册会计师审计制度的通知》（财会〔2011〕23 号）规定，基金会应当聘用会计师事务所对本单位的财务会计报告及相关信息进行审计，并依法披露财务会计报告和审计报告，接受社会公众的监督。这事实上是政府推动了基金会的潜在外部审计得以实现。

（二）需要由民间审计机构来供给的 NGO 组织的审计需求

根据表 3-14 的归纳，NGO 组织的审计需求分为外部审计需求和内部审计需求，有些潜在需求会转换为有效需求。接下来的问题是，谁是这些审计需求的供给者？在这些审计需求中，哪些由民间审计机构来承担？我们先来看外部审计需求的供给。

就外部委托人的审计需求来说，根据审计独立性的要求，其审计供给者有两种选择，一是政府审计机关，二是聘任民间审计机构。一般来说，根据各国的传统和法律，政府审计机关主要涉及国有资源（广义）相关的经管责任，当然，也不排除政府审计机关可以对 NGO 组织进行审计。这里的关键是方法及传统。多数情形下，政府审计机关较少直接审计 NGO 组织，民间审计机构是 NGO 组织外部审计需求的主要供给者。然而，通常情形下，NGO 组织的外部捐赠人、受益者难以有行动能力来推动外部审计需求得以实施，所以，通常需要政府立法来推动这种外部审计需求得以实现。

就 NGO 组织高层管理层的外部审计需求来说，主要是基于信号传递的需求，由于审计独立性的要求，这种审计需求通常要由外部审计机构来供给。通常情形上，民间审计机构是首选，在特殊情形下，可能由政府审计机关来供给。

就 NGO 组织的内部审计需求来说，其供给者的选择有两个原则：一是独立性原则，二是成本效益原则。如果由 NGO 组织最高管理层设置内部审计机构，对下属各管理层级实施内部，从独立性来说，并不存在问题。但是，NGO 组织最高管理层是否要建立内部审计机构，要根据成本效益原则来确定，如果聘任民间审计机构的成本小于其自己建立内部审计机构，则 NGO 组织最高管理层可能实行内部审计业务外部，内部审计需求由民间审计机构来供给。

总体来说，NGO 组织的审计需求的供给者，归纳起来如表 3-15 所示。

表 3-15　NGO 组织的审计需求之供给者

项目	需求者	供给者
外部委托代理关系	委托人：外部捐赠者、受益人、登记管理机关	民间审计机构，政府审计机关
	代理人：NGO 组织管理层	民间审计机构，政府审计机关
内部委托代理关系	委托人：NGO 组织最高管理层	内部审计机构，民间审计机构
	代理人：NGO 组织非最高管理层	内部审计机构，民间审计机构

三、结论和启示

本书以审计主题为骨架，区分不同的需求者，提出一个关于 NGO 组织对民间审计需求的整合理论框架。NGO 组织存在委托代理关系，外部捐赠者、受益人、登记管理机关，与 NGO 组织的最高管理层之间形成外部委托代理关系，前者是委托人，后者是代理人；NGO 组织最高管理层与下属各层级形成内部委托代理关系，前者是委托人，后者是代理人。各种委托代理关系中的委托人和代理人都存在审计需求，委托人及代理人的审计需求都可能包括经济行为主题、经济制度主题、财务信息主题、业务信息四类主题。上述各类外部审计需求者对各类审计主题的需求，民间审计是主要供给者；内部审计需求的供给者要根据成本效益原则，从内部审计机构和民间审计机构中选择。

本书的研究启示我们，NGO 组织的审计需求要区分不同的需求者，同时，还要区分需求者对不同审计主题的需求。一般来说，由于 NGO 组织的外部捐赠者和受益者没有推动其审计需求得以实施的行动能力，政府应该发挥积极作用，否则，NGO 组织的外部审计，主要是 NGO 组织基于其信号传递需求的审计，这种审计，很有可能是徒有形式。

参考文献

王中信，吴开钱，国家审计边界探析 [J]，会计研究，2009（11）：82-86.

郭振乾，关于研究审计定义的一封信 [J]，审计研究，1995（1）：24.

苏永强，产权、契约与审计——对审计本质的再认识 [J]，财会通讯，2004（12）：64-65.

王文彬，关于审计的若干问题 [J]，上海会计，1981（6）：5-10.

李元贵，财务审计对象的探讨 [J]，审计研究，1986（8）：47-49.

张文运，审计不是对一切工作的审查 [J]，财务与会计，1988（6）：30.

孙绍良，论审计与会计的并存关系——兼议审计的性质和对象 [J]，吉林财贸学院学报，1985（4）：44-49.

王文彬、黄履申，工业企业的成本审计 [J]，财务与会计，1987（6）：52-53.

赵英俊，关于审计对象的商榷 [J]，财务与会计，1989（1）：590.

涂强，从审计的历史看审计的对象 [J]，交通财会，1991（4）：45-46.

郭建生，公路建设审计内容和对象的确定 [J]，中国内部审计，2005

（4）：19-20.

杜爱文，刘懋勇，国家审计对象的重新定位研究［J］，特区经济，2013（1）：91-94.

李兆东，鄢璐，建设项目环境审计对象——全寿命周期的环境行为［J］，审计与经济研究，2008（7）：32-35.

谢荣，试论审计的对象是经济管理活动［J］，上海会计，1988（4）：33-36.

谢荣，关于审计的对象问题——答陈文华同志［J］，上海会计，1989（3）：40-41.

王德伟，审计的对象是经济管理活动［J］，山西财经学院学报，1992（2）：63-65.

杨献龙，固定资产投资项目绩效审计对象和内容的再认识［J］，审计研究，2009（5）：33-36.

竹德操，达世华，第二讲审计的意义、对象和目的［J］，上海会计，1986（9）：38-41.

管锦康，对社会主义审计几个理论问题的探讨［J］，审计研究，1989（2）：15-17.

王文彬，林钟高，审计对象新探［J］，1989（1）：23-27.

吴频，国家审计范围和重点的比较研究［J］，审计与经济研究，1994（3）：11-14.

李凤鸣，刘世林，第二讲政府审计的主体和客体［J］，审计与经济研究，1996（2）：58-61.

杨跃进，社会主义市场经济条件下内部审计对象的再认识［J］，当代经济科学，1996（3）：53-56.

刘家义，以科学发展观为指导，推动审计工作全面发展［J］，审计研究，2008（3）：3-9.

刘家义，树立科学审计理念，发挥审计监督免疫系统功能［J］，求是杂志，2009（10）：28-30.

刘家义，积极探索创新，努力健全完善中国特色社会主义审计理论体系［J］，审计研究，2010（1）：3-8.

谢盛纹，国家治理视角下的政府审计目标与对象［J］，当代财经，2012（4）：122-128.

靳思昌，张立民，论国家治理与国家审计边界的界定［J］，审计研究，

2013（1）：3-8.

鸟羽至英，行为审计理论序说［J］，会计，1995 年，第 148 卷第 6 号，第 77-80 页.

谢少敏，审计学导论：审计理论入门和研究［M］，上海财经大学出版社，2006.

刘力云，中国特色政府审计的模式特征［N］，中国社会科学报，2010 年/2 月/11 日/10 版.

丹尼斯·C·缪勒，公共选择理论［M］，中国社会科学出版社，1999 年版，第 309 页.

欧文·E·休斯，公共管理导论［M］，中国人民大学出版社，2001 年版，第 15 页.

王光远，管理审计理论［M］，中国人民大学出版社，1996：87.

刘家义，论国家治理与国家审计［J］，中国社会科学，2012（6）：60-72.

尹平，戚振东，国家治理视角下的中国政府审计特征研究［J］，审计与经济研究，2010（5）：9-14.

冯均科，国家审计新观念：国家审计是国家治理的工具［J］，现代审计与经济，2011（6）：4-6.

杨肃昌，李敬道，从政治学视角论国家审计是国家治理中的"免疫系统"［J］，审计研究，2011（6）：3-8.

谭劲松，宋顺林，国家审计与国家治理：理论基础和实现路径［J］，审计研究，2012（2）：3-8.

蔡春，朱荣，蔡利，国家审计服务国家治理的理论分析与实现路径探讨［J］，审计研究，2012（1）：6-11.

杨肃昌，中国公共支出绩效监督组织与工作体系研究［J］，中国审计评论，2014（1）：30-39.

郑石桥，陈丹萍，机会主义、问责机制和审计［J］，中南财经政法大学学报，2011（4）.

郑石桥，组织治理、机会主义和内部审计［J］，中国内部审计，2012（1）：24-31.

郑石桥，贾云洁，预算机会主义、预算治理构造和预算审计［J］，南京审计学院学报，2012（7）：80-88.

郑石桥．审计理论研究：基础理论视角［M］，中国人民大学出版社，2016a.

郑石桥，宋夏云．行为审计和信息审计的比较——兼论审计学的发展[J]，当代财经，2014（12）109-117.

郑石桥，郑卓如．基于审计主题的审计学科体系创新研究[J]，会计研究，2015（9）：81-87.

鸟羽至英．行为审计理论序说[J]，会计，1995年，第148卷第6号，第77-80页.

谢少敏．审计学导论：审计理论入门和研究[M]，上海财经大学出版社，2006.

郑石桥，周天根，王玮．组织治理模式、机会主义类型和审计主题——基于行为审计和信息审计视角[J]，中南财经政法大学学报，2015（2）：80-85.

郑石桥．政府审计对象、审计业务类型和审计主题[J]，会计之友，2015a（18）：97-103.

郑石桥．国家治理与国家审计：审计主题差异的理论框架和案例分析[J]，会计之友，2015b（1）：122-127.

IIA. International Professional Practice Framework（IPPF）[R]，2013.

中国内部审计协会．第1101号-内部审计基本准则[R]，2013.

中华人民共和国审计署．审计署关于内部审计工作的规定[R]，2003.

陈光汉．内部审计对象探讨[J]，审计研究，1985（3）：15-17.

杨跃进．社会主义市场经济条件下内部审计对象的再认识[J]，当代经济科学，1996（3）：53-56.

易仁萍．内部控制、风险管理是内部审计的核心内容[J]，中国内部审计，2005（12）：1.

邢风云．公司治理下内部审计的功能定位研究[J]，当代经济，2012（6）：122-124.

刘德运．内部审计帮助企业增加价值——一个框架[J]，审计研究，2014（5）：108-112.

王光远．消极防弊·积极兴利·价值增值（一）——20世纪内部审计的回顾与思考：1900-1960年[J]，财会月刊，2003a（2）：3-5.

王光远．消极防弊·积极兴利·价值增值（二）——20世纪内部审计的回顾与思考：1960—1970年[J]，财会月刊，2003b（3）：3-5.

王光远．消极防弊·积极兴利·价值增值（三）——20世纪内部审计的回顾与思考：1970—1980 年 [J]，财会月刊，2003c（4）：3-5.

王光远. 消极防弊·积极兴利·价值增值（四）——20 世纪内部审计的回顾与思考：1980-1990 年 [J]，财会月刊，2003d（5）：3-5.

王光远. 消极防弊·积极兴利·价值增值（五）——20 世纪内部审计的回顾与思考：1990—2000 年 [J]，财会月刊，2003e（6）：3-5.

郑石桥. 内部审计本质：理论框架和例证分析 [Z]，南京审计大学审计科学研究院工作论文，WP04，2016b.

郑石桥，马洁，马新智. 战略导向整合管理 [M]，新疆大学出版社，2003 年，P54-55.

郑石桥. 政府审计对象、审计业务类型和审计主题 [J]，会计之友，2015（18）：97-103.

郑石桥. 审计理论研究：基础理论视角 [M]，中国人民大学出版社，2016.

陈艳娇. 内部审计业务分类研究——基于问卷调查的分析 [J]，经济研究参考，2012（65）：87-92.

Sawyer，L. B.，Sumner，G. E. Sawyer' internal auditing-the practice of modern internal auditing [M]，TheInstitue of Internal Auditors，Inc. P7，1988.

柳旭斌. 略论内部审计职能的再定位 [J]，湖南行政学院学报，2003（3）：36-38.

王光远. 关于中国内部审计准则制定的若干问题 [J]，中国经济问题，2004（1）：14-24.

刘实. 论企业管理变革对内部审计的影响 [J]，审计研究，2004（2）：60-63.

刘又满，刘哲跃，边华日. 内部审计创新论 [J]，湘潭师范学院学报（社会科学版），2005（11）：32-34.

陈锦烽，苏淑美. 内部审计新纪元 [M]，大连出版社，2006.

CBOK（Common Body of Knowledge）. A GLOBAL SUMMARY OF THE COMMON BODY OF KNOWLEDGE 2006 [R]，2007.

刘力云. 论发展和完善我国政府部门内部审计 [J]，审计研究，2007（3）：30-35.

时现，毛勇. 08'中国国有企业内部审计发展研究报告 [M]，中国时代经济出版社，2008.

时现. 内部审计学 [M]，中国时代经济出版社，2009.

李越冬．内部审计职能研究：国内外文献综述［J］，审计研究，2010（3）：42-47．

杨钰，钟希余．上市公司内部审计模式及其需求动因研究——基于对湘潭市上市公司的调查分析［J］，湘潭大学学报（哲学社会科学版），2011（3）：63-69．

杜艺佳．内部审计与企业问责的关系分析与应用［J］，中国内部审计，2014（12）：22-24．

王颖．浅谈卫生计生系统单位内部审计成果及其运用［J］，中国内部审计，2014（2）：82-84．

娄尔行．主编，审计学概论［M］，上海人民出版社，1987．

鲍国民．内部审计的发展趋势和展望［J］，审计研究，1995（5）：19-23．

傅黎瑛．公司治理的重要基石：治理型内部审计［J］，当代财经，2006（5）：119-122．

徐光华，李兰翔．企业内部管理审计内容体系构建新探——江苏企业内部审计实践引发的思考［J］，审计研究，2007（1）：86-90．

Selin, G., McMnmee, D. The risk management and internal auditing relationship：developing And validating a model［J］. Internal Journal of Auditing, 1999（3）：159- 174．

Paape, L., Schffe, J., Snoep, P. The relationship between the internal audit functional and corporate governance in the EU- a survey［J］. International Journational of Auditing, 2003（7）：247- 262．

胡建强，黄玉飞．内部审计隶属关系对审计业务类型定位影响研究［J］，会计之友，2012（12）：38-43．

张蕊．企业规模对内部审计隶属关系和审计业务类型定位影响研究［J］，会计之友，2012（9）：77-80．

郑石桥．组织治理、机会主义和内部审计［J］，中国内部审计，2012（1）：24-31．

阮博莹．企业内部审计在问责机制中扮演的角色［J］，财会月刊，2013（5）：95-96．

王光远．消极防弊·积极兴利·价值增值（一）——20世纪内部审计的回顾与思考：1900—1960年［J］，财会月刊，2003a（2）：3-5．

王光远．消极防弊·积极兴利·价值增值（二）——20世纪内部审计的回顾与思考：1960-1970年［J］，财会月刊，2003b（3）：3-5．

王光远．消极防弊·积极兴利·价值增值（三）——20 世纪内部审计的回顾与思考：1970—1980 年［J］，财会月刊，2003c（4）：3-5.

王光远．消极防弊·积极兴利·价值增值（四）——20 世纪内部审计的回顾与思考：1980—1990 年［J］，财会月刊，2003d（5）：3-5.

王光远．消极防弊·积极兴利·价值增值（五）——20 世纪内部审计的回顾与思考：1990—2000 年［J］，财会月刊，2003e（6）：3-5.

郑石桥，内部审计主题类型及其差异化原因：理论框架和例证分析［Z］，南京审计大学审计科学研究院工作论文，WP10，2016b.

耿建新，续芹，李跃然．内审部门设立的动机及其效果研究——来自中国沪市的研究证据［J］，审计研究，2006（1）：53-60.

李曼，施建军．企业内部审计需求动机研究：文献综述与未来发展［J］，财贸研究，2012（6）：132-138.

IIA Research Foundation，Iinternal Audit Reporting Relationships：Serving Two Masters，2003.

刘明辉，薛清梅．注册会计师审计产生动因的观点述评［J］，中国注册会计师，2000，(9)：11-13.

陈汉文．实证审计理论研究［M］，中国人民大学出版社［M］，2012.

Gordon．，T. P.，and Khumawala．，S. B. 1999. The demand for not–for–profit financial statements：a model for individual giving［J］. Journal of Accounting Literature，18：31-56.

Behn．，B. K.，DeVries．，D.，and Lin．，J. 2007. Voluntary disclosure in nonprofit organizations：and exploratory study［Z］. http：//papers. ssrn. com/sol3/papers. cfm? abstract_ id=727363.

Trussel．，J. M.，and Parsons．，L. M. 2008. Finanacial reporting factors af-fectong donations to charitable organizations［J］. Advances in Accounting，Vol. 23，263-285.

Kitching，K. 2009. Audit Value and Charitable Organizations［J］. Journal of Accounting & Public Policy，28（6）：510-524.

张立民，李晗．非营利组织信息披露与审计——基于汶川地震中 16 家全国性基金会的案例研究［J］，审计与经济研究，2011（5）：3-10.

陈楚涵．慈善组织为何自愿披露年度审计报告探析——基于信号传递理论的实证研究［J］，中国总会计师，2013（7）：72-75.

陈丽红，张龙平，杜建军，全红蕾．慈善基金会特征、审计师选择与捐

赠决策 ［J］，审计研究，2014（5）：68-76.

刘亚莉，解露莎．慈善组织性质、治理特征与财务报表审计 ［J］，中国注册会计师，2014（3）：73-81.

陈丽红，张龙平，李青原，杜建军．会计信息会影响捐赠者的决策吗？——来自中国慈善基金会的经验证据 ［J］，会计研究，2015（2）：28-35.

张立民，曹丽梅，李晗．审计在基金会治理中能够有效发挥作用吗？［J］，南开管理评论，2015（2）：92-100.

Fama. , E. F. , and Jenson. , M. C. , 1983. the separation of ownership and control ［J］, Journal of Law and Economics, 26（2）：301-325.

Yetman, M. H. , Yetman. , R. J. , 2013. Do Donors Discount Low-Quality Accounting Information? ［J］. Accounting Review, 88（3）：1041-1067.

Callen. , J. L. , Klein. , A. , Tinkelman. , D. Board composition, committees and organizational efficiency：the case of nonprofits ［J］. Nonprofit and Voluntary Sector Quarterly, 2003, 32（2）：493-520.

Trussel. , J. Assessing potential accounting manipulation：the financial characteristics of charitable organizations with higher than expected program-spending ratios ［J］. Nonprofit and Voluntary Sector Quarterly, 2003, 32（3）：616-634.

Jones. , C. L. , Roberts. , A. A. Management of financial information in charitable organizations：the case of joint-cost allocations ［J］. The Accounting Review, 2006, 81（1）：159-178.

Krishnan. , R. , M. H. Yetman. , M. H. , and Yetman. , R. L. 2006. Expense Misreporting in Nonprofit Organizations ［J］. The Accounting Review, 81（2）：399-420.

Schmitz. , H. P. , Raggo. P. , andTosca. , B. V. 2012. Accountability of Transnational NGOs：Aspirations vs. Practice ［J］. Nonprofit and Voluntary Sector Quarterly, 41（6）：1175-1194.

周亚荣．非营利组织相关审计问题研究 ［J］，财会通讯，2007（9）：15-17.

第四章

审计主题对如何审计有何影响？

审计主题对审计的影响是多方位的，本章的任务是阐释审计主题对如何审计的影响，具体包括以下内容：审计主题在审计实施体系中的作用；基于审计主题的审计实施框架研究；审计主题、审计取证模式和审计意见；行为主题、取证模式和审计意见类型；政府审计业务基本逻辑：一个理论框架。

第一节　审计主题在审计实施体系中的作用

审计主题在审计实践中更有重要地位，主要体现在审计主题是审计实施的关键要素，审计主题是构建审计实施框架的骨架。

一、审计主题是审计实施的关键要素

审计实施的核心问题有两个：一是审计什么，二是怎么审计。审计什么涉及审计内容，怎么审计涉及审计方法、审计标准和审计意见。所以，审计实施有四个关键要素：审计内容、审计方法、审计标准和审计意见。审计主题与上述四个要素都密切相关，本书在前面的内容中已经从审计理论要素的角度分析了审计主题与审计内容、审计方法的关系，从审计实施的角度来看，审计内容只有具体化为审计主题才能实施审计。审计内容如果没有具体化为审计主题，无法确定审计具体目标，当然也就无法确定审计方法。例如，《中华人民共和国审计准则》规定的审计内容为"财政财务收支及相关经济活动"，对于这种审计内容既无法确定其审计目标，也无法确定其审计方法，为此，需要将"财政财务收支及相关经济活动"分解为

以下几种审计主题：反映财政财务收支及相关经济活动的信息（包括财务信息和业务信息，属于信息主题），财政财务收支行为及相关经济活动（属于行为主题），规范财政财务收支及相关经济活动的制度（属于制度主题）。有了上述审计主题，就可以分解确定不同审计主题的审计总目标，并将这些审计主题再分解为审计标的。在此基地上，确定各审计标的的审计命题（审计具体目标）。如此一来，作为审计内容的"财政财务收支及相关经济活动"就有了可实施的审计内容体系了。所以，审计主题是审计内容的关键因素，它决定了在审计实施中审计什么。

从审计理论要素的角度也分析了审计主题与审计方法的关系，从审计实施的角度来看，不同的审计主题及其分解的审计标的不同，会有不同的审计命题，也会有不同的审计载体，并且还会有不同的审计意见类型要求。同时，经管责任承担者对不同的审计主题的操纵激励程度也会不同。上述这些因素都会影响不同审计主题及审计标的的固有风险、审计取证模式选择及具体审计程序的性质、时间及范围设计。所以，审计主题的确定是决定怎么审的前提条件，不明确审计主题，无法决定怎么审。

审计标准也是重要的审计实施要素，就审计主题与审计标准的关系来说，不同的审计主题会有不同的审计标准，也只有区分了审计主题，才能确定其适用的审计标准。例如，预算执行审计，审计内容是预算执行情况，但是，预算执行情况可能有不同的审计主题，预算收支相关信息是否真实（财务信息）、预算目标达成情况（预算绩效信息，属于业务信息）、预算收支行为是否合规（财务行为）、预算相关制度是否健全（制度主题）都是可能关注的维度。这些不同的维度有不同的审计主题，而这些不同的审计主题也恰恰有不同的审计标准。例如，预算收支相关信息是否真实，其审计标准是预算会计制度；预算目标达成情况，其审计标准是商定的判断预算达成情况的标杆；预算收支行为是否合规，其审计标准是预算法及其实施细则、相关的财经法规；预算相关制度是否健全，其审计标准是判断预算制度是存在缺陷的标准，需要在一定范围内达成共识。很显然，不同的审计主题有不同的审计标准，如果不区分审计主题，无法精准地确定审计标准。所以，审计主题的确定是选择适宜审计标准的前提。

审计意见也是审计实施的必要要素，就审计主题与审计意见的关系来说，体现在两个方面：第一，需要分别不同的审计主题来发表意见。审计主题是审计意见的对象，二者之间具有对应关系，没有审计主题，无法发表审计意见。例如，预算执行审计，审计内容是预算执行情况，如果不确定审计主题，无法对预算执行情况发表意见。当区分为不同的审计主题之后，可以对预算执行相关信息是否真实、预算收支行为是否合规、预算相关制度是否健全分别发表审计意见。第二，不同的审计主题会有不同保证程度的审计意见。其原因是，由于不同的审计主题可能会有不同的审计载体，从而会支持不同的审计取证模式，进而决定需要发表不同保证程度的审计意见。例如，预算执行审计，审计内容是预算执行情况，对于预算执行相关财务信息，一般会存在完整的审计载体，可以发表合理保证审计意见；而对于预算执行相关业务信息，如果不存在完整的审计载体，则只能发表有限保证审计意见；同时，对于预算收支行为、预算相关制度这两类审计主题，如果不存在完整的审计载体，则只能发表有限保证审计意见。

综上所述，审计主题对审计实施的四要素都有基础性的影响，在审计什么、怎么审计中都发挥关键的作用，所以，审计主题是审计实施的关键要素。

二、审计主题是构建审计实施框架的骨架

审计实施框架的构建主要涉及两个问题，一是审计业务类型的构建，二是审计准则的构建，审计主题在这两个体系中都处于骨架性地位。我们先来分析审计业务类型的构建。一般来说，审计业务类型的构建有二种模式，第一，按单一审计主题来构建审计业务类型，每种审计业务只有一种审计主题，例如，财务报表审计，其审计主题只是财务信息；合规审计，其审计主题只是行为；内部控制审计，其审计主题是特定内部控制制度。按这种模式构建的审计业务模型，其优点是，每种审计业务的审计主题是清晰的，便于编制审计方案，但是，缺点是，如果委托人关注两个审计主题，则纯粹按单一主题来构建审计业务，可能存在对审计客体的重复审计。第二，按多审计主题来构建审计业务类型，每种审计业务可能包括多个审计主题，在一次审计中能对多个审计主题发表审计意见。按这种模式构建的审计业务模型，其优点是，一次审计能满足不同审计主题的审计需求，但是，其缺点是，如果在设计方案时缺乏审计主题概念，则可能获得的审计证据并不支持对不同的审计主题发表意见，在这种情形下，审计风险会增加。所以，即使是按多审计主题来构建审计业务类型，在设计具体的审计方案时，也需要区分不同的审计主题分别编制审计方案，然后合并删除重复的审计程序，确定需执行的审计程序。基于以上分析，可以认为，无论何种审计业务构建模式，审计主题都是骨架。从现实生活来说，上述两种构建审计业务类型的模式都存在。例如，最高审计机关国际组织将审计

业务分为财务审计、合规审计和绩效审计，其中，财务审计的审计主题是历史财务信息，合规审计的审计主题是财政财务收支，绩效审计的审计主题是绩效信息，主要是业务信息（INTOSAI，2007）。又如，中国的领导干部经济责任审计，则是多审计主题的审计业务。

除了审计业务类型的构建之外，审计实施框架的另外一个重要内容是审计准则。尽管审计准则规范的内容较多，但是，其主要内容是规范怎么审计。前面已经分析过，怎么审计的前提是审计主题，不同的审计主题有不同的审计方法。所以，需要按审计主题为分别规范怎么审计，这就需要区分不同的审计主题分别构建审计准则。INTOSAI 的审计准则及 GAO 的审计准则，其内容结构及审计主题见表 4-1，该表清晰地表明，审计主题是构建审计准则的骨架（INTOSAI，2007；GAO，2011）。

表 4-1　审计准则结构及其审计主题

审计准则	审计准则的内容		相应的审计主题
GAO 的审计准则	第一章	政府审计基础和道德原则	×
	第二章	政府审计准则的适用	×
	第三章	一般准则	×
	第四章	财务审计准则	财务信息
	第五章	鉴证业务准则	各种商定的审计主题
	第六章	绩效审计现场准则	业务信息为主的绩效信息
	第七章	绩效审计报告准则	业务信息为主的绩效信息
INTOSAI 的审计准则	第一部分	利马宣言、墨西哥宣言等	×
	第二部分	财务审计	财务信息
	第三部分	绩效审计	业务信息为主的绩效信息
	第四部分	合规审计	行为

第二节　基于审计主题的审计实施框架研究

无论怎么认识审计本质，从技术逻辑来说，审计就是围绕特定事项，以特定方法收集证据，就该特定事项与既定标准之间的相符程度形成意见。这个技术逻辑的核心要件有四个，一是"特定事项"，涉及审计内容；二是"特定方法"，涉及审计方法；三是"既定标准"，涉及审计标准；四是"形成意见"，涉及怎么发表审计意见，本书将这四个核心要件的有机组合称为审计实施框架。尽管审计实践有悠久的历史，对于财务信息审计已经形成较成熟的审计实施框架，但是，对于财务信息审计之外的各类审计，审计实施框架并未形成，凭经验审计较为盛行，一定程度上出现了"无序状态"，这种状况对审计业务的效率效果及审计质量形成负面影响，甚至将审计等同数据分析。本书认为，不同审计主题的审计实施框架有共性，也有个性，因此，需要在共性的基础上，为不同的审计主题建立各有特色的审计实施框架，本书拟提出不同审计主题的审计实施框架。

随后的内容安排如下：首先是一个简要的文献综述，梳理相关文献；在此基础上，提出一个各类审计主题共同的审计实施框架的通用结构；然后，以这个通用结构为基础，提出各类审计主题的审计实施框架；最后是结论和启示。

一、文献综述

根据本书的研究主题，文献综述关注审计内容、审计方法、审计标准、审计意见及它们之间的关系，以判断针对不同审计内容的审计实施框架是否形成。

关于审计内容，主要观点有五种：会计论、财政财务收支论、经济活动论、经济管理活动论、经济活动及相关信息论（郭振乾，1995；张文运，1988；王文彬，黄履申，1987；谢荣，1988；管锦康，1989；李凤鸣，刘世林，1996）。上述这些观点所确定的审计内容在一定程度上都是正确的，然而，这些观点确定的审计内容事实上是审计范围，这是审计内容的最抽象层级。例如，以会计论而言，认为审计的内容是会计，即使对于会计，其审计内容至少有两种选择，一是审计会计信息，二是审计会计信息相关的内部控制，那么，会计论确定的审计内容究竟是指会计信息还是会计信息相关的内部控制，或者是二者并存呢？会计论本身没有回答这个问题。然而，不同的选择会有不同的审计方法、审计标准及审计意见，所以，会计论本身确定的审计内容是不清晰的，进而也不具有可实施性，无法与审计方法、审计标准、审计意见关联起来。财政财务收支论、经济活动论、经济管理活动论、经济活动及相关信息论也存在类似的问题。

关于审计方法，除了研究具体审计程序的技术之文献外，大量的文献主要涉及两个主题，一是审计取证模式及其变迁，二是计算机审计。关于审计取证模式及其变迁，多数文献认为，审计取证模式经历了账项基础审计、制度基础审计、风险基础审计、风险导向审计，并且已经进入到数据式审计阶段，审计取证模式变迁的主要原因是审计风险和审计效率的相互作用，并受到审计环境的影响（谢志华，1997，2008；陈毓圭，2004；谢荣，吴建友，2004；石爱中，孙俭，2005）。关于计算机审计（包括大数据审计）的文献很多，主要是研究电子数据审计的相关技术（刘汝焯，2007；陈伟，2008）。上述这些文献，对审计模式及电子数据审计本身的研究是深入的，但是，未能以审计内容为前提来研究审计模式及电子数据审计，也就是说，并未说清楚这些审计方法是关于什么审计内容的审计方法。事实上，多数情形下，是以财务信息为背景来研究审计方法，这些文献对于财务信息之外的审计内容，未必适用，审计方法的研究与审计内容的研究缺乏关联。

关于审计标准的研究主要有两个主题，一是政府审计法律适用，二是绩效审计标准。关于政府审计法律适用的研究，主要涉及审计工作中如何适用法律法规及适用法律法规存在的问题及解决办法（成佳富，2003；王维国，王柏人，2003；高志明，2008；张瑞来，2013；崔莉莉，2014）。这些文献并未说明，是什么样的审计业务的法律适用问题，所以，审计标准的研究与审计内容之间缺乏关联。事实上，不同类型的审计业务，其适用的法律法规有重大差异，不区分审计内容，从一般意义上研究审计的法律适用是存在缺陷的。关于绩效审计标准的研究，少量文献强调了绩效审计标准的重要性（Santocki，1983；王光远，1996；郑石桥，2001），大量文献都关注绩效审计标准的构建（Emmanuel&Otlty，1985；Vinten，1991；Reenbaum，1987；施青军，陈华，薛新华，2006；郑石桥，2011）。然而，由于对绩效审计的理解不同，绩效审计包括的内容也不同，从而其审计标准也会不同。如果不界定绩效审计的内容，绩效审计标准的研究也会与审计内容脱节。

关于审计意见的研究中，民间审计意见的研究文献很多，涉及三个主题：一是审计意见影响因素（Jeter & Shaw，1995；曹琼，2014）；二是审计意见决策过程和预测（Felix & Kinney，1982；Tucker，Matsumura & Subramanyam，2003）；三是审计意见信息含量及经济后果（Firth，1978；杨臻黛，2007）。很显然，这些文献所研究的都是财务信息的审计意见，并未涉及其他审计内容的审计意见。以政府审计和内部审计为背景，直接研究审计意见的文献很少，少量文献主要研究如何实施审计意见或审计建议（马玉，2004；汤从华，2011）。很显然，这些文献并未涉及如何形成审计意见。

也有少量文献将审计实施的相关内容关联起来进行研究，裴育、郑石桥（2016a）将政府审计功能、审计客体、审计主题关联起来，称为政府审计业务基本逻辑；裴育、郑石桥（2016b）研究电子数据为审计载体的审计模式，区分为验证型电子数据审计和发掘型电子数据审计，并认为不同的取证模式会有不同的审计意见类型。这些文献虽然注意到审计实施各要素之间的关联，但是，只是涉及这审计实施框架的少数要素，未全面关注到审计内容、审计方法、审计标准和审计意见四者之间的关联。

　　总体来说，现有文献对审计内容、审计方法、审计标准及审计意见都有一定的研究，但是，并未将这些方面关联起来研究，从而使得审计内容、审计方法、审计标准及审计意见相互脱节。对于财务信息审计之外的其他各类审计，审计实施框架并未得到深入的研究，实践中的共有规律及个性特征也未得到系统的总结，审计实施框架并未形成。

　　二、审计实施框架的通用结构

　　审计实施框架是审计内容、审计方法、审计标准和审计意见的有机组合，特别强调它们之间的相互关联。从某种意义上来说，审计实施框架就是审计内容、审计方法、审计标准及审计意见相互关联的一个逻辑体系。它相互关联地解决了审计的二个基本问题，一是审计什么，二是怎么审计。前者就是审计内容，后者包括审计方法、审计标准和审计意见三个要素。这四个要素相互关联，形成一个有机的整体，并受到审计环境的影响。其基本情况如图4-1所示。

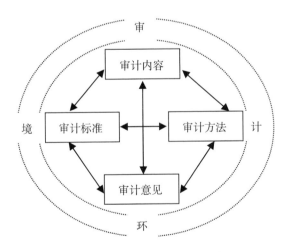

图4-1　审计实施框架各要素的关系

　　（一）审计内容

审计实施框架的首要问题是审计内容。本书前面已经指出，会计论、财政财务收支论、经济活动论、经济管理活动论、经济活动及相关信息论解决了审计范围问题。本书将审计需要发表意见的"特定事项"称为审计主题（audit subject matter），审计就是围绕审计主题来收集证据，以判断其与既定标准的相符程度并形成意见。一般来说，审计主题分为四种类型：财务信息、业务信息、特定行为、特定制度，不同的审计业务类型就是基于不同的审计主题来收集证据以判断该主题与既定标准的相符程度并形成意见，关于审计内容的各种观点可能分解的审计主题见表4-2。

表4-2　审计内容不同范围可能分解为审计主题

审计内容的不同范围	可能分解的审计主题
会计论	财务信息，财务信息相关制度
财政财务收支论	财政财务收支活动，财政财务收支相关制度，财政财务收支相关信息
经济活动论	经济活动，经济活动相关信息，经济活动相关制度
经济管理活动论	经济管理活动，经济管理活动相关信息，经济管理活动制度
经济活动及相关信息论	经济活动，经济活动相关信息，经济活动相关制度

将审计内容划分到审计主题之后，审计内容就具有可实施性了。针对财务信息、业务信息、特定行为、特定制度，可以设计可实施的审计方案了。

对于特定的审计主题实施审计，还需要确定其审计目标。也就是说，审计师希望通过对该审计主题的审计得到什么结果。一般来说，这种审计目标要分两个层级。首先是审计总目标（事实上，就是审计标准在该特定审计主题上的体现），这是针对审计主题这个层级来的。例如，财务信息、业务信息，其审计总目标是真实性；特定行为，其审计总目标是合规性；而特定制度，其审计总目标是有效性。有了审计总目标，对于特定的审计主题，就有了审计的大方向，但是，要具体实施审计，还需要将总目标细分到具体的审计标的（审计标的还可以进一步分解为审计事项），这里有两个细分，一是将审计主题分解为具体的审计标的，二是将审计总目标再分解到具体的审计标的，确定审计标的的审计具体目标（事实上，就是审计标准在该特定审计标的上的体现）。通过上述过程，就形成了审计标的及其相对应的审计具体目标所组成的审计内容体系。上述过程如图4-2所示。

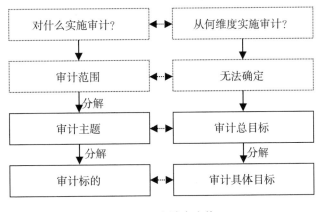

图 4-2　审计内容体

（二）审计标准

审计标准是审计主题及其分解形成的审计标的应该遵守的既定标准，是一种应然状态。按来源不同，审计标准分为外部审计标准和内部审计标准；按性质不同，审计标准分为法律法规、规章制度、预算/计划、业务规范和技术经济标准等。一般认为，审计标准具有层次性、时效性、地域性等特征，但是，审计标准的最重要特征是针对性。在图 4-2 所示的审计内容体系中，不同的审计主题甚至不同的审计标的有不同的审计标准，不能不区分审计主题来谈审计标准，一定的审计标准需要与一定的审计主题或审计标的相联系，而一定的审计主题或审计标的需要有一定的审计标准，二者是一一对应的，如果张冠李戴，就会出现错误的审计意见。一般来说，财务信息及其分解形成的审计标的，其审计标准是关于财务信息如何确认、计量、记录和报告的规范；业务信息及其分解形成的审计标的，其审计标准是关于业务信息如何确认、计量、记录和报告的规范；特定行为及其分解形成的审计标的，其审计标准是关于这些特定行为及其审计标的应该如何营运的规范；特定制度及其分解形成的审计标的，其审计标准是关于这些特定制度及其审计标的应该如何设计和执行的规范。不同审计主题及其分解形成的审计标，都有其相对应的既定标准。如果混同使用，会形成荒谬的结论。

审计标准除了要与审计主题及其分解形成的审计标的对应之外，它与审计目标也高度关联。事实上，审计目标就是判断特定的审计主题及其分解形成的审计标的对于既定审计标准的遵守程度。例如，对于财务信息，审计目标是真实性，就是判断财务信息的确认、计量、记录和报告是否遵守了其相应的既定标准。如果遵守了，就是真实的，如果有重大错报，就是不真实。其他各类审计主题也是如此。所以，总体来说，审计标准是判断审计目标是否达成的依据。

（三）审计方法

审计方法就是获取证据以判断审计主题及其分解形成的审计标的是否遵守了审计标准的系统过程。由于审计目标是审计标准在审计主题及其分解形成的审计标的上的体现，所以，审计方法也是收集审计证据以判断不同层级审计目标达成状况的系统过程。但是，从审计实施的角度来说，审计方法就是寻找偏差审计标准之处，或者是寻找审计目标未达成之处，通过对偏离审计标准或审计目标未达成的严重程度来判断审计标准遵守情况或审计目标达成情况。如果将偏差或目标未达成作为"问题"，就审计过程就是问题导向，审计过程就是寻找问题并对问题进行等级划分的过程。

根据上述思路，审计方法作为一个系统过程，首先要选择审计取证模式，在此基础上，设计审计方案并获取审计证据。一般来说，按是否能根据样本推断总体，审计取证模式可以分为两种类型：一是命题论证型模式，二是事实发现型模式。前者是将审计总目标作为大命题，将审计具体目标作为小命题，将审计取证过程视同命题证明过程，根据小命题的证明情况来推断大命题的状况。这种取证模式能根据样本审计结果来推断总体状况，可以发表合理保证审计意见。后者将审计目标视同指引方向，围绕这个方向找问题，并报告发现的问题，并不根据找到的问题来推断总体状况。样本不代表总体，只能发表有限保证审计意见。审计实践中先后出现的账项基础审计、制度基础审计、传统风险导向审计、现代风险导向审计、数据式审计等取证模式，是以审计取证的思路来划分的，都可以选择命题论证型模式或事实发现型模式。不同的选择，会有不同的取证逻辑，也会有不再的审计意见类型。然而，审计取证模式的选择并不是随意的，而要是受到一些条件的约束。主要的约束条件有三个：一是审计意见类型，二是审计载体，三是审计主题。不同的审计意见类型需要不同的审计证据力，从而需要不同的审计取证模式。一般来说，合理保证审计意见需要采用命题论证型取证模式，而事实发现型取证模式只能支持有限保证审计意见。所以，需要发表的审计意见类型会影响审计取证模式的选择。然而，审计实施是需要载体的，没有系统且有支撑材料的审计载体，命题论证型取证模式就无法采用，只能采用事实发现型取证模式，所以，审计载体状况是影响审计取证模式选择的重要因素。另外，前已叙及，审计主题包括财务信息、业务信息、特定行为、特定制度，不同的审计主题，可能需要不同的审计意见类型，也可能有不同的审计载体，从而会有不同的审计取证模式。审计取证模式一般会体现在审计准则中，所以，在具体的审计中，只要选择了适用的审计准则，也就基本上确定了适用的审计取证模式。

审计方法的第二个问题是设计审计方案并获取审计证据，一般来说，这个过程要基于对被审计单位的基本了解，无论何种审计取证模式，其基本过程包括三个步骤：一是以审计标的为对象，围绕审计具体目标的验证，设计审计方案，包括审计程序的性质、范围及时间；二是合并同类审计标的的审计方案，删除重复的审计程序，形成可实施的审计方案；三是实施这个审计方案，获取证明各审计标的的审计证据，并形成对审计标的的审计具体目标的审计结论。很显然，审计方案离不开审计标的，也离不开审计具体目标。

（四）审计意见

审计意见就是对该审计主题与既定标准之间的相符程度形成的结论。一般来说，需要根据审计证据的证明力来确定审计意见类型。可能的选择有两种方式，一是合理保证审计意见，二是有限保证审计意见。合理保证是对总体发表意见，一般需要以命题论证型取证模式为基础，而有限保证并不对总体发表意见，事实发现型取证模式就可以满足其证据力的需求。一般来说，需要针对不同的审计主题分别发表意见，不能不区分审计主题来发表意见。对于合理保证审计意见来说，它事实上是对审计总目标达成程度的结论；对于有限保证审计来说，事实上是报告针对不同的审计主题的审计发现。审计意见的形成过程与审计内容体系的形成过程恰好相反：后者是一个命题分解过程，前者是则需要根据针对审计标的的审计具体目标的审计结论形成关于审计主题的审计总目标的审计结论（合理保证审计意见），或者是根据审计标的的审计具体目标的审计发现形成关于审计主题的审计总目标的审计发现（有限保证审计意见）。所以，总体来说，审计意见离不开审计内容和审计方法，不能就审计意见谈审计意见。

当然，不同的审计意见能满足审计报告使用者的不同需求，因此，如果发表的审计意见类型与需求者所希望的审计意见类型不同，则会产生审计期望差。例如，如果需求者希望的是合理保证审计意见，而审计师发表的是有限保证审计意见，则就会出现审计期望差。此外，审计意见类型还会影响法律责任。一般来说，合理保证审计意见更容易界定审计师的法律责任，而有限保证审计意见则较难界定审计师的法律责任。上述这些因素，都可以视为环境因素对审计意见的影响。

根据上述分析，我们认为，审计内容、审计方法、审计标准和审计意见虽然各有其自己的内容，但是，相互影响，不能就某一要素来谈该要素，应该从相互关联中来认识各要素。它们相互关联地组成了审计实施框架。在这个框架中，审计主题是关键，因此，可以将这个框架称为基于审计主题的审计实施框架。

三、不同审计主题的审计实施框架

本书以上将审计主题区分为财务信息、业务信息、特定行为、特定制度，并且提出了一个基于审计主题的通用实施框架。下面，我们来分别讨论各审计主题的审计实施框架。

（一）财务信息的审计实施框架

财务信息的审计实施框架基本成熟（Arens，Elder & Beasley，2003；中国注册会计师协会，2016），这里按本书提出的框架结构，做一个简要的归纳。财务信息这个审计主题，其审计总目标是真实性，要确定其审计内容，需要将财务信息这个审计主题再分解为审计标的，并确定各审计标的的审计具体目标，这些审计具体目标事实上是审计总目标在审计标的上的分解。财务信息的审计标的一般分为三类：交易或事项、余额、列报，审计活动就是针对上述三类审计标的来进行的。但是，必须将真实性这个总目标分解到各审计标的，由于被审计单位的管理层一般会有财务信息报告，所以，财务信息审计在许多情形下是基于责任方报告业务，因此，审计具体目标是以管理层认定为基础而形成的。目前，有共识的财务信息审计标的及审计具体目标见表4-3（中国注册会计师协会，2016）。

表4-3　财务信息的审计标的及审计具体目标

审计标的	审计具体目标
交易或事项	发生性，完整性，准确性，截止，分类
账户余额	存在性，权利和义务，完整性，计价和分摊
列报和披露	发生及权利和义务，完整性，分类和可理解性，准确性和计价

就审计标准来说，财务信息审计标准当然是适用的会计准则或会计制度，所谓的财务信息审计真实性，就是判断财务信息的确认、计量、记录和报告是否符合这些会计准则或会计制度的规定。

就审计取证模式来说，由于财务信息一般都有系统且有支撑材料的审计载体，所以，主要是根据审计意见类型来选择审计取证模式。如果发表合理保证审计意见，则需要选择命题论证型取证模式（具体是现代风险导向审计模式），上市公司年报一般属于这种情形；如果是发表有限保证审计意见，则可以选择事实发现型取证模式，一些上市公司对中报选择审阅，就属于这种情形。就审计方案来说，一般是在总体审计策略的统帅下，按交易或事项、账户余额、列报和披露，分别编制审计方案，然后，合并删除重复的审计程序，确定可实施的审计程序。

就审计意见来说，通常发表合理保证审计意见，某些情形下，也可以发表有限保证审计意见，都是根据交易或事项、账户余额、列报/披露的审计结果，考虑不同层级的重要性，推断财务报告整体真实性（合理保证审计意见），或报告针对财务报告整体的审计发现（有限保证审计意见）。

（二）业务信息的审计实施框架

业务信息是财务信息之外的各种信息，包括的内容很广泛，就其审计总目标来说，应该是信息的真实性，这与财务信息审计类似。问题的关键是，业务信息的审计标的及其审计具体目标如何确定？一般来说，业务信息可区分为两类，一是流量信息，二是存量信息，对于流量信息，其审计标的类似于财务信息中的交易或事项，也就是流量信息所反映的是特定的交易或事项；对于存量信息，其审计标的类似于财务信息中的期末余额，本书称之为期末存量。对于业务信息按上述思路确定审计标的之后，则相应的审计具体目标也可以类似于财务信息的相应标的来确定，基本情况见表4-4所示。

表4-4　业务信息的审计标的及审计具体目标

审计标的	审计具体目标
交易或事项	发生性，完整性，准确性，截止，分类
期末存量	存在性，权利或义务，完整性，计量

例如，矿产资源开采量是一个非财务的流量信息，对它的审计，审计标的就是矿产资源开采这个交易，审计具体目标包括发生性、完整性、准确性、截止、分类，发生性就是矿产资源开采不存在虚构或高估；完整性是指所有的矿产资源开采都包括进来了或不存在低估；准确性是指对矿产资源开采的具体计量不存在错误；截止是指不同期间的矿产资源开采没有张冠李戴；分类是指不同类型的矿产资源开采分类正确或不存在分类错误。

又如，矿产资源期储量是一个非财务的储量信息，对它的审计，审计标的就是矿产资源的期末储量，审计具体目标包括存在性、权利或义务、完整性、计量。存在性是指列入矿产资源期末储量中的矿产资源确实是存在的或不存在虚构或高估；权利或义务是指列入矿产资源期末储量中的矿产资源确实属于报告主体所有；完整性是指期末所有的矿产资源期都包括在报告的矿产资源期末储量中或不存在遗漏或低估；计量是指对矿产资源期末储量的计算不存在错误。

就审计标准来说，业务信息审计标准当然是适用的业务信息确认、计量、记录和报告的规则，所谓的业务信息审计真实性，就是判断业务信息的确认、计量、记录和报告是否符合这些规则。例如，《矿产资源登记统计管理办法》就是矿产资源信息真实性审计的重要标准。

就审计取证来说，两个因素决定业务信息取证模式的选择：一是要求的审计意见类型，如果要求发表合理保证审计意见，则必须采用命题论证型取证模式，如果可以发表有限保证审计意见，则可以采用事实发现型取证模式；二是审计载体状况，如果存在完整的审计载体信息链，则可以采用命题论证型取证模式，否则，就只能采用事实发现型取证模式。例如，矿产资源开采量及储量如果存在完整且可追索的审计载体，则可以采用命题论证型取证模式，否则，只能就可利用的审计载体采取事实发现型取证模式。就审计方案来说，首先要以审计标的为对象，设计针对性的审计方案，在此基础上，删除重复的审计程序，得到可实施的审计方案，并通过实施这个方案得到审计证据。例如，矿产资源开采量及储量审计，首先要区分不同的矿产资源，在此基础上，区分流量和储量，针对各自的审计具体目标编制审计方案，再删除重复的审计程序，得到可实施的审计方案，并实施这个方案以获得审计证据。

就审计意见来说，业务信息审计意见类型要根据审计证据证明力来确定，也就是要根据审计取证模式来确定，意见形成过程与财务信息基本类似，主要差异之处是不同层级的重要性对审计意见的影响，一般来说，业务信息的重要性可能更加宽松一些。

（三）特定行为的审计实施框架

特定行为是纳入审计的具体行为，一般可以分为财政财务收支行为和业务行为两类，前者指货币资金收支行为，后者指被审计单位从事其业务活动或履行其单位职能所产生的业务行为。对于特定行为这种审计主题，其审计总目标是合规性，也就是这些特定行为是否符合相关的法律法规及规章制度。问题的关键是，如何确定特定行为的审计标的和审计具体目标？就审计标的来说，特定行为的审计标的就是导致该类行为发生的交易或事项；就审计具体目标来说，就是将审计总目标落实到审计标的，一般包括发生性、完整性、准确性、截止、分类、范围、标准。发生性是导致该类行为发生的交易或事项是真实的或不存在虚构；完整性是所有导致该类行为发生的交易或事项不存在遗漏或低估；准确性是指对导致该类行为发生的交易或事项的相关数据是正确的；截止是指导致该类行为发生的交易或事项已经记录于恰当的期间或不存在不同时期的张冠李戴；分类是指对导致该类行为发生的交易或事项分类正确或不存在不同类型行为之间的张冠李戴；范围是指导致该类行为发生的交易或事项确实属于该类行为的范围或不存在范围扩大或缩小；标准是指导致该类行为发生的交易或事项以规定的数量标准或质量标准发生或不存在提高或降低标准。以"三公经费"为例，其审计标的和审计具体目标如表4-5所示。

表4-5　"三公经费"审计标的和审计具体目标

特定行为	审计标的	审计具体目标
因公出国经费	因公出国行为	发生性，完整性，准确性，截止，分类，范围，标准
公务车购置	公务车购置行为	发生性，完整性，准确性，截止，分类，范围，标准
公务车运行费	公务车运行支出	发生性，完整性，准确性，截止，分类，范围，标准
公务招待费	公务招待行为	发生性，完整性，准确性，截止，分类，范围，标准

就审计标准来说，特定行为审计的判断标准是规范该特定行为的法律法规及规章制度，特定行为审计的总目标就是判断这些特定行为的发生是否符合这些法律法规及规章制度。

就审计取证模式来说，可以选择命题论证型取证模式，也可以选择事实发现型取证模式。不同的选择受到两个因素的制约，一是审计意见类型要求，如果要求发表合理保证审计意见，则需要采用命题论证型取证模式，如果只要求发表有限保证审计意见，则可以采取事实发现型取证模式；二是审计载体情况，如果存在完整的审计载体信息链，则可以采用命题论证型取证模式，否则，只能采取事实发现型取证模式。审计方案及其实施与前叙各审计主题基本类似，不再赘述。

就审计意见来说，需要根据审计取证模式来决定，当采取事实发现型取证模式时，只能发表有限保证审计意见。但是，对于哪些发现的事实要予以报告，则需要考虑审计重要性，不能无论数额大小，一律在审计报告中予以披露。当采取命题论证型取证模式时，如何根据样本的审计结果来推断总体的合规性，需要考虑合规重要性。这种考虑类似于财务信息审计中的重要性，但是，可能更加严厉，对于定性方面的考虑可能更多。有一种观点认为，对于行为合规要采取零容忍，就无疑是排除了重要性，本书认为，不区分具体情形，一味强调零容忍，可能导致规则悖反，影响行为审计的效率效果。

（四）特定制度的审计实施框架

特定制度这个审计主题是指纳入审计的制度，包括内部控制、管理控制、风险管理、组织治理、管理体系等。如果这些制度信息化了，则相应的信息系统也属于特定制度的审计范畴。由于对内部控制、管理控制、风险管理、组织治理、管理体系之间的关系有不同的认识，我们以内部控制为例来分析其审计实施框架，其原理也适用于其他各类制度审计。

内部控制审计[①]的总目标是制度有效性，也就是内部控制是否能解决它拟解决的问题，或者说，内部控制能否实现它拟实现的目标，可以归结为内部控制有效性，就审计实施来说，事实上是寻找内部控制缺陷，包括设计缺陷和执行缺陷。那么，如何确定内部控制审计的审计标的和审计具体目标呢？我们认为，内部控制审计标的要以特定的内部控制为对象来区分，在此基础上，再区分为两个审计标的，一是内部控制设计，二是内部控制执行。在此基础上，确定各审计标的的审计具体目标，对于内部控制设计来说，其审计具体目标是设计健全性，也就是内部控制制度文本的相关规定是否能解决其拟解决的问题，或者说，能否保障内部控制目标的达成；对于内部控制执行来说，其审计具体目标是执行符合性，也就是执行者是否按内部控制设计的要求来执行相关的制度设计。例如，如果以内部控制各要素为对象来设计审计标的和审计具体目标，则基本情况如表4-6所示。

表4-6　内部控制各要素的审计标的和审计具体目标

内部控制要素	审计标的	审计具体目标
控制环境	控制环境相关制度设计	设计健全性
	控制环境相关制度执行	执行符合性
风险评估	风险评估相关制度设计	设计健全性
	风险评估相关制度执行	执行符合性
控制活动	控制活动相关制度设计	设计健全性
	控制活动相关制度执行	执行符合性

---

① 这里的内部控制审计是广义的，既包括组织内部实施的内部控制评价，也包括组织外部实施的内部控制审计和内部控制审核。

内部控制要素	审计标的	审计具体目标
信息与沟通	信息与沟通相关制度设计	设计健全性
	信息与沟通相关制度执行	执行符合性
内部监督	内部监督相关制度设计	设计健全性
	内部监督相关制度执行	执行符合性

就审计标准来说，内部控制审计判断是否存在执行缺陷的依据是被审计单位设计的内部控制制度，当判断是否存在设计缺陷时，情形就较为复杂，一般来说，外部颁布的一些通用指引或规范可以作为参考标准，而一些行业主管部门或行业职业组织颁布的适用于特定行业的内部控制指引是重要的参考标准，具体要判断内部控制是否存在设计缺陷，需要主观判断。

内部控制审计取证模式的选择，首先要考虑内部控制审计载体情况。一般来说，内部控制设计有制度汇编，可以视为有系统且有支撑的设计信息链，同时，不少的内部控制执行都留下了执行记录或轨迹，有些内部控制执行还可以现场观察。所以，也可以视为有系统且有支撑的执行信息链；所以，可以采取命题论证型取证模式。在一些特殊情形下，如果缺乏内部控制执行的完整信息链，则只能采取事实发现型取证模式。其次，内部控制取证模式的选择还要考虑所需要发表的审计意见类型。如果需要发表合理保证审计意见，则必须采用命题论证型取证模式，例如，上市公司年度内部控制审计就是这种情形；如果可以发表有限保证审计意见，则可以采用事实发现型取证模式，内部控制审核就是这种情形。至于内部控制审计方案设计及其执行，与前叙各审计主题类似，不再赘述。

内部控制审计意见类型包括有限保证审计意见和合理保证审计意见，当发表有限保证审计意见时，只需要报告审计发现的内部控制缺陷，并不需要对内部控制整体状况发表意见；当发表合理保证审计时，审计师还需要对识别的内部控制缺陷进行等级划分，一般划分为重大缺陷、重要缺陷和一般缺陷，当存在重大缺陷时，就认为内部控制整体无效，否则，就认为内部控制整体有效，当然，缺陷等级的认定标准则需要审计师根据审计的特定内部控制自主确定。

四、结论和启示

审计实施框架是审计内容、审计方法、审计标准和审计意见的有机组合。对于财务信息审计之外的各类审计，审计实施框架并未形成，本书提出一个各类审计主题共同的审计实施框架的通用结构，并以这个通用结构为基础，提出各类审计主题的审计实施框架。

关于通用的审计实施框架，审计内容首先表现为审计主题，一般可分为财务信息、业务信息、特定行为和特定制度，对于特定的审计主题实施审计，需要确定其审计总目标，并将审计主题分解为审计标的，将审计总目标分解到审计标的以确定针对审计标的的具体审计目标。审计标准是审计主题及其形成的审计标的应该遵守的既定标准，不同的审计主题甚至不同的审计标的有不同的审计标准，审计标准与审计目标高度关联。审计目标就是判断特定的审计主题及其分解形成的审计标的对于既定审计标准的遵守程度。审计方法作为一个系统过程，要选择审计取证模式并设计审计方案以获取审计证据，审计取证模式可以分为命题论证型模式和事实发现型模式，不同模式的选择受到审计意见类型、审计载体及审计主题的约束。审计意见就是对该审计主题与既定标准之间的相符程度形成的结论，包括合理保证审计意见和有限保证审计意见两种类型，审计意见离不开审计内容和审计方法。

财务信息这类审计主题，其审计总目标是信息的真实性。审计标的一般分为交易或事项、余额、列报，交易或事项的审计具体目标包括发生性、完整性、准确性、截止、分类；账户余额的审计具体目标包括存在性、权利和义务、完整性、计价和分摊；列报和披露的审计具体目标包括发生及权利和义务、完整性、分类和可理解性、准确性和计价。财务信息审计标准当然是适用的会计准则或会计制度。财务信息审计取证模式一般选择命题论证型取证模式，特殊情形下也可以选择事实发现型取证模式。财务信息审计意见通常发表合理保证审计意见，某些情形下，也可以发表有限保证审计意见。

业务信息这类主题，其审计总目标是信息的真实性，业务信息区分为流量信息和存量信息，流量信息的审计标的是交易或事项，存量信息的审计标的是期末存量，交易或事项的审计具体目标是发生性、完整性、准确性、截止、分类，期末存量的审计具体目标是存在性、权利或义务、完整性、计量。业务信息审计标准是业务信息确认、计量、记录和报告的规则。业务信息审计取证模式包括命题论证型取证模式和事实发现型取证模式，不同模式的选择受到审计载体状况和审计意见类型要求的约束。业务信息审计的审计意见包括合理保证审计意见和有限保证审计意见两种情形。

特定行为这种审计主题，其审计总目标是行为合规性，审计标的就是导致该类行为发生的交易或事项，审计具体目标包括发生性、完整性、准确性、截止、分类、范围、标准。特定行为审计标准是规范该特定行为的法律法规及规章制度。特定行为审计取证模式包括命题论证型取证模式和事实发现型取证模式，不同模式的选择受到审计载体状况和审计意见类型要求的约束。

内部控制这种审计主题，其审计总目标是内部控制有效性，审计标的包括内部控制设计和内部控制执行，前者的审计具体目标是设计健全性，后者的审计具体目标是执行符合性。内部控制审计标准一般包括通用内部控制指引、特定行业内部控制指引。内部控制审计取证模式一般采取命题论证型取证模式，特殊情形下，采取事实发现型取证模式。内部控制审计意见类型包括有限保证审计意见和合理保证审计意见。

审计实践中，有些人认为，行为合规审计、业务信息审计、制度审计与传统的财务信息审计有很多的不同，难以形成可遵循的实施框架，只能凭经验审计，致使审计实务不规范，审计效率效果难以保证。本书的研究启示我们，这些审计业务都可以形成有规律的实施框架，因此，针对不同的审计主题，制定具有针对性的审计准则，为各自的审计实施框架提供指南是优化审计业务的重要举措。

第三节　审计主题、审计取证模式和审计意见

审计是一个认知过程，这个认知过程就是通过审计证据来得出审计意见，所以，审计取证和审计意见是审计认知的最关键要素，审计取证是审计意见的基础，二者密切相关。

审计取证的基本前提是确定审计认知策略，也就是审计取证模式，它将整个审计认知过程的大量操作组织起来。因此，审计认知策略对审计认知活动的有效进行是十分重要的。现实世界告诉我们，审计取证模式存在多种类型，不同审计主体有不同的审计取证模式，不同的审计业务类型有不同的审计取证模式。为什么审计取证模式会多样化呢？不少的文献研究审计取证模式变迁的原因。然而，这些文献主要是研究财务审计取证模式变迁的原因，但是，为什么财务审计和舞弊审计有不同的取证模式？绩效审计和财务审计为什么具有不同的取证模式？同样是政

府审计机构从事的财政审计，为什么美国和中国具有很不同的审计取证模式？诸如此类的问题，并没有理论解释。同样，审计意见也有多种类型，例如，有限保证和合理保证两种类型，为什么会出现不同类型的审计意见？更为重要的是，审计取证模式与审计意见类型有什么关系？这些问题，也没有理论解释。

我们认为，虽然有一些权变因素会影响审计取证模式之选择及审计取证模式和审计意见之间的关系，但是，基础性的原因是审计主题。正是审计主题的不同，决定了审计取证模式的不同，也正是审计取证模式的不同，决定了审计意见类型的不同。本书拟以审计主题为基础，建立一个理论框架，以解释审计取证模式的选择及审计取证模式和审计意见类型之间的关系。

本书随后的内容安排如下：首先是一个简要的文献综述，梳理审计取证模式变迁的相关文献；在此基础上，以审计主题为基础，提出一个关于审计取证模式选择及其与审计意见类型之关系的理论框架；然后，用这个理论框架来解释预算执行审计和决算审计在取证模式及审计意见类型上的差异及其原因，以一定程度上验证本书的理论框架；最后是结论和启示。

一、文献综述

本书的主题是研究审计取证模式选择及审计取证模式和审计意见类型之间的关系。所以，本书的文献综述包括三方面，一是关于审计取证模式选择的影响因素，二是审计意见类型的影响因素，三是审计取证模式和审计意见类型之间的关系。

关于审计取证模式选择的影响因素，大量文献研究审计模式变迁的原因。这些原因包括审计内部原因、审计环境原因和审计对象原因等。谢志华（1997，2008）认为，审计方法的变迁是由提高审计效率与避免或降低审计风险的要求决定的。在审计方法的历史演变中，贯穿其中并起决定作用的是审计风险和审计效率的相互作用。陈毓圭（2004）认为，审计师为了实现审计目标，一直随着审计环境的变化调整着审计方法。审计方法从账项基础审计、制度基础审计发展到风险导向审计，都是审计师为了适应审计环境的变化而作出的调整。谢荣、吴建友（2004）认为，多样的、急剧变化的内外部社会环境改变了审计模式。石爱中、孙俭（2005）认为，审计对象的信息化程度改变了审计模式，他们区分了手工背景下和信息化背景下的审计模式，手工背景下的审计模式包括账目基础审计和制度基础审计，信息化背景下的审计模式包括账套式审计和数据式审计。

关于审计意见的研究文献，可以说是汗牛充栋。主要研究审计意见影响因素、审计意见决策过程和预测、审计意见信息含量（Reynolds & Francis，2001；Matsumura，Subramanyam & Tucker，1997；Taffler，Lu & Kausar，2004）。关于审计意见影响因素，归纳起来，包括审计师的因素、审计客户的因素和审计环境的因素（张辉，朱彩婕，2013）。然而，未发现关于审计意见类型为什么分为有限保证和合理保证以及这两种审计意见的产生原因的相关研究。至于审计取证模式和审计意见类型之间的关系，未发现有相关研究文献。

总体来说，关于财务审计取证模式变迁及标准意见和非标准意见的影响因素有较深入的研究。但是，这些文献并未涉及一般性的审计取证模式的选择，更未涉及审计取证模式和审计意见类型之间的关系。本书拟以审计主题为基础，建立一个理论框架，以解释审计取证模式的选择及其与审计意见类型之间的关系。

二、审计主题、审计取证模式和审计意见：理论框架

审计源于审计目标，而实现这个审计目标的是审计意见，从审计目标到审计意见的生产有一个系统的过程，对于这个过程有不同的观察视角，有人称为审计步骤，有人称为审计循环。本书舍象其中的技术细节，将审计取证过程概括为审计取证模式。从这个层面出发，审计的逻辑过程是，首先是审计目标和审计主题；在此基础上，通过审计取证模式来获得审计证据；最后，根据审计证据确定审计意见。在这种过程上，发挥基础性作用的是审计主题，一方面，它将审计目标和审计取证模式关联起来，另一方面，它还通过审计取证模式，决定审计意见。总体来说，审计的逻辑过程如图1所示。在这个过程中，正是由于审计主题不同，才产生了不同的审计取证模式，也正是由于审计取证模式不同，审计证据的充分性也不同，从而，发表的审计意见类型也不同。下面，我们来具体分析这个逻辑过程，以阐述审计主题的基础性地位。

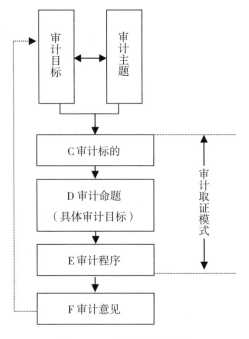

图4-3 审计的逻辑过程

（一）审计目标和审计主题

审计目标就是人们通过审计实践活动所期望达到的境地或希望得到的结果。从审计人的角度出发，审计目标决定了审计人要提供的审计产品，审计目标不同，审计产品也不同。如何提供委托人所期望的审计产品呢？首先要确定的就是审计主题。审计主题就是审计人员所要发表审计意见的直接对象，审计过程就是围绕审计主题收集证据并发表审计意见的系统过程。一般来说，审计主题可以分为两类，一是信息；二是行为。当然，委托人也可能是先有确定好了的关注领域，从而先有审计主题，然后再确定针对该领域的审计目标。所以，审计目标和审计主题之间并不一定具有逻辑上的先后关系。但是，一般来说，审计目标和审计主题之间有一定的对应关系，一定的审计目标只能通过一定的审计主题来实现，而一定的审计主题只能承载一定的审计目标。一般来说，审计目标包括真实性、合规性和合理性三个方面，真实性关注的是信息有无虚假或错报，显然由信息审计主题来承载。合规性关注的是财政财务收支及相关经济活动是遵守了相关的法律法规和规章制度，显然由行为审计主题来承载。合理性关注是否合理，也就是是否存在改进的潜力。信息和行为两个主题都可以承载合理性目标。从信息主题来说，如果将真实的信息与一定的标准相比较，判断

150

信息所反映的绩效的优劣，可以确定绩效的优劣，从而判断是否存在改进的潜力。从行为主题来说，可以判断约束行为的制度是否存在缺陷，如果存在缺陷，则表明存在改进的潜力。总体来说，信息主题只能承载真实性目标和合理性目标，而行为主题只能承载合规性目标和合理性目标。一般来说，审计目标和审计主题需要委托人和审计人共同商定，或者是审计人估计委托人的需求后确定。事实上，审计目标和审计主题共同决定了审计业务类型。例如，财务审计、绩效审计、合规审计、舞弊审计、管理审计等。

（二）审计取证模式：审计标的

审计目标和审计主题确定之后，需要一个审计取证模式来获取审计证据。这个取证模式要解决包括三个问题：第一，审计标的，也就是审计实施的直接标的物的确定，例如，财务审计中的交易、余额、列报就是审计标的，合规审计中的特定行为就是审计标的；第二，针对特定的审计标的，具体的审计目标是什么，也这是确定针对特定审计标的的审计命题；第三，如何证明每一个具体的审计命题，也就是确定和实施审计程序。所以，从技术上来说，审计就是一个证明过程，在确定证明的标的之后，将审计目标落实到每一个审计标的，形成审计命题，然后采用审计程序来证明每一个命题，最后，根据每个命题的证明结果，形成关于审计主题的结论。不同的审计主题，在上述三个方面可能形成重大差别，从而形成不同的审计取证模式。我们先来分析审计标的。

审计标的有三个问题，一是选择审计标的，二是确定审计标的的总体和个体，三是确定审计标的的载体。

审计标的是审计实施的直接标的物，也就是审计的靶子（谢荣，1989）。不同的审计主题，其审计标的不同。就财务信息审计主题来说，其审计标的包括交易、余额、列报，审计活动的直接实施对象就是它们，审计目标要具体落实到它们头上。就业务信息审计来说，由于其种类繁多，其审计标的还未能系统的研究。对于行为审计主题来说，其审计标的应该是特定的行为或约束特定行为的特定制度。由于所审计的特定行为不同或特定制度不同，行为审计主题可能有很多种。例如，针对招待费用及其相关制度可以专门审计，针对出国费用及其相关制度可以专门审计，针对员工报酬及其相关制度也可以专门审计，针对领导个人开支及其相关制度也可以专门审计，总之，每种特定行为及其相关制度都可以成为审计标的。

审计标的确定之后，接下来的问题是，确定审计标的的总体和个体。

审计总体（audit scope）就是审计标的的全体，审计个体就是审计标的的个体，审计总体是审计个体的集合。不同审计主题的审计总体和个体具有不同的特征。

就信息审计主题来说，由于被审计单位已经确定有信息认定，信息所表征的是一定的客观事物的量化特征，而这些客观事物就是审计总体和个体，单个客观事物就是审计个体，全体客观事物就是审计总体。例如，对于财务审计而言，财务信息所表征的是交易、余额、列报，每个财务信息都是特定交易、余额、列报的量化特征，每个交易、余额、列报就是一个审计个体，它们的集合就形成了审计总体。所以，财务审计具有确定的审计总体和审计个体。当然，信息主题还可能包括业务信息，例如，产量、GDP 等就是业务信息，业务信息审计的总体和个体，目前还没有系统的研究。但是，就财务信息来说，每类交易、余额、列报都形成一个审计总体，其中的每笔或每项就形成审计个体。总之，可以确定清晰的总体和个体。

就行为主题来说，被审计单位不一定有认定。对于行为，可以从两个角度来观察，一是行为主体，二是行为类型。所以，可以从三个角度来确定审计总体和审计个体。首先，从行为主体角度来确定审计总体和个体。也就是说，关注特定行为人的所有行为，凡是属于审计所关注的特定人的每一次行为，就属于审计个体，所有个体的集合形成审计总体。然而，任何一个人都可能存在多种行为，如果只关注特定人的行为，而行为类型又有许多种，这个角度的审计总体和个体可能很庞大。其次，从行为类型角度来确定审计总体和个体，也就是说，审计只关注特定的行为，凡是属于所界定的特定行为，都属于审计总体，每个特定行为都属于审计个体。然而，行为一定是人或组织从事的，如果不确定人或组织的范围，则审计总体和个体的范围也可能很庞大。最后，将行为主体和行为类型结合起来，这种情形下，从空间范围上来说，审计总体和个体的范围是清晰的。

审计标的的总体和个体确定之后，无论是详细审计，还是抽样审计，都需要有一定的审计载体，也就是审计活动直接实施的资料、实物和人，它们是被审计单位或相关主体对审计标的的记载或记忆，所以，也称为形式上的标的。不同的审计标的，其审计载体差别很大。

就信息审计主题来说，由于被审计单位有相关的认定，而产生这些认定有两种情形，一是有相关的原始记录，信息认定就是根据这些原始记录来生产的，财务信息和一些业务信息就属于这种情形；二是缺乏系统的原始记录，信息认定的生产并无确凿的原始记录可查找。许多的业务信息就属于这种情形。

就行为审计主题来说，由于被审计单位不一定形成相关的认定，所以，行为审计载体有两种情形：一是没有系统化的审计载体，也就是说，对于这种审计标的并未形成系统的记录，如果有些记录，也是分散于其他的记录之中，针对该标的，并未形成特定的系统化记录；二是有系统化的审计载体，这种情形下，针对该特定行为，有专门的记录。当然，即使有专门的记录，也存在与信息主题相类似的情形，还要区分为存在相关的原始记录和不存在相关的原始记录这两种情形。

（三）审计取证模式：审计命题

命题是可以被定义并观察的现象，审计命题具有两方面的含义，第一，它是审计目标的分解，所以，也可以称为具体审计目标；第二，它必须与一定的审计标的相联系，所以，也就是针对特定的审计标的需要获取证据来证明的命题。不同的审计主题在审计命题方面具有不同的特征。

就财务信息主题来说，审计命题就是将审计目标落实到具体的交易、余额、列报，形成针对特定交易、余额、列报的具体审计目标，也就是针对该特定交易、余额、列报所要证明的命题。这种命题已经形成了基本公认的体系，具体情形是：与各类交易和事项相关的审计目标或审计命题包括：发生，完整性，准确性，截止，分类；与期末账户余额相关的审计目标或审计命题包括：存在，权利和义务，完整性，计价和分摊；与列报相关的的审计目标或审计命题包括：发生及权利和义务，完整性，分类和可理解性，准确性和计价。

至于业务信息主题，由于其包括的数据类型繁多，针对其审计命题，还没有系统的研究，并未形成公认的审计命题体系。

行为主题分为特定行为和约束行为的制度两种情形。我们先来看特定行为。特定行为的审计目标是合规性和合理性，而真实性是二者的基础，所以，特定行为的审计命题包括：发生，完整性，准确性，截止，分类，合规，合理。发生是审计载体中已经记录的行为是真实的，如果没有发生该行为，而审计载体中记录了该行为，则该命题是伪；完整性是审计客体所发生的所有该类行为都已经确实在审计载体中记录了，如果有些行为没有记录在审计载体中，则该命题是伪；准确性是指审计载体中对该行为相关数据特别是金额的记录是正确的，如果发生数据不符，则该命题是伪；准确性与发生、完整性之间存在区别。例如，若已记录的行为是不应当记录的，则即使金额是准确计算的，则发生命题是伪。再如，若已记入的行为是属于该特为，但金额计算错误，则准确性是伪，但发生命题是真。在完整性与准确性之间也存在同样的关系；截止是指审计载体所记录的特定行为记录于恰当的期间。如果本期行为推到下期，或下期交易提到本期，则该命题是伪；分类是指在审计载体中对特定行为进行再分类时，对行为的再分类是正确的，如果对该特定行为再分类错误，则该命题是伪。合规是指审计客体所发生的该类特定行为符合既定标准，如果有些行为违反了既定标准，则该命题是伪；合理是指该特定特为的履行不存在较大的改进潜力，如果存在，则该命题是伪。

就制约行为的制度来说，这种情形的行为审计，其典型形态是内部控制审计，其审计命题包括合规性、健全性和遵循性。合规性是指内部控制是符合既定标准的，如果存在不符合既定标准的内部控制，则该命题是伪；健全性，也可以称为合理性，是指内部控制是合理的，不存在重大缺陷，如果存在重大缺陷，则该命题是伪；遵循性是指内部控制得到了有效地执行，在执行中不存在重大缺陷，如果执行中存在重大缺陷，则该命题是伪。

上述分类表明，不同的审计主题会有不同的审计命题，而审计命题只是确定了需要证明的命题，而这些命题能否得到证明，与审计载体相关。如果审计载体是清晰的，且有原始记录支持，则这些命题就具有穷尽性，针对这些审计载体，实施详细审计或抽样审计后，就能就每个命题，就该审计总体得出审计结论；如果审计载体清晰，但是，没有原始记录，则审计实施较为困难；如果没有清晰的审计载体，审计总体和个体确定都较为困难，则审计实施也就困难。

（四）审计取证模式：审计程序

审计程序（audit procedure）是获得审计证据的具体方法，它是针对特定的审计命题，从特定的审计载体中获取审计证据的技术。不同的审计命题、不同的审计载体，需要不同的审计程序。而审计命题、审计载体又与审计主题相关，所以，总体来说，审计主题是确定审计程序的基础性原因。

审计程序有两层含义，一是审计程序的组合，二是特定审计程序的性质、范围（audit extent）和时间的选择。

关于特定审计程序的组合，有两种情形，一是详细审计，二是抽样审计。究竟是选择详细审计，还是选择抽样审计，受到许多因素的影响，例如，审计责任、审计效率、审计环境等，但是，更为基础性的原因是审计载体，如果审计载体是清晰的，并且是有原始记录支持的，则详细审计可行，抽样审计也可行，财务审计取证经历账项基础审计、制度基础审计、传统风险导向审计和现代风险导向审计，是以清晰的审计载体为基础，账项基础审计是详细审计，制度基础审计、传统风险导向审计和现代风险导向审计都是抽样审计，只不过，抽样的思路不同。同时，从手工系统的审计模式转换为信息化背景下的审计模式，只是审计载体发生了变化，进而导致详细审计或抽样审计及不同抽样思路的成本效率发生了变化，从而审计程序的组合发生了变化。如果没有清晰的审计载体，无法确定总体的范围，当然也就无法进行科学的审计抽样，进而也无法根据已审计的个体对审计总体做出结论，而只能就已经审计过的个体发表审计意见。所以，在这种情形下，难以形成有效的抽样审计模式。

就特定审计程序的性质、范围和时间来说，当然是以审计程序的组合为前提的，在这个前提下，审计命题、审计载体及相关的环境因素共同决定其选择。一般来说，财务信息审计可以采用审阅、询问、监盘、观察、调查、重新计算、重新执行、分析性程序等审计程序来获取审计证据。业务信息审计程序，一方面可以借用财务信息审计的一些程序。例如，分析性程序和重新计算。另一方面，还需要一些非财务审计新方法。例如，英格兰及威尔士审计委员会要求相关国家审计机关对公共部门的绩效指标进行审计，由于这些绩效指标大多数是业务信息。这些审计机关采用的工作方法是，不对数据本身进行审计，而是对数据产生流程进行审计，并公布对这些流程的审计结果（Bowermna，1995）。此外，还可以采用专家委托和实验法。但是，总体来说，相对于财务审计程序，业务信息审计程序还远未成熟，对于许多业务信息，还没有适宜的审计程序。

关于行为审计程序，可以借用财务信息审计程序，例如审阅、询问、观察、调查等；也发展了一些成熟的专门方法。例如，重新执行和穿行测试。同时，行为审计的新方法还在不断出现。例如，调查问卷、设立意见箱、公布联系电话、座谈会、走访有关单位等。但是，总体来说，相对于信息审计特别是财务信息审计，行为审计程序还远未成熟，对于许多行为，还没有适宜的审计程序。

（五）审计取证模式：命题论证型和事实发现型

根据以上分析可知，在既定的审计目标和审计主题下，审计过程从逻辑上包括审计标的、审计命题和审计程序三个维度，其基本情形归纳如表4-7所示。

表4-7　不同审计主题的审计标的、审计命题和审计程序

审计取证过程			审计主题			
			信息审计		行为审计	
			财务信息	业务信息	特定行为	制度
审计标的	标的物		交易、余额、列报	尚不清楚	特定行为	约束特定特为的制度
	总体和个体		概念上可以清晰地确定	尚不清楚	概念上可以清晰地确定	概念上可以清晰地确定
	审计载体	没有系统的载体	不属于这种情形	许多信息属于这种情形	许多特定行为属于这种情形	有些制度属于这种情形
		有系统的载体，但没有原始记录支持	不属于这种情形	有些信息属于这种情形	有些特定行为属于这种情形	有些制度属于这种情形
		有系统的载体，且有原始记录支持	属于这种情形	有些信息属于这种情形	有些特定行为属于这种情形	有些制度属于这种情形
审计命题			交易审计命题，余额审计命题，列报审计命题	尚不清楚	合规，合理，发生，完整性，准确性，截止，分类	合规，健全性，遵循性
审计程序	审计程序组合		历经账项基础审计、制度基础审计、传统风险导向审计和现代风险导向审计	尚不清楚	审计载体不清晰时难以形成有效的抽样审计模式，审计载体清晰地可以形成有效的抽样审计模式	审计载体不清晰时难以形成有效的抽样审计模式，审计载体清晰地可以形成有效的抽样审计模式
	特定审计程序的选择		审阅、询问、监盘、观察、调查、重新计算、重新执行、分析性程序	借用一些方法，已经开发一些方法，还未系统化	已经有一些方法，还未系统化	已经有一些方法，基本系统化

　　审计取证模式就是审计标的、审计命题和审计程序三者的组合。表4-7

显示,信息审计主题和行为审计主题在各个要素方面有异同,但是,最主要的分歧在于审计载体。总体来说,审计载体有三种情形:没有系统的载体;有系统的载体,但没有原始记录支持;有系统的载体,且有原始记录支持。财务信息主题属于有系统的载体且有原始记录支持的情形,而业务信息和行为审计主题上述三种情形都存在。

审计载体的确定对审计取证具有重要影响,如果存在有原始记录支持的审计载体,审计总体和个体都可以清晰地确定,则审计取证采取详细审计或抽样审计都是可行的;如果存在审计载体,但是,没有原始记录来支持这些审计载体,审计总体和审计个体难以清晰地确定,审计实施比较困难;如果不存在系统化的审计载体,此时,审计总体和个体都难以清晰地确定,审计实施比较困难。

总体来说,审计取证模式可以分为两种情形,一是有系统的载体且有原始记录支持,称之为有系统的载体;二是没有系统的载体或者虽然有系统的载体但没有原始记录支持,我们称之为没有系统的载体。

有系统的载体和没有系统的载体,审计取证模式有很大的区别。在有系统的载体时,审计总体范围是确定的,组成总体的个体也是确定的,审计命题具有穷尽性,可以按"疑错从无"和"无反证假设",如果没有发现有相反的证据,则推定命题是成立的,这种审计取证属于命题论证型模式。财务信息审计是这种情形的典型。在这种审计取证模式下,重要的问题是审计风险和审计效率之间的权衡,一般来说,如果要提高审计效率,就需要采取抽样审计,而抽样的不同思路,就决定了不同的审计取证模式,制度基础审计、传统风险导向审计和现代风险导向审计,其主要的区别是抽样的思路不同。信息化背景下和手工背景下的审计取证模式的区别,主要的也是对于抽样的依赖程度及抽样思路的不同,信息化降低了对于抽样的依赖程度,也使得抽样可以针对更加细分的审计总体。在这种取证模式下,能获取充分恰当的审计证据来证明审计命题,通过所有审计命题的证明,对审计主题发表意见,所以,称为命题论证型取证模式。

莫茨、夏拉夫(1990)指出,事实问题的逻辑过程如下:认识面临的整个问题(接受审计任务);观察与问题有关的事实;把整个问题分解成单个的问题;针对每一个具体问题确定所要搜集的证据;选择适用的审计技术和程序;实施获得审计证据的程序;评价证据,包括:证据的相关性和有效性,证据是否暗示新的问题,证据对形成判断是否恰当;形成判断,包括:对单个问题的判断和对整个问题的判断。这里的论述,与本书提出的命题论证型模式基本相同。

在没有系统的载体时，审计总体或审计个体的范围不能明确，审计命题不具有穷尽性，无从使用"疑错从无"和"无反证假设"，这种审计取证模式属于事实发现型。舞弊审计是其典型形态。事实发现型只能就已经发现的审计个体形成结论，通过很多单个审计个体实施审计程序来发现这些审计个体与审计命题相关的证据。当然，从审计人员的主观愿望来说，总是希望通过很多的审计个体的审计，形成对审计总体的结论，其过程如图4-4所示。

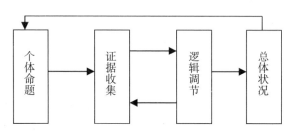

图4-4　事实发现型取证模式

然而，在没有系统的审计载体时，审计总体的范围不能确定，从而，究竟需要审计多少审计个体才能得出关于审计总体的结论，缺乏统计原理的支持。同时，由于没有系统的审计载体，对于所选定的审计个体的审计也不一定能得出可靠的审计结论，也正是因为这个原因，想根据抽样审计来得出总体的结论也不具有可行性。所以，这种审计取证模式下，只能审计具有载体的审计个体，无从采用详细审计，也无从按统计原理来实施抽样审计。也正是因为这些原因，在没有系统的审计载体时，无法获取可行的审计证据来证明某些审计命题，进而也无法通过审计命题的证明来对审计主题形成审计意见，而只能通过对有审计载体的审计个体之审计来发现某些事实。所以，称为事实发现型取证模式。

上述关于审计主题、审计载体、审计命题和审计取证模式之间的关系，归纳起来如表4-8所示。

表 4-8　审计主题、审计载体和审计取证模式

审计主题		审计载体			审计取证模式
		没有系统的载体	有系统的载体但没有原始记录支持	有系统的载体且有原始记录支持	
信息主题	财务信息	A×	B×	C√	C 命题论证型
	非财务信息	D√	E√	F√	DE 事实发现型，F 命题论证型
行为主题	特定行为	G√	H√	I√	GH 事实发现型，I 命题论证型
	特定制度	J√	K√	L√	JK 事实发现型，L 命题论证型
√表示这种情形有可能存在，×表示这种情形一般不存在					

　　现实生活中，信息审计主要是针对财务信息，而行为主题存在系统的载体且有原始记录支持的情形很少。所以，观察到的审计现象是，信息审计主题采用命题论证型模式，行为审计主要采用事实发现型模式。

　　行文到这里，一个自然的问题是，为什么许多的行为主题不能形成系统的载体且有原始记录支持。这个问题对于审计很重要，但是，与本书的主题关联不大。一般来说，审计客体的信息系统并不是专门为审计而设计，系统地记录什么和不记录什么以及是否建立支持性的原始记录系统完全是基于其本单位的需要。当然，如果符合成本效益原则，委托人可以要求其代理人建立某些信息系统。

　　（六）审计意见类型及其原因

　　我们现在来分析审计取证模式和审计意见类型的关系。根据审计意见的保证程度，将审计意见分为合理保证和有限保证。合理保证表明审计意见的可靠程度较高，一般以积极方式提出结论。有限保证表明审计意见的可靠程度低于合理保证，一般以消极方式提出结论。所以，审计人员发表不同类型审计意见的关键因素是保证程度，而保证程度又是由审计证据所决定的，如果审计证据具有较高的支持程度，则发表合理保证审计意见，否则，就发表有限保证审计意见。

　　审计证据的保证程度又是由什么决定的呢？是由审计取证模式，不同审计取证模式下，审计证据的保证水平不同。在事实发现型取证模式下，由于审计总体不能确定，并且，已经审计的个体并不能有效地代表审计总

体，所以，无从根据已经审计的个体来推断审计总体，审计主题无法从整体上得到验证，所以，只能就已经审计的个体且采取消极方式就发现的事实来发表审计意见，属于有限保证意见。

在命题论证型取证模式下，从理论上来说，全体审计命题得到证明之后，审计主题就得到了证明。在这种情形下，有两种选择：一是选择的样本能有效地代表审计总体，此时，能根据对样本的审计结果来推断总体状况（详细审计是抽样审计的特例），能对审计主题发表审计意见，这种情形下的审计意见采用合理保证方式；二是由于成本效益或审计产品使用者不需要较高程度的保证，抽样的样本并不能有效地代表审计总体，此时，只能就已经审计的个体且采取消极方式就发现的事实来发表审计意见，属于有限保证意见。特别需要说明的是，命题论证型取证模式下，出现有限保证审计意见，并不是技术上的原因，而是审计产品的使用者不需要较高程度的保证。

根据以上所述审计意见类型与审计取证模式的关系，再联系前面分析的审计主题、审计载体和审计取证模式的关系，归纳起来如表4-9所示。

表4-9 审计主题、审计取证模式和审计意见类型

审计主题		审计载体			审计意见类型		
		1	2	3	详细审计	抽样审计	
						取证模式	审计意见类型
信息主题	财务信息	A×	B×	C√	C 合理保证	C 命题论证型	C 样本能代理总体，合理保证；C 样本不能代表总体，有限保证。
	非财务信息	D√	E√	F√	D 有限保证；E 有限保证；F 合理保证	DE 事实发现型，F 命题论证型	D 有限保证；E 有限保证；F 合理保证。
行为主题	特定行为	G√	H√	I√	G 有限保证；H 有限保证；I 合理保证	GH 事实发现型，I 命题论证型	G 有限保证；H 有限保证；I 合理保证。
	特定制度	J√	K√	L√	J 有限保证；H 有限保证；L 合理保证	JK 事实发现型，L 命题论证型	J 有限保证；H 有限保证；L 合理保证。
1 表示没有系统的载体，2 表示有系统的载体但没有原始记录支持，3 表示有系统的载体且有原始记录支持，√表示可能有这种情形，×表示没有这种情形。							

三、审计主题、审计取证模式和审计意见：预算执行审计和决算审计分析

本书以审计主题为基础，建立了一个关于审计取证模式选择及其与审计意见类型之关系的理论框架，那么，这个理论框架能否解释现实生活中的审计现象呢？下面，我们用这个理论框架来分析预算执行审计和决算审计的审计主题、审计取证模式及审计意见类型。

财政审计有两种情形：一是以决算审计和一定的绩效审计为主要审计业务类型，美国是这种情形的典型；另外一种情形是以预算执行审计和一定的绩效审计为主要业务类型，中国是这种情形的典型。我们将绩效审计存而不论，仅讨论决算审计和预算执行审计之区别。

决算审计的审计主题是决算信息，也就是财务信息主题。由于财务信息存在系统且有原始记录支持的审计载体，所以，既可以采取详细审计，也可以采取抽样审计。在采取抽样审计时，一般采用命题论证型审计取证模式，可以发表对审计总体发表合理保证的审计意见。所以，美国联邦各部门的监察长办公室或委托外部审计机构，会对联邦各部门的年度会计报表进行审计，并发表合理保证的审计意见；美国 GAO 对联合合并报表进行审计，并发表合理保证的审计意见。

预算执行审计的审计主题是预算行为，包括预算编制、预算执行和预算报告全过程的活动及相关经济活动。从理论上来说，审计主题有两类，一是特定的预算行为，二是约束预算行为的预算管理制度。我们分别来分析。

当以特定的预算行为作为审计主题时，如果只关注某些特定类型的预算行为，其审计总体和审计个体应该是可以确定的。例如，人员经费开支是否违规、办公经费开支是违规等特定的行为，并且，这些特定行为可能还存在系统且有原始记录支持的审计载体，如果只对这种类型的预算行为进行审计，可以采用命题论证型取证模式，并就这类特定的预算行为发表合理保证审计意见。当然，也有一些特定预算行为，要么审计总体无法明确界定，要么是不存在系统且有原始记录支持的审计载体，此时，审计取证模式只能采取事实发现型，也只能发表有限保证的审计意见。总体来说，如果以全部预算行为作为审计主题，则总体上难以确定审计总体，并且不能保证所有的预算行为都存在系统且有原始记录支持的审计载体，此时，只能就已经审计的个体并且以有限保证的方式发表审计意见。

当以预算管理制度作为特定主题时，采取何种审计取证模式要看相关

的审计载体，如果能有效地获取证据来证明被审计单位预算制度设计及执行情况，则可以采取合理保证审计意见，否则，只能发表有限保证审计意见。

我国的预算执行审计的审计主题一般是包括全部预算行为和预算制度，所以，从总体上来说，命题论证型和事实发现型取证模式都有用武之地，但是，在大案、要案、要情、要目这些审计目标驱动下，主要采用了事实发现型取证模式，也只能就已经发现的事实来发表有限保证审计意见。

所以，总体来说，预算执行审计和决算审计，具有不同的审计主题，从而选择不同的审计取证模式，也只能发表不同类型的审计意见。这与本书前面的理论框架相一致。

四、结论和启示

审计取证和审计意见是审计认知的最关键要素，并且二者密切相关。本书以审计主题为基础，建立一个理论框架，以解释审计取证模式的选择及审计取证模式和审计意见类型之间的关系。

审计目标和审计主题之间有一定的对应关系，一定的审计目标只能通过一定的审计主题来实现，而一定的审计主题只能承载一定的审计目标。信息主题只能承载真实性目标和合理性目标，而行为主题只能承载合规性目标和合理性目标。一般来说，审计目标和审计主题需要委托人和审计人共同商定，或者是审计人估计委托人的需求后确定。事实上，审计目标和审计主题共同决定了审计业务类型，例如，财务审计、绩效审计、合规审计、舞弊审计、管理审计等。

审计目标和审计主题确定之后，需要一个审计取证模式来获取审计证据。这个取证模式要解决包括三个问题：第一，审计标的，也就是审计实施的直接标的物的确定；第二，针对特定的审计标的，具体的审计目标是什么，也这是确定针对特定审计标的的审计命题；第三，如何证明每一个具体的审计命题，也就是确定和实施审计程序。

审计标的有三个问题，一是选择审计标的，二是确定审计标的的总体和个体，三是确定审计标的的载体。审计标的是审计实施的直接标的物，财务信息审计的审计标的包括交易、余额、列报；业务信息审计，由于其种类繁多，其审计标的还未能系统的研究。对于行为审计主题来说，其审计标的应该是特定的行为或约束特定行为的特定制度。审计总体（audit scope）就是审计标的的全体，审计个体就是审计标的的个体，审计总体是审计个体的集合。不同审计主题的审计总体和个体具有不同的特征。财务信息审计具有确定的审计总体和审计个体。业务信息审计的总体和个体，目前还没有系统的研究。行为审计主题，如果将行为主体和行为类型结合起来，可以确定审计总体和个体的范围。审计载体就是审计活动直接实施的资料、实物和人，也称为形式上的标的。载体有三种情形，一是没有系统的载体；二是有系统的载体但没有原始记录支持；三是有系统的载体且有原始记录支持。财务信息审计主题主要是有系统的载体且有原始记录支持，业务信息审计和行为审计，上述三种情形都可能存在。

命题是可以被定义并观察的现象，不同的审计主题在审计命题方面具有不同的特征。就财务信息主题来说，针对交易、余额、列报所要证明的审计命题已经形成了基本公认的体系。至于业务信息主题，由于其包括的数据类型繁多，审计命题并未形成公认的审计命题体系。特定行为的审计命题包括：合规，合理，发生，完整性，准确性，截止，分类。针对制度的审计命题包括合规性、健全性和遵循性。

不同的审计命题、不同的审计载体，需要不同的审计程序。而审计命题、审计载体又与审计主题相关。所以，总体来说，审计主题是确定审计程序的基础性原因。审计程序有两层含义：一是审计程序的组合，二是特定审计程序的选择。关于特定审计程序的组合，有两种情形：一是详细审计，二是抽样审计。究竟是选择详细审计，还是选择抽样审计，基础性的原因是审计载体，如果审计载体是清晰的，并且是有原始记录支持的，则详细审计可行，抽样审计也可行；如果没有清晰的审计载体，无法确定总体的范围，当然也就无法进行科学的审计抽样。就特定审计程序的选择来说，审计命题、审计载体及相关的环境因素共同决定其选择。

审计取证模式就是审计标的、审计命题和审计程序三者的组合。不同审计取证模式最主要的分歧在于审计载体。总体来说，审计载体有三种情形：没有系统的载体；有系统的载体，但没有原始记录支持；有系统的载体，且有原始记录支持。财务信息主题属于情形有系统的载体且有原始记录支持，而业务信息和行为审计主题上述三种情形都存在。

审计取证模式可以分为两种情形，一是有系统的载体且有原始记录支持，称之为有系统的载体；二是没有系统的载体或者虽然有系统的载体但没有原始记录支持，我们称之为没有系统的载体。有系统的载体和没有系统的载体，审计取证模式有很大的区别。在有系统的载体时，审计取证属于命题论证型模式，财务信息审计是这种情形的典型。在没有系统的载体时，审计取证模式属于事实发现型，舞弊审计是其典型形态。

根据审计意见的保证程度，将审计意见分为合理保证和有限保证。审计人员发表不同类型审计意见的关键因素是保证程度，而保证程度又是由审计证据所决定的，而审计证据的保证保证又是由审计取证模式决定的。在事实发现型取证模式下，只能发现有限保证意见。在命题论证型取证模式下，可以发表合理保证审计意见。

美国的决算审计的审计主题是决算信息，采用命题论证型审计取证模式，发表合理保证的审计意见。我国的预算执行审计的审计主题一般是包括全部预算行为和预算制度，主要采用事实发现型取证模式，发表有限保证审计意见。预算执行审计和决算审计，具有不同的审计主题，从而选择不同的审计取证模式，也只能发表不同类型的审计意见。这与本书前面的理论框架相一致。

本书的结论告诉我们，审计目标、审计主题、审计标的、审计命题、审计程序、审计意见之间存在规律性联系。正是这种规律性的联系，产生了不同的审计取证模式，也正是这种规律性的联系，产生了不同类型的审计意见。审计制度之构建是一个系统工程，不能就局部论局部，必须以系统的观点来设计、完善和实施审计制度。当前，我国的政府审计还是行为主题为主，而美国等发达国家是以信息主题为主，在这种背景下，如何设计系统化的中国特色审计制度可能更加需要我们理解本书所探讨的各要素之间的规律性联系。

第四节　行为主题、取证模式和审计意见类型

从技术角度来说，审计就是围绕一定的主题收集证据并发表意见，审计主题有信息主题和行为主题两类，它们需要不同的审计取证模式，也会发表不同类型的审计意见。目前，我国的审计实践中，行为是否合规、体制、机制、制度和管理是否合理，都是重要的审计主题。这类审计，本质上是行为审计。但是，审计理论研究并没有区分信息审计和行为审计，绝大多数的审计理论都是以信息审计特别是财务信息审计为背景。行为审计理论基础的缺乏，制约行为审计规范化进程。

虽然有些权变因素会影响审计取证模式选择及审计取证模式和审计意见之间的关系，但是，基础性的原因是审计主题。正是审计主题不同，决定了审计取证模式的不同，也正是审计取证模式的不同，决定了审计意见

类型的不同。本书以行为审计主题为基础，建立一个理论框架，以解释行为审计取证模式的选择及审计取证模式和审计意见类型之间的关系。

本书随后的内容安排如下：首先是一个简要的文献综述，梳理审计取证模式变迁的相关文献；在此基础上，以行为审计主题为基础，提出一个关于行为审计取证模式选择及其与审计意见类型之关系的理论框架；然后，用这个理论框架来解释预算执行审计的审计主题、取证模式及审计意见之间的关系，以一定程度上验证本书的理论框架；最后是结论和启示。

一、文献综述

关于审计取证模式有不少的研究文献（王会金，刘瑜，2006；王会金，2014），主要关注审计取证模式变迁的原因。这些原因包括审计内部原因、审计环境原因和审计对象原因等。谢志华（1997，2008）认为，审计方法的变迁是由提高审计效率与避免或降低审计风险的要求决定的。在审计方法的历史演变中，贯穿其中并起决定作用的是审计风险和审计效率的相互作用。陈毓圭（2004）认为，审计师为了实现审计目标，一直随着审计环境的变化调整着审计方法。审计方法从账项基础审计、制度基础审计发展到风险导向审计，都是审计师为了适应审计环境的变化而作出的调整。谢荣、吴建友（2004）认为，多样的、急剧变化的内外部社会环境改变了审计模式。石爱中、孙俭（2005）认为，审计对象的信息化程度改变了审计模式，他们区分了手工背景下和信息化背景下的审计模式，手工背景下的审计模式包括账目基础审计和制度基础审计，信息化背景下的审计模式包括账套式审计和数据式审计。

上述这些研究文献，基本上都是以信息审计为背景，探究的是信息审计取证模式的变迁原因。行为审计与信息审计具有不同的审计主题，其审计取证模式不同，对审计意见类型的影响也不同。本书以行为审计主题为基础，建立一个理论框架，以解释行为审计取证模式及审计取证模式和审计意见类型之间的关系。

二、行为审计主题、审计取证模式和审计意见：理论框架

审计源于审计目标，而实现这个审计目标的是审计意见，从审计目标到审计意见的生产有一个系统的过程，对于这个过程有不同的观察视角，有人称为审计步骤，有人称为审计循环。本书舍象其中的技术细节，将审计取证过程概括为审计取证模式。从这个层面出发，审计的逻辑过程是，首先是审计目标和审计主题；在此基础上，通过审计取证模式来获得审计证据；最后，根据审计证据确定审计意见。在这个过程中，发挥基础性作

用的是审计主题，一方面，它将审计目标和审计取证模式关联起来，另一方面，它还通过审计取证模式，决定审计意见。总体来说，审计的逻辑过程如图4-5所示。在这个过程中，正是由于审计主题不同，才产生了不同的审计取证模式，也正是由于审计取证模式不同，审计证据的充分性也不同，从而，发表的审计意见类型也不同。下面，我们来具体分析这个逻辑过程，以阐述审计主题的基础性地位。

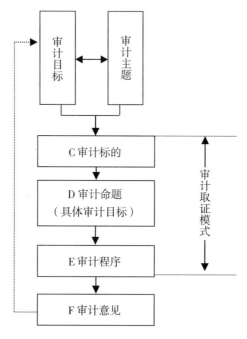

图4-5 审计的逻辑过程

（一）行为审计目标和行为审计主题

审计目标就是人们通过审计实践活动所期望达到的境地或希望得到的结果。从审计人的角度出发，审计目标决定了审计人要提供的审计产品，审计目标不同，审计产品也不同。如何提供委托人所期望的审计产品呢？首先要确定的就是审计主题。审计主题就是审计人员所要发表审计意见的直接对象，审计过程就是围绕审计主题收集证据并发表审计意见的系统过程。行为审计主题是特定行为。当然，委托人也可能是先有确定了的关注领域，从而先有审计主题，然后再确定针对该领域的审计目标。所以，审计目标和审计主题之间并不一定具有逻辑上的先后关系。但是，一般来说，审计目标和审计主题之间有一定的对应关系，一定的审计目标只能通过一定的审计主题来实现，而一定的审计主题只能承载一定的审计目标。一般来说，审计目标包括真实性、合规性和合理性三个方面，真实性关注的是信息有无虚假或错报，它是行为审计的基础，但不是行为审计主题本身的目标。合规性关注的是财政财务收支及相关经济活动是遵守了相关的法律法规和规章制度，显然由行为审计主题来承载。合理性关注是否合理，也就是是否存在改进的潜力。从行为主题来说，可以判断行为是否存在缺陷，如果存在缺陷，则表明存在改进的潜力，所以，可以承载合理性目标。总体来说，行为主题可以承载合规性目标和合理性目标。

（二）行为审计取证模式：审计标的

审计目标和审计主题确定之后，需要一个审计取证模式来获取审计证据。这个取证模式要解决包括三个问题：第一，审计标的，也就是审计实施的直接标的物之确定，合规审计中的特定行为就是审计标的；第二，针对特定的审计标的，具体的审计目标是什么，也就是确定针对特定审计标的之审计命题；第三，如何证明每一个具体的审计命题，也就是确定和实施审计程序。所以，从技术上来说，审计就是一个证明过程，在确定证明之标的之后，将审计目标落实到每一个审计标的，形成审计命题，然后采用审计程序来证明每一个命题，最后，根据每个命题的证明结果，形成关于审计主题的结论。不同的审计主题，在上述三个方面可能形成重大差别，从而形成不同的审计取证模式。我们先来分析审计标的。

审计标的有三个问题，一是选择审计标的，二是确定审计标的之总体和个体，三是确定审计标的之载体。

审计标的是审计实施的直接标的物，也就是审计的靶子（谢荣，1989）。不同的审计主题，其审计标的不同。就行为审计主题来说，其审计标的应该是特定行为。由于所审计的特定行为不同，行为审计主题可能有很种。例如，针对招待费用可以专门审计，针对出国费用可以专门审计，针对员工报酬也可以专门审计，针对领导个人开支也可以专门审计。总之，每种特定行为都可以审计标的。

审计标的确定之后，接下来的问题是，确定审计标的之总体和个体。审计总体（audit scope）就是审计标的之全体，审计个体就是审计标的之个体，审计总体是审计个体的集合。不同审计主题的审计总体和个体具有不同的特征。就行为主题来说，被审计单位不一定有认定。对于行为，可以从两个角度来观察，一是行为主体，二是行为类型。所以，可以从三个角度来确定审计总体和审计个体。首先，从行为主体角度来确定审计总体和个体。也就是说，关注特定行为人的所有行为，凡是属于审计所关注的特定人的每一次行为，就属于审计个体，所有个体的集合形成审计总体。然而，任何一个人都可能存在多种行为，如果只关注特定人的行为，而行为类型又有许多种，这个角度的审计总体和个体可能很庞大。其次，从行为类型角度来确定审计总体和个体，也就是说，审计只关注某些类型特定的特定行为，凡是属于所界定的特定行为，都属于审计总体，每个特定行为都属于审计个体。然而，行为一定是人或某组织从事的，如果不确定人或组织的范围，则审计总体和个体的范围也可能很庞大。最后，将行为主体和行为类型结合起来，这种情形下，从空间范围上来说，审计总体和个体的范围是清晰的。

审计标的之总体和个体确定之后，无论是详细审计，还是抽样审计，都需要有一定的审计载体，也就是审计活动直接实施的资料、实物和人，他们或它们是被审计单位或相关主体对审计标的之记载或记忆，所以，也称为形式上之标的。不同的审计标的，其审计载体差别很大。就行为审计主题来说，由于被审计单位不一定形成相关的认定，所以，行为审计载体有两种情形，一是没有系统化的审计载体，也就是说，对于这种审计标的并未形成系统的记录，如果有些记录，也是分散于其他的记录之中，针对该标的，并未形成特定的系统化记录；二是有系统化的审计载体，这种情形下，针对该特定行为，有专门的记录。当然，即使有专门的记录，还要区分为存在相关的原始记录和不存在相关的原始记录这两种情形。

（三）行为审计取证模式：审计命题

命题是可以被定义并观察的现象，审计命题具有两方面的含义，第一，它是审计目标的分解，所以，也可以称为具体审计目标；第二，它必须与一定的审计标的相联系，所以，也就是针对特定的审计标的需要获取证据来证明的命题。不同的审计主题在审计命题方面具有不同的特征。

特定行为的审计目标是合规性和合理性，而真实性是二者的基础，所以，结合真实性目标，特定行为的审计命题包括：发生性、完整性、准确性、截止、分类；合规；合理。发生性是审计载体中已经记录的行为是真实的，如果没有发生该行为，而审计载体中记录了该行为，则该命题是伪；完整性是审计客体所发生的所有该类行为都已经确实在审计载体中记录了，如果有些行为没有记录在审计载体中，则该命题是伪；准确性是指审计载体中对该行为相关数据特别是金额的记录是正确的，如果发生数据不符，则该命题是伪；准确性与发生、完整性之间存在区别。例如，若已记录的行为是不应当记录的，则即使金额是准确计算的，则发生命题是伪。再如，若已记入的行为是属于该特定行为，但金额计算错误，则准确性是伪，但发生命题是真。在完整性与准确性之间也存在同样的关系；截止是指审计载体所记录的特定行为记录于恰当的期间。如果本期行为推到下期，或下期交易提到本期，则该命题是伪；分类是指在审计载体中对特定行为进行再分类时，对行为的再分类是正确的，如果对该特定行为再分类错误，则该命题是伪。合规是指审计客体所发生的该类特定行为符合既定标准，如果有些行为违反了既定标准，则该命题是伪；合理是指该特定行为的履行不存在较大的改进潜力，如果存在，则该命题是伪。当然，如果行为审计是在真实性审计之后来实施，则上述发生、完整性、准确性、截止、分类命题都不存在。

上述分析表明，行为审计主题有独特的审计命题，而审计命题只是确定了需要证明的命题，而这些命题能否得到证明，与审计载体相关。如果审计载体是清晰的，且有原始记录支持，则这些命题就具有穷尽性，针对这些审计载体，实施详细审计或抽样审计后，就能就每个命题，就该审计总体得出审计结论；如果审计载体清晰，但是，没有原始记录，则审计实施较为困难；如果没有清晰的审计载体，审计总体和个体确定都较为困难，则审计实施也就困难。

（四）行为审计取证模式：审计程序

审计程序（audit procedure）是获得审计证据的具体方法，它是针对特定的审计命题，从特定的审计载体中获取审计证据的技术。不同的审计命题、不同的审计载体，需要不同的审计程序。而审计命题、审计载体又与审计主题相关，所以，总体来说，审计主题是确定审计程序的基础性原因。

审计程序有两层含义，一是审计程序的组合，二是特定审计程序的性质、范围（audit extent）和时间的选择。

关于特定审计程序的组合，有两种情形，一是详细审计，二是抽样审计。究竟是选择详细审计，还是选择抽样审计，受到许多因素的影响，例如，审计责任、审计效率、审计环境等，但是，更为基础性的原因是审计载体，如果审计载体是清晰的，并且是有原始记录支持的，则详细审计可行，抽样审计也可行；如果没有清晰的审计载体，无法确定总体的范围，当然也就无法进行科学的审计抽样，进而也无法根据已审计的个体对审计总体做出结论，而只能就已经审计过的个体发表审计意见。所以，这种情形下，难以形成有效的抽样审计模式。

就特定审计程序的性质、范围和时间来说，当然是以审计程序的组合为前提的，在这些前提下，审计命题、审计载体及相关的环境因素共同决定其选择。行为审计程序，可以借用财务信息审计程序，例如审阅、询问、观察、调查等；也发展了一些成熟的专门方法，例如，重新执行和穿行测试。同时，行为审计的新方法还在不断出现，例如，调查问卷、设立意见箱、公布联系电话、座谈会、走访有关单位等。但是，总体来说，相对于信息审计特别是财务信息审计，行为审计程序还远未成熟，对于许多行为，还没有适宜的审计程序。

（五）行为审计取证模式：命题论证型和事实发现型

根据以上分析可知，行为审计过程从逻辑上包括审计标的、审计命题和审计程序三个维度，其基本情形归纳如表4-10所示。

表4-10　行为审计的审计标的、审计命题和审计程序

审计取证过程			审计主题：特定行为
审计标的	标的物		特定行为
	总体和个体		概念上可以清晰地确定
	审计载体	没有系统的载体	许多特定行为属于这种情形
		有系统的载体，但没有原始记录支持	有些特定行为属于这种情形
		有系统的载体，且有原始记录支持	有些特定行为属于这种情形
审计命题			合规，合理，发生，完整性，准确性，截止，分类
审计程序	审计程序组合		审计载体不清晰时难以形成有效的抽样审计模式，审计载体清晰的可以形成效的抽样审计模式
	特定审计程序的选择		已经有一些方法，还未系统化

审计取证模式就是审计标的、审计命题和审计程序三者的组合。表4-10的信息显示，审计取证模式最主要的分歧在于审计载体。审计载体有三种情形：没有系统的载体；有系统的载体，但没有原始记录支持；有系统的载体，且有原始记录支持。行为审计主题上述三种情形都存在。

审计载体的确定对审计取证具有重要影响，如果存在有原始记录支持的审计载体，审计总体和个体都可以清晰地确定，则审计取证采取详细审计或抽样审计都是可行的；如果存在审计载体，但是，没有原始记录来支

持这些审计载体,审计总体和审计个体难以清晰地确定,审计实施比较困难;如果不存在系统化的审计载体,此时,审计总体和个体都难以清晰地确定,审计实施比较困难。

总体来说,审计取证模式可以分为两种情形:一是有系统的载体且有原始记录支持,称之为有系统的载体;二是没有系统的载体或者虽然有系统的载体但没有原始记录支持,我们称之为没有系统的载体。

有系统的载体和没有系统的载体,审计取证模式有很大的区别。在有系统的载体时,审计总体范围是确定的,组成总体的个体也是确定的,审计命题具有穷尽性,可以按"疑错从无"和"无反证假设",如果没有发现有相反的证据,则推定命题是成立的,这种审计取证属于命题论证型模式。在这种审计取证模式下,重要的问题是审计风险和审计效率之间的权衡。一般来说,如果要提高审计效率,就需要采取抽样审计,而抽样的不同思路,就决定了不同的审计取证模式。信息化背景下和手工背景下的审计取证模式的区别,主要的也是对于抽样的依赖程度及抽样思路的不同,信息化降低了对于抽样的依赖程度,也使得抽样可以针对更加细分的审计总体。在这种取证模式下,能获取充分恰当的审计证据来证明审计命题,通过所有审计命题的证明,对审计主题发表意见,所以,称为命题论证型取证模式。

莫茨、夏拉夫(1990)指出,事实问题的逻辑过程如下:认识面临的整个问题(接受审计任务);观察与问题有关的事实;把整个问题分解成单个的问题;针对每一个具体问题确定所要搜集的证据;选择适用的审计技术和程序;实施获得审计证据的程序;评价证据,包括:证据的相关性和有效性,证据是否暗示新的问题,证据对形成判断是否恰当;形成判断,包括:对单个问题的判断和对整个问题的判断。这里的论述,与本书提出的命题论证型模式基本相同。

在没有系统的载体时,审计总体或审计个体的范围不能明确,审计命题不具有穷尽性,无从使用"疑错从无"和"无反证假设",这种审计取证模式属于事实发现型。舞弊审计是其典型形态。事实发现型只能就已经发现的审计个体形成结论,通过很多单个审计个体实施审计程序来发现这些审计个体与审计命题相关的证据。当然,从审计人员的主观愿望来说,总是希望通过很多的审计个体的审计,形成对审计总体的结论,其过程如图4-6所示。

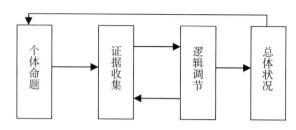

图 4-6　事实发现型取证模式

　　然而，在没有系统的审计载体时，审计总体的范围不能确定，从而，究竟需要审计多少审计个体才能得出关于审计总体的结论，缺乏统计原理的支持。同时，由于没有系统的审计载体，对于所选定的审计个体的审计也不一定能得出可行的审计结论，也正是因为这个原因，想根据抽样审计来得出总体的结论也不具有可行性。所以，这种审计取证模式下，只能审计具有载体的审计个体，无从采用详细审计，也无从按统计原理来实施抽样审计。也正是因为这些原因，在没有系统的审计载体时，无法获取可行的审计证据来证明某些审计命题，进而也无法通过审计命题的证明来对审计主题形成审计意见，而只能通过对有审计载体的审计个体之审计来发现某些事实。所以，称为事实发现型取证模式。

　　上述关于审计主题、审计载体、审计命题和审计取证模式之间的关系，归纳起来如表 4-11 所示。

表 4-11　审计主题、审计载体和审计取证模式

审计主题	审计载体			审计取证模式
	没有系统的载体	有系统的载体但没有原始记录支持	有系统的载体且有原始记录支持	
特定行为	A√	B√	C√	AB 事实发现型，C 命题论证型
√表示这种情形有可能存在				

　　现实生活中，行为主题存在系统的载体且有原始记录支持的情形很少，所以，行为审计主要采用事实发现型模式。行文到这里，一个自然的问题是，为什么许多的行为主题不能形成系统的载体且有原始记录支持，这个问题对于审计很重要，但是，与本书的主题关联不大。一般来说，审计客体的信息系统并不是专门为审计而设计，系统地记录什么和不记录什么以

及是否建立支持性的原始记录系统完全是基于其本单位的需要。当然,如果符合成本效益原则,委托人可以要求其代理人建立某些信息系统。

(六)审计意见类型及其原因

我们现在来分析审计取证模式和审计意见类型的关系。根据审计意见的保证程度,将审计意见分为合理保证和有限保证。合理保证表明审计意见的可靠程度较高,一般以积极方式提出结论。有限保证表明审计意见的可靠程度低于合理保证,一般以消极方式提出结论。所以,审计人员发表不同类型审计意见的关键因素是保证程度,而保证程度又是由审计证据所决定的,如果审计证据具有较高的支持程度,则发表合理保证审计意见,否则,就发表有限保证审计意见。

审计证据的保证程度又是由什么决定的呢?是由审计取证模式,不同审计取证模式下,审计证据的保证水平不同。在事实发现型取证模式下,由于审计总体不以确定,并且,已经审计的个体并不能有效地代表审计总体,所以,无从根据已经审计的个体来推断审计总体,审计主题无法得到验证。所以,只能就已经审计的个体且采取消极方式就发现的事实来发表审计意见,属于有限保证意见。

在命题论证型取证模式下,从理论上来说,全体审计命题得到证明之后,审计主题就得到了证明。在这种情形下,有两种选择:一是选择的样本能有效地代表审计总体,此时,能根据对样本的审计结果来推断总体状况(详细审计是抽样审计的特例),能对审计主题发表审计意见,这种情形下的审计意见采用合理保证方式;二是由于成本效益或审计产品使用都是不需要较高程度的保证,抽样的样本并不能有效地代表审计总体,此时,只能就已经审计已经审计的个体且采取消极方式就发现的事实来发表审计意见,属于有限保证意见。特别需要说明的是,命题论证型取证模式下,出现有限保证审计意见,并不是技术上的原因,而是审计产品的使用者不需要较高程度的保证。

根据以上所述审计意见类型与审计取证模式的关系,再联系前面分析的审计主题、审计载体和审计取证模式的关系,归纳起来如表4-12所示。

表4-12　审计主题、审计取证模式和审计意见类型

审计主题	审计载体			审计意见类型		
	1	2	3	详细审计	抽样审计	
					取证模式	审计意见类型
特定行为	A√	B√	C√	A 有限保证；B 有限保证；C 合理保证	AB 事实发现型，C 命题论证型	A 有限保证；B 有限保证；C 合理保证。

1 表示没有系统的载体，2 表示有系统的载体但没有原始记录支持，3 表示有系统的载体且有原始记录支持，√表示可能有这种情形。

三、行为审计主题、审计取证模式和审计意见：对预算执行审计的分析

本书以行为审计主题为基础，建立了一个关于行为审计取证模式选择及其与审计意见类型之关系的理论框架，那么，这个理论框架能否解释现实生活中的审计现象呢？下面，我们用这个理论框架来分析预算执行审计的审计主题、审计取证模式及审计意见类型，以一定程度上验证本书提出的理论框架。

预算执行审计的审计主题是预算行为，包括预算编制、预算执行和预算报告全过程的活动及相关经济活动。从理论上来说，审计主题有两类，一是特定的预算行为，二是约束预算行为的预算管理制度。根据本书的主题，我们关注预算行为。

当以特定的预算行为作为审计主题时，如果只关注某些特定类型的预算行为，其审计总体和审计个体应该是可以确定的。例如，人员经费开支是否违规、办公经费开支是违规等特定的行为，并且，这些特定行为可能还存在系统且有原始记录支持的审计载体，如果只对这种类型的预算行为进行审计，可以采用命题论证型取证模式，并就这类特定的预算行为发表合理保证审计意见。当然，也有一些特定预算行为，要么审计总体无法明确界定，要么是不存在系统且有原始记录支持的审计载体，此时，审计取证模式只能采取事实发现型，也只能发表有限保证的审计意见。总体来说，如果以全部预算行为审计主题，则总体上难以确定审计总体，并且不能保证所有的预算行为都存在系统且有原始记录支持的审计载体，此时，只能就已经审计的个体并且以有限保证的方式发表审计意见。

我国的预算执行审计的审计主题一般是包括全部预算行为和预算制度，

所以，从总体上来说，命题论证型和事实发现型取证模式都有用武之地，但是，在大案、要案、要情、要目这些审计目标驱动下，主要采用了事实发现型取证模式，也只能就已经发现的事实来发表有限保证审计意见。

所以，总体来说，预算执行审计的审计主题、审计取证模式及审计意见类型之间的关系，与本书前面的理论框架相一致。

四、结论和启示

审计取证和审计意见是审计认知的最关键要素，并且二者密切相关。本书以行为审计主题为基础，建立一个理论框架，以解释行为审计取证模式的选择及审计取证模式和审计意见类型之间的关系。

审计目标和审计主题之间有一定的对应关系，一定的审计目标只能通过一定的审计主题来实现，而一定的审计主题只能承载一定的审计目标。行为主题只能承载合规性目标和合理性目标。

审计目标和审计主题确定之后，需要一个审计取证模式来获取审计证据。这个取证模式要解决包括三个问题：第一，审计标的，也就是审计实施的直接标的物的确定；第二，针对特定的审计标的，具体的审计目标是什么，也这是确定针对特定审计标的之审计命题；第三，如何证明每一个具体的审计命题，也就是确定和实施审计程序。

审计标的有三个问题：一是选择审计标的，二是确定审计标的之总体和个体，三是确定审计标的之载体。审计标的是审计实施的直接标的物，行为审计的审计标的是特定行为。审计总体（audit scope）就是审计标的之全体，审计个体就是审计标的之个体，审计总体是审计个体的集合。不同审计主题的审计总体和个体具有不同的特征。行为审计主题，如果将行为主体和行为类型结合起来，可以确定审计总体和个体的范围。审计载体就是审计活动直接实施的资料、实物和人，也称为形式上之标的。载体有三种情形：一是没有系统的载体；二是有系统的载体但没有原始记录支持；三是有系统的载体且有原始记录支持。就行为审计来说，上述三种情形都可能存在。

命题是可以被定义并观察的现象，不同的审计主题在审计命题方面具有不同的特征。特定行为的审计命题包括：合规，合理，发生，完整性，准确性，截止，分类。

不同的审计命题、不同的审计载体，需要不同的审计程序。而审计命题、审计载体又与审计主题相关，所以，总体来说，审计主题是确定审计程序的基础性原因。审计程序有两层含义，一是审计程序的组合，二是特定审计程序的选择。关于特定审计程序的组合，有两种情形，一是详细审计，二是抽样审计。究竟是选择详细审计，还是选择抽样审计，基础性的原因是审计载体，如果审计载体是清晰的，并且是有原始记录支持的，则详细审计可行，抽样审计也可行；如果没有清晰的审计载体，无法确定总体的范围，当然也就无法进行科学的审计抽样。就特定审计程序的选择来说，审计命题、审计载体及相关的环境因素共同决定其选择。

审计取证模式就是审计标的、审计命题和审计程序三者的组合。不同审计取证模式最主要的分歧在于审计载体。总体来说，审计载体有三种情形：没有系统的载体；有系统的载体，但没有原始记录支持；有系统的载体，且有原始记录支持。财务信息主题属于情形有系统的载体且有原始记录支持，行为审计主题上述三种情形都存在。

审计取证模式可以分为两种情形，一是有系统的载体且有原始记录支持，称之为有系统的载体；二是没有系统的载体或者虽然有系统的载体但没有原始记录支持，我们称之为没有系统的载体。有系统的载体和没有系统的载体，审计取证模式有很大的区别。在有系统的载体时，审计取证属于命题论证型模式；在没有系统的载体时，审计取证模式属于事实发现型。

根据审计意见的保证程度，将审计意见分为合理保证和有限保证。审计人员发表不同类型审计意见的关键因素是保证程度，而保证程度又是由审计证据所决定的，而审计证据的保证保证又是由审计取证模式决定的。在事实发现型取证模式下，只能发现有限保证意见。在命题论证型取证模式下，可以发表合理保证审计意见。

我国的预算执行审计的审计主题一般是包括全部预算行为和预算制度，主要采用事实发现型取证模式，发表有限保证审计意见，这与本书前面的理论框架相一致。

本书的结论告诉我们，审计目标、审计主题、审计标的、审计命题、审计程序、审计意见之间存在规律性联系，正是这种规律性的联系，产生了不同的审计取证模式，也正是这种规律性的联系，产生了不同类型的审计意见。审计制度之构建是一个系统工程，不能就局部论局部，必须以系统的观点来设计、完善的实施审计制度。当前，我国的政府审计还是行为主题为主，在这种背景下，如何设计系统化的中国特色审计制度可能更加需要我们理解本书所探讨的各要素之间的规律性联系。

第五节　政府审计业务基本逻辑：一个理论框架

新中国的政府审计事业恢复以来，国家审计机关在维护国家财经秩序、推进政府依法行政和廉政建设、改善国家治理和组织治理中发挥了重要的作用。① 党的十八大以来，党和政府根据"四个全面"战略布局的要求，对政府审计提出了越来越高的要求，主管审计工作的国务院总理李克强对政府审计提出了一些更加形像和具体的要求。例如：审计要做权力监督的"紧箍咒"；做制度完善的"倒逼"机制；做经济发展的"助推器"；做公共资金的"守护者"；做政策落实的"监查员"；做经济运行的"安全员"；做重大项目落地、做深化改革的"催化剂"；要发挥"双利剑"作用，一是反腐败的"尖兵"和"利剑"，二是促进发展和保证经济安全的"利剑"②。面临如此良好的发展态势，人们不禁要问，政府审计究竟能干什么？政府审计究竟审计谁？政府审计究竟审计什么？政府审计业务类型究竟有哪些？上述这些问题，可以归纳为政府审计业务类型体系。

现有文献涉及政府审计究竟能干什么、政府审计究竟审计谁、政府审计究竟审计什么、政府审计业务类型究竟有哪些，然而，上述这些问题的研究缺乏贯通，并且缺乏可操作的审计主题，正是由于这些原因，使得政府审计业务类型体系不清晰。本书拟以审计主题和公共资源经管责任为基础，建立一个将上述问题贯通的政府审计业务类型体系的理论框架。

随后的内容安排如下：首先是一个简要的文献综述，梳理政府审计业务类型体系相关文献；在此基础上，分析审计功能，以审计主题为基础来确定审计什么，以公共资源经管责任为基础来确定审计谁，由此提出一个政府审计业务类型体系的理论框架；最后是结论和启示。

一、文献综述

与本书研究主题相关的文献涉及多个方面，包括政府审计究竟能干什么？政府审计究竟审计谁？政府审计究竟审计什么？政府审计业务类型究竟有哪些？

---

① 同等意义上使用"政府审计"与"国家审计"，这里的政府不仅指作为行政机关的政府，而是广义政府。

② 根据中国政府网、人民网、新华网、中国新闻网、中国广播网、审计署官网等新闻报道综合而成。

　　审计究竟能干什么，称为审计功能或审计职能。关于审计职能有单一职能论和多职能论，多数文献认为，政府审计、内部审计和民间审计，都具有鉴证、评价和监督职能，只是各有侧重而已，政府审计侧重监督职能（《审计研究》编辑部，1988）。一些文献专门研究政府审计职能，也形成了单一职能论和多职能论，单一职能论认为，政府审计主要职能是经济监督（阎金锷，1986；孙绍良，1987；阎金锷，1989；邵伯岐，1990；裴育，程莹，2009）；多职能论的主流观点是国家治理免疫系统论，认为国家审计具有预防功能、揭示功能和抵御功能（刘家义，2008；刘家义，2012；《中国特色社会主义审计理论研究》课题组，2013；刘家义，2015）。

　　关于审计究竟审计什么，主要观点有五种：会计论、财政财务收支论、经济活动论、经济管理活动论、经济活动及相关信息论（郭振乾，1995；张文运，1988；王文彬，黄履申，1987；谢荣，1988；管锦康，1989；李凤鸣，刘世林，1996）。关于政府审计究竟审计什么，根据各国法律及惯例，主要有两种情形，一是财政财务收支（INTOSAI，1977），二是经管责任（GAO，2008）。《中华人民共和国宪法》和《中华人民共和国审计法》规定政府内容是财政财务收支。《中华人民共和国国家审计准则》规定，对被审计单位财政收支、财务收支以及有关经济活动独立实施审计并作出审计结论，属于财政财务收支论和经济活动论。

　　关于政府审计究竟审计谁，根据各国法律及惯例，政府审计的审计客体是公共部门（INTOSAI，1977；GAO，2008）；《中华人民共和国宪法》和《中华人民共和国审计法》规定的政府审计客体是国有及国有控股单位；刘家义（2008；2012；2015）提出国家治理免疫系统论，根据这个理论，政府审计客体范围是国家治理或经济社会系统；朱庆国（1997）认为，政府审计范围应该与政府管理范围相同。

　　关于政府审计业务类型，INTOSAI 在其《Fundamental Principles of Public Sector Auditing》将审计业务类型区分为财务审计、绩效审计和合规审计[①]；美国 GAO（Government Accountability Office）2011 版《Government Auditing Standards》将政府审计业务区分为三种类型：财务审计、鉴证业务和绩效审计。[②] 刘家义（2008，2015）提出，适应国家治理的高度融合性和复杂化的趋势，发展和完善多专业融合、多形式结合的中国特色综合审计模式，从财政财务收支入手，以责任履行和责任追究为重点，将合规性审

---

① http：//www.intosai.org
② http：//www.gao.gov

计与绩效审计融为一体，经济责任审计与财政、金融、企业审计相结合。

上述文献综述显示，关于政府审计究竟能干什么、政府审计究竟审计谁、政府审计究竟审计什么、政府审计业务类型究竟有哪些，这些问题都有一定的研究，有些还相当深入，这些研究为我们进一步深入探究相关问题奠定了良好的基础。然而，上述这些问题缺乏贯通，并且缺乏可操作的审计主题，正是由于这些原因，使得政府审计业务类型体系不清晰。本书拟以审计主题为基础，建立一个将上述问题贯通的政府审计业务类型体系的理论框架。

二、理论框架

政府审计业务类型体系主要关注政府审计业务类型，涉及三个问题，一是对谁进行审计，这是政府审计客体问题；二是对审计客体的什么进行审计，这是政府审计主题问题；三是对审计主题做什么，这是政府审计功能问题。上述三个问题确定了，政府审计业务类型也就基本确定。上述三个问题，审计功能是基础性的。事实上，审计业务类型也就是将审计功能作用于审计客体的审计主题，正是因为审计客体不同、同一审计客体有多种审计主题，从而形成了多样化的审计业务类型。上述思路如图 4-7 所示，这也是本书的研究框架。

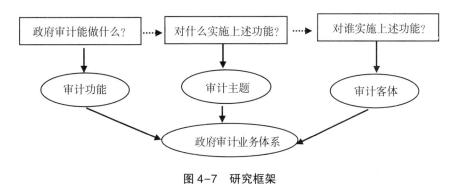

图 4-7　研究框架

（一）政府审计究竟能干什么—政府审计功能

本书前面的文献综述显示，关于政府审计功能，有三种观点：一是认为政府审计具有鉴证、评价、监督三大职能，侧重监督职能；二是认为政府审计主要职能是经济监督；三是政府具有预防功能、揭示功能和抵御功能。现实生活已经告诉我们，政府审计完全具有鉴证和评价职能，例如：一些国家的政府审计机关开展的公共组织决算报表审计，显示政府审计具有鉴证功能，我国开展的领导干部经济责任审计，显示政府审计具有评价功能。所以，问题的关键在于，鉴证、评价、监督三大理论与预防功能、揭示功能、抵御功能三大功能理论，它们之间是什么关系？

关于鉴证、评价和监督有不少的研究文献，一般认为，鉴证就是以系统方法搞清楚特定事项的真实状况，就特定事项与既定标准之间的一致程度发表意见。评价是在搞清楚特定事项的事实情况之后，将特定事项的实际状况与一定的标杆进行比较，以判断该特定事项的绩效或该特定事项是否存在改进机会。这里的标杆与既定标准不同，既定标准是特定事项运行的规范或规则，而标杆是特定的事项运行过程或结果的理想状况。监督是在搞清楚特定事项的事实情况之后，如果发现有违背既定标准的特定事项，一方面要对违背事项进行纠正；另一方面，对相关责任者进行处理处罚（郑石桥，2015）。上述鉴证、评价和监督三种功能的共同特点是从审计功能的发挥过程来认知审计功能。

预防功能、揭示功能、抵御功能由刘家义（2008，2012，2015）提出，预防功能包括威胁功能和预警功能；揭示功能包括两方面的内涵：一是揭露和查处违法违规、经济犯罪、损失浪费、奢侈铺张、不合理利用资源、污染环境、损害人民群众利益、危害国家安全、破坏民主法治等行为，并依法对这些行为进行惩戒；二是揭示体制障碍、制度缺陷、机制扭曲和管理漏洞；抵御功能是促进健全制度、完善体制、规范机制。上述预防功能、揭示功能、抵御功能的共同特点是从审计功能发挥之后的结果来认知审计功能。

根据上述解释，预防功能通过威胁功能和预警功能两个路径来实现，威胁功能是由于政府审计能发现问题，并且还会给有问题的被审计单位进行处理处罚，所以，慑于被发现及处理处罚，所以，主动放弃了一起违纪违规策划。从本质上来说，还是信赖于政府审计的鉴证、评价和监督职能的发挥，如果政府审计不能鉴证、评价和监督，也就无威胁功能可言。预警功能是发现及早苗头性、倾向性的问题，以免这类问题成为普通性的大问题。但是，无论如何，要发现苗头性、倾向性的问题，还得信赖政府审计的鉴证、评价职能。揭示功能是找出问题并对责任人惩戒，找出问题信赖于政府审计的鉴证、评价职能，而惩戒信赖于监督职能。抵御功能有两个过程，一是提出健全制度、完善体制、规范机制的审计建议，二是推动这些审计建议得以采纳并在其中发挥顾问作用，前者可以称为建议职能，后者可以称为顾问职能。完成抵御功能的建议职能和顾问职能是鉴证、评价和监督的后续职能，具有独立的内容，不能包含于前三项职能。

综合上述分析，预防功能、揭示功能、抵御功能三大功能理论，与鉴证、评价和监督三大理论，有两方面的关系，第一，具有相同之处，预防功能、揭示功能完全信赖于鉴证、评价和监督，两种理论只是角度不同，预防功能、揭示功能是从政府审计功能的结果这个角度来分析政府审计功能，而鉴证、评价和监督是从政府审计功能的过程这个角度来分析政府审计功能，二者异曲同工。第二，具有差别之处，完成抵御功能的建议职能和顾问职能，具有独立的内容，鉴证、评价和监督并未包含。

归纳上述分析，政府审计功能的两种主流理论，其关系如表 4-13 所示，总体来说，政府审计具有鉴证、评价、监督、建议、顾问五种功能，前三者主要体现批判性功能，后二者主要体现建设性功能（郑石桥，安杰，高文强，2013），通过这些功能，政府审计能发挥预防、揭示、抵御三类作用。

表 4-13　不同视角的政府审计功能

项目		功能产生的结果	功能作用的过程
功能	预防功能	威胁功能	鉴证、评价、监督
		预警功能	鉴证、评价
	揭示功能		鉴证、评价、监督
	抵御功能		建议、顾问

上述五种功能中，鉴证功能是基础，没有鉴证，也就是没有搞清楚特定事项的真实情况，当然也就无从将该特定事项与一定的标杆进行比较，评价功能无法实施；同样，没有搞清楚特定事项的真实情况，也就无论做出体现监督职能的处理处罚；没有鉴证，对于体制、机制、制度存在的缺陷也就没有搞清楚，提出的审计建议很有可能是无敌放矢，甚至可能提出错误的审计建议，当然更加无从谈顾问功能。所以，尽管政府审计功能有多种，但是，鉴证功能是基础，其他功能都是以鉴证为基础起来的，都鉴证功能的后续功能。

（二）政府审计功能对什么来实施——政府审计主题

以上从不同视角分析了政府审计功能，接下来的问题是，政府审计机关能对什么实施这些功能呢？前已叙及，在政府审计的鉴证、评价、监督、建议、顾问功能中，鉴证是基础功能，并且，其他四种功能具有选择性，并不一定在每个审计项目中都能发挥作用。但是，鉴证功能在每个审计项目中都要发挥作用，所以，分析政府审计机关能对什么实施审计功能，主要聚鉴证功能，也就是分析政府审计机关能对什么实施鉴证功能。

本书前面的文献综述指出，关于审计究竟审计什么，主要观点有五种：会计论、财政财务收支论、经济活动论、经济管理活动论、经济活动及相关信息论（郭振乾，1995；张文运，1988；王文彬，黄履申，1987；谢荣，1988；管锦康，1989；李凤鸣，刘世林，1996）；同时，根据国家治理免疫系统论，审计主要是找"病毒"及其原因（刘家义，2008，2012，2015）。上述这些观点，都从不同视角探究了审计究竟审计什么，但是，都需要进一步深入细化，还需要更具有包容性。会计论认为，审计就是审计会计，这里的会计是什么意思？是会计制度，还是会计信息？还是二者同时审计？上述选择似乎都可以！所以，会计论需要进一步完善。财政财务收支论认为，审计就是审计财政财务收支，这里的财政财务收支是什么意思？是财政财务收支相关信息，还是财政财务收支相关制度？是财政财务收支产生的绩效结果？是财政财务收支行为？或者是上述四者同时存在？上述选择似乎都可以！所以，财政财务收支论需要进一步完善。经济活动论、经济管理活动论、经济活动及相关信息论也存在与财政财务收支论同样的问题。至于国家治理免疫系统论，关键的问题是要界定"病毒"的范围，审计不可能包打天下，应该是有所为，有所不为，政府审计应该关注聚焦一些特定的"病毒"，而不是一般意义上的"病毒"，例如，即使从政府审计反腐败的角度来看，政府审计也只能在某些类型的反腐败中发挥作用，并不是对所有腐败都有作用。

那么，审计究竟能对什么实施鉴证功能呢？换句话说，审计究竟能审计什么呢？我们先来看审计的技术属性。美国会计学会（AAA）1972年发布的《审计基本概念公告》指出，审计是客观收集和评价与经济活动及事项有关的认定的证据，以确定其认定与既定标准的符合程度，并将其结果传递给利害相关者的系统过程（Auditing Concepts Committee，1972）。INTOSAI（1977）发布的《利马宣言》指出，审计是公共资金控制体系不可缺少的组成部分，其目的是要及早地揭露背离公认标准、违反原则和法令制度及违背资源管理的效率、效果和经济原则的现象。国际内部审计协会（IIA）2009年发布的International Professional Practice Framework（IPPF）指出，内部审计是一种独立、客观的确认和咨询活动，它通过应用系统、规范的方法，评价并改善风险管理、控制和治理过程的效果（IIA，2009）。

尽管三大国际审计组织对审计的认知略有不同，但是，从技术逻辑来看，都强调三个方面，第一，强调特定事项，美国会计学会强调的特定事项是经济活动及事项有关的认定，INTOSAI 强调的特定事项是公共资金管理中背离公认标准、违反原则和法令制度及违背资源管理的效率、效果和经济原则的现象，IIA 强调的特定事项是风险管理、控制和治理过程。第二，强调以独立、客观和系统的方法搞清楚客观事实的真相；第三，强调既定标准，需要将特定事项的真实情况与既定标准相对照，判断二者之间的相符程度，并就二者的相符程度发表意见（郑石桥，2014）。简而言之，上述三个方面综合起来，审计能审计的对象就是——存在既定标准并且能搞清楚其真实状况的特定事项。

审计的上述技术属性，与权威职业规范对鉴证对象的规定完全一致。根据 ISAE 3000 及《中国注册会计师鉴证业务基本准则》规定，适当的鉴证对象应当同时具备下列条件：鉴证对象可以识别；不同的组织或人员对鉴证对象按照既定标准进行评价或计量的结果合理一致；审计师能够收集与鉴证对象有关的信息，获取充分、适当的证据，以支持其提出适当的鉴证结论（IAASB，2013；财政部，2006）。鉴证对象可以识别，是指存在的特定事项；不同的组织或人员对鉴证对象按照既定标准进行评价或计量的结果合理一致，是指存在既定标准；审计师能够收集与鉴证对象有关的信息，获取充分、适当的证据，以支持其提出适当的鉴证结论，是指能以独立、客观和系统的方法搞清楚客观事实的真相。

从技术逻辑来说，审计对象是存在既定标准并且能搞清楚其真实状况的特定事项，因为审计的直接目的是要对该特定事项发表意见，这里的特定事项是发表审计意见的主题。所以，基于技术逻辑，本书将这里的特定事项称为审计主题。本书前面提到的会计论、财政财务收支论、经济活动论、经济管理活动论、经济活动及相关信息论、国家治理免疫系统论提出的审计对象都是某类审计主题。

问题的关键是，审计主题究竟有哪些？我们先来看权威职业规范的规定及问卷调查的结果。《中国注册会计师鉴证业务基本准则》规定，鉴证对象与鉴证对象信息具有多种形式，主要包括：（1）当鉴证对象为财务业绩或状况时（如历史或预测的财务状况、经营成果和现金流量），鉴证对象信息是财务报表；（3）当鉴证对象为非财务业绩或状况时（如企业的运营情况），鉴证对象信息可能是反映效率或效果的关键指标；（3）当鉴证对象为物理特征时（如设备的生产能力），鉴证对象信息可能是有关鉴证对象物理特征的说明文件；（4）当鉴证对象为某种系统和过程时（如企业的内部控制或信息技术系统），鉴证对象信息可能是关于其有效性的认定；（5）当鉴证对象为一种行为时（如遵守法律法规的情况），鉴证对象信息可能是对法律法规遵守情况或执行效果的声明（财政部，2006）。IAASB 颁布的 ISAE 100 及随后而代之的 ISAE 3000，将确认业务主题区分为财务信息、业务信息、流程及制度、行为（IAASB，2013）。还有不少的文献调查了审计机构的确认业务类型，发现确认的主题很广泛，涉及财务信息、业务信息、流程及制度、行为（Muysken，1998；Bennet&，1998；Grant，1998；Wolosky，1998；Pace，1999；Beets & Souther，1999；English，1999；Hughes，1999；See& Mock，1999；Dassen &Schelleman，2001；Hasan etal，2005）。

所以，综合权威规范的规定及实务部门已经开展的鉴证业务，审计主题包括四类：财务信息，业务信息，行为，制度。财务信息是历史或预测的财务状况、经营成果和现金流量信息，这些信息如何生产存在既定标准，通过系统方法可以搞清楚这些信息反映的事项的真实情况，所以，可以作为审计主题。业务信息是财务信息之外的信息，包括反映组织、项目、政策的营运状况或营运绩效的信息、反映资源、环境、工程等实物的物理特征的信息等，这些信息如何生产如果存在既定标准，并且通过系统方法可以搞清楚这些信息反映的事项的真实情况，也可以作为审计主题。行为是审计客体的特定作为或不作为，从行为的内容和属性来看，行为可以分为业务行为、财务行为和其他行为，关于行为有许多的规范或要求，这就是既定标准（例如，法律法规、规章制度），如果能通过系统方法搞清楚行为的真实情况，则该行为可以作为审计主题。制度是关于行为的规定，可以从两个角度进行鉴证，一是制度设计是否存在缺陷，二是制度执行是否存在缺陷，这里都存在既定标准，也需要以系统系统方法搞清楚制度设计和制度执行的真实状况，所以，可以作为审计主题（鸟羽至英，1995；郑石桥，宋夏云，2014；郑石桥，郑卓如，2015）。

以上对审计主题的讨论并未专门针对政府审计，从技术逻辑来说，政府审计、民间审计和内部审计并无显著差异，只是处于不同的委托代理关系之中，应用于不同的审计客体。所以，政府审计机关的审计主题同样是财务信息、业务信息、行为、制度。政府审计机关可以对上述主题实施鉴证，并且，还可以根据特定审计项目的需求，选择性地实施评价、监督、建议、顾问功能，其基本情况如表4-14所示。

表4-14　政府审计内核（"政府审计+"）

项目		审计主题			
		财务信息	业务信息	制度	行为
审计功能	鉴证	★	★	★	★
	评价	★	★	★	★
	监督	★	★	★	★
	建议	★	★	★	★
	顾问	★	★	★	★
★表示可能有这种组合					

表4-14界定了政府审计能对哪些事项实施哪些功能，也就是确定了政府审计内核，这个内核是基于审计技术属性而生产的，是政府审计本身所固有的，政府审计的所有业务活动，都是这个内核的应用，所以，类似于"互联网+"中的互联网核心技术，"互联网+"与各种产业组合，可以产生新的业态，政府审计内核运用于不同的审计客体，可产生不同审计业务类型，政府审计内核是政府审计业务的"互联网+"的核心技术，也可以称为"政府审计+"。

（三）政府审计功能对谁来实施—政府审计客体

以上分析了政府审计能干什么、能对什么实施审计功能，这两个问题确定了政府审计内核，接下来的问题是，这些内核可以对谁来实施，换句话说，"互联网+"与谁+呢？这就是需要确定政府审计客体。

政府审计客体有两个问题，一是审计客体的范围，二是审计客体的形态或类型。关于政府审计客体的范围，本书前面的文献综述指出，根据各国法律及惯例，政府审计的审计客体是公共部门（INTOSAI，1977；GAO，2008）；《中华人民共和国宪法》和《中华人民共和国审计法》规定的政府审计客体是国有及国有控股单位；根据国家治理免疫系统论（刘家义，2008；2012；2015）政府审计客体范围是国家治理或经济社会系统；朱庆国（1997）认为，政府审计范围应该与政府管理范围相同。

将审计客体界定为公共部门基本是可行的，但是，有两个瑕疵：一是公共部门的范围存在模糊性，例如，私立大学究竟是否是公共部门？竞争性的国有企业是否是公共部门？二是一些私营部门也可能使用公共资源，例如，政府对一些私营企业进行补助，这些补助资金的使用情况，需要政府审计机关进行审计，如果认为政府审计客体是公共部门，则这些接受政府补助的私营企业就排除在政府审计客体之外了。将政府审计客体界定为国有及国有控股单位也存在瑕疵：一是将接受政府补助的私营企业排除在政府审计客体之外了；二是我国的集体经济组织也排除在外了。至于国家治理或经济社会系统以及政府管理范围，都是宏观界定，并未涉及具体边界，根据这种界定，难以确定政府审计客体。

本书认为，政府审计客体要根据公共资源经管责任来界定，凡是公共资源经管责任承担者或承载者，都是政府审计客体，无论其是否是何种属性的组织或个人或项目。这里的公共资源经管责任就是接受公共资源，并按要求履行特定职责或完成特定事项，一般来说，接受公共资源不会无缘无故地给予某组织或个人或项目，一定要要求公共资源接受者承担特定职责或完成特定事项，所以，公共资源经管责任承担者或承载者就是公共资源接受者或使用者。

根据这个界定，上述各种观点存在的瑕疵都可以弥补，竞争性的国有企业、使用公共资源的私立大学、接受补助的私营企业，都应该成为政府审计客体；集体经济组织的资源，个人并不存在可确指的股权，也无转让权，不宜理解为股份制度，而是属于公有制，在性质上更类似于公共资源，当然要接受政府审计机关的审计；对于谁接受或使用了公共资源，应该是不难以确定的，所以，政府审计客体的界定就有了可操作的标准。

既然政府审计客体是公共资源责任承担者或承载者，那么，这种审计客体有哪些形态或类型呢？很显然，使用公共资源的公共部门是审计客体，这又包括广义政府①、政府部门和事业单位；其次，国有独资或国有控股企业其资源主要来源于公共财政，它们应该是政府审计客体；第三，国有独资或国有控股的金融机构，其资源主要来源于公共财政，它们应该是政府审计客体；第四，接受政府补助的非国有企业、NGO 组织，政府审计机关可以就其接受的政府补助这部分公共资源相关的财务信息、业务信息、行为及制度进行审计；第五，各种公共资源本身也可以作为审计客体，例如，公共资源范围的专项资金、专项资产、自然资产等都可以直接作为审计客体，对这些资源相关的财务信息、业务信息、行为及制度进行审计；第六，环境本身也可以审计客体，对环境相关的财务信息、业务信息、行为及制度进行审计；第七，工程本身也可以审计客体，对工程相关的财务信息、业务信息、行为及制度进行审计；第八，公共政策本身也可以审计客体，对公共政策相关的财务信息、业务信息、行为及制度进行审计；第九，领导干部个人也可以作为审计客体，对其职责履行相关的财务信息、业务信息、行为及制度进行审计。所以，概括起来，政府审计客体包括四类：第一类是组织，包括广

---

① 广义政府指一切国家政权机关，包括立法机关、行政机关和司法机关。

义政府、政府部门、事业单位、国有企业、集体企业、国有金融机构、集体金融机构、接受补助的非国有企业、NGO 组织；第二类是实物，包括资源、环境、工程，第三类是公共政策，第四类是自然人。

到此为止，本书讨论了政府审计功能、政府审计主题和政府审计客体，上述三个维度联合起来，决定了政府审计的可能业务体系如表 4-15 所示。

表 4-15　政府审计功能、审计主题和审计客体的三维组合

项目			审计客体											
审计主题和审计功能	审计主题	审计功能	广义政府	政府部门	事业单位	国有及集体金融机构	国有及集体企业	接受补助非国有企业	接受补助民间组织	资源	环境	工程	公共政策	领导干部
	财务信息	鉴证	★	★	★	★	★	★	★	★	★	★	★	★
		评价	★	★	★	★	★	★	★	★	★	★	★	★
		监督	★	★	★	★	★	★	★	★	★	★	★	★
		建议	★	★	★	★	★	★	★	★	★	★	★	★
		顾问	★	★	★	★	★	★	★	★	★	★	★	★
	业务信息	鉴证	★	★	★	★	★	★	★	★	★	★	★	★
		评价	★	★	★	★	★	★	★	★	★	★	★	★
		监督	★	★	★	★	★	★	★	★	★	★	★	★
		建议	★	★	★	★	★	★	★	★	★	★	★	★
		顾问	★	★	★	★	★	★	★	★	★	★	★	★
	行为	鉴证	★	★	★	★	★	★	★	★	★	★	★	★
		评价	★	★	★	★	★	★	★	★	★	★	★	★
		监督	★	★	★	★	★	★	★	★	★	★	★	★
		建议	★	★	★	★	★	★	★	★	★	★	★	★
		顾问	★	★	★	★	★	★	★	★	★	★	★	★
	制度	鉴证	★	★	★	★	★	★	★	★	★	★	★	★
		评价	★	★	★	★	★	★	★	★	★	★	★	★
		监督	★	★	★	★	★	★	★	★	★	★	★	★
		建议	★	★	★	★	★	★	★	★	★	★	★	★
		顾问	★	★	★	★	★	★	★	★	★	★	★	★
★表示可能存在这种组合														

（四）对审计功能、审计主题、审计客体组合的选择—政府审计业务类型体系

表4-15列出的政府审计功能、审计主题和审计客体组合共有240种，如何以此为基础形成政府审计业务类型体系呢？

本书前面的文献综述指出，INTOSA将审计业务类型区分为财务审计、绩效审计和合规审计，美国GAO将政府审计业务区分为财务审计、鉴证业务和绩效审计，刘家义（2008，2015）提出，将合规性审计与绩效审计融为一体，经济责任审计与财政、金融、企业审计相结合，形成中国特色综合审计模式。尽管关于政府审计业务类型的观点不同，但是，不同观点的共同之处是以审计主题为骨架来形成审计业务类型，NTOSA将审计业务类型区分为财务审计、绩效审计和合规审计，财务审计的审计主题是财务信息，绩效审计的审计主题是绩效信息，属于业务信息，合规审计的主题是行为。美国GAO将政府审计业务区分为财务审计、鉴证业务和绩效审计，财务审计和绩效审计的主题与NTOSA的相应审计业务相同，鉴证业务的主题较多，包括财务、制度及一些财务信息和业务信息。而中国特色综合审计模式是在一个审计项目中关注所有的审计主题。所以，总体来说，审计主题是形成政府审计业务类型的骨架。

综合INTOSA、GAO及中国特色综合审计模式，政府审计业务类型包括三类：第一，单一主题审计业务，每个审计项目只包括一个审计主题，分为财务信息审计、业务信息审计、行为审计、制度审计；第二类，多主题审计业务，每个审计项目包括两个以上审计主题，例如，财务报表审计与内部控制审计合并起来的整合审计就属于这种情形；第三，综合审计业务，每个审计项目包括所有的审计主题，例如，领导干部经济责任审计就属于这种情形。上述政府审计业务类型框架，归纳起来如表4-16所示。

表4-16　政府审计业务类型框架

审计主题		政府审计业务类型		
		单一主题审计业务	多主题审计业务	综合审计业务
单一审计主题	财务信息	√	×	×
	业务信息	√	×	×
	行为	√	×	×
	制度	√	×	×

审计主题		政府审计业务类型		
		单一主题 审计业务	多主题 审计业务	综合审 计业务
多审计主题	两个以上审计主题	×	√	×
全部审计主题		×	×	√
√表示属于这种情形，×表示不属于这种情形				

表4-16的审计业务分类体系中，多主题审计业务是根据审计需求，对两个以上审计主题进行组合，可以有多种具体类型，例如，财务信息和业务信息组合起来，可以形成绩效信息审计。综合审计业务在一个项目中关注全部审计主题，没有细分的业务类型。单一主题审计业务的每个审计主题还可以细分，从而每个主题的审计业务还可以细分为不同的具体业务类型，例如，财务信息审计包括决算报表（草案）审计、境外贷援款审计等；业务信息审计包括绩效信息审计、环境信息审计、资源信息审计、社会责任信息审计等；行为审计包括预算执行审计、专项资金审计等；制度审计包括内部控制审计、信息系统审计、管理审计等。

需要说明的是，无论是单一主题审计业务，还是多主题审计业务，或者是综合审计业务，审计主题都是骨架，审计主题决定了"审计什么"，进而决定了"怎么审"。如果不确定"审计什么"，当然也就无法确定"怎么审"。即使是多主题审计业务和综合审计业务，在制定项目审计方案时，还是需要以审计主题为骨架，按不同的审计主题来设计审计方案，然后，将不同审计主题的审计方案合并，删除重复内容，形成可执行的审计方案。

三、结论和启示

国家审计机关有国家治理中发挥重要的作用，是国家治理的基石和重要保障。然而，政府审计究竟有哪些审计业务类型，目前并没有一个清晰的框架体系。本书通过分析政府审计功能以确定政府审计能做什么，通过分析审计主题以确定政府审计能审计什么，以公共资源经管责任为基础来确定政府审计究竟审计谁，在此基础上，提出一个政府审计业务类型体系的理论框架。

政府审计业务类型体系主要关注政府审计业务类型，涉及三个问题：一是政府审计究竟能干什么，这是政府审计功能问题；二是政府审计功能对什么来实施，这是政府审计主题问题；三是政府审计功能对谁来实施，这是政府审计客体问题。政府审计功能包括鉴证、评价、监督、建议和顾问，政府审计主题包括财务信息、业务信息、行为和制度，政府审计客体是公共资源经管责任承担者或承载者，包括组织、实物、公共政策和领导干部。政府审计功能、审计主题和审计客体共同决定政府业务类型体系，但是，审计主题是审计业务类型的骨架，不同类型的审计业务是政府审计不同功能作用于不同审计客体的不同审计主体所形成的，可以区分为单一主题审计业务、多主题审计业务和综合审计业务。

本书的研究启示我们，政府审计业务类型可以有多种可选择的模式，但是，无论如何，审计主题是最重要的，这是审计业务实施的灵魂，一方面，向前可以贯通到审计目标，因为不同的审计主题可以承担不同的审计目标；向后可以贯通到审计方法，因为不同的审计主题需要不同的审计程序甚至不同的审计取证模式。INTOSA、GAO 都按不同的审计主题建立了审计准则，确定了审计主题的审计目标及审计取证程序。我国采用综合审计模式，每个审计项目都关注全部审计主题。但是，关注全部审计主题不能转换为不关注审计主题，没有审计主题，审计目标就没有承载者，没有审计主题，也就无法确定有针对性的审计取证模式或审计程序，审计质量控制也就没有抓手。我国的审计准则建设及审计实践都应该树立审计主题观念。

参考文献

INTOSAI. 2007. International Standards of Supreme Audit Institutions［S］.

GAO. 2011. Government Auditing Standards（2011 Revision）［S］.

郭振乾. 关于研究审计定义的一封信［J］，审计研究，1995，（1）：24.

张文运. 审计不是对一切工作的审查［J］，财务与会计，1988，（6）：30.

王文彬，黄履申. 工业企业的成本审计［J］，财务与会计，1987，（6）：52-53.

谢荣. 试论审计的对象是经济管理活动［J］，上海会计，1988，（4）：33-36.

管锦康. 对社会主义审计几个理论问题的探讨［J］，审计研究，1989，（2）：15-17.

李凤鸣，刘世林. 政府审计的主体和客体［J］，审计与经济研究，1996，（2）：58-61.

谢志华．论审计方法体系，审计研究，1997（5）：9-13.

谢志华．审计变迁的趋势：目标、主体和方法［J］，审计研究，2008（5）：21-24.

陈毓圭．对风险导向审计方法的由来及其发展的认识［J］，会计研究，2004（2）：58-63.

谢荣，吴建友．现代风险导向审计理论研究与实务发展，会计研究，2004（4）：47-51.

石爱中，孙俭．初释数据式审计模式［J］，审计研究，2005（4）：3-6.

刘汝焯．计算机审计概念、框架与规则［M］，清华大学出版社，2007.

陈伟．计算机辅助审计原理及应用，清华大学出版社，2008.

成佳富．如何正确运用审计标准［N］，中国审计报/2003 年/02 月/12 日.

王维国，王柏人．审计执法监督的法律适用［N］，中国审计，2003（21）：26-28.

李小林．审计实务中对于一个违法行为违反多个法条的法律适用［J］，中国审计报/2012 年/10 月/10 日/第 007 版.

高志明．审计适用法律依据十误［J］，审计月刊，2008（9）：23-25.

张瑞来．审计法规条款适用的几种易错情形及相关对策［N］，中国审计报/2013 年/5 月/8 日/第 007 版.

崔莉莉．国家审计法律适用中存在的问题及对策分析［J］，会计之友，2014（17）：71-74.

Santocki.，J. Management Audit：A Job for the Accountant？［J］，Management Accounting（London）（Jan，1983），P35-37.

王光远．管理审计理论［M］，中国人民大学出版社，1996 年.

郑石桥．管理审计评价标准研究［D］，上海财经大学博士论文，2001 年.

Emmanuel.，C.，Otlty.，D. Accounting for Management Control［M］，Van Norstrand Reinhold Co Ltd，1985，P27~28.

Vinten.，G. Internal Audit in Persrective：A US/UK Comparison［J］，Internal Audit（Spring，1991），P3-9.

Reenbaum.，H. G. Management Auditing as a Regulatory Tool［M］，Praeger Publisher，1987，P31.

施青军，陈华，薛新华．效益审计标准的选择和确定——以某单位国家建设项目设备效益审计为例证研究，中央财经大学学报，2006，（5）：86-91.

郑石桥．管理审计评价标准建立模式探讨［J］，中国内部审计，2011（1）：32-35.

Jeter，D. C.，Shaw，P. E. Solicitation and reporting decision［J］. The Accounting Review，Vol. 70，No. 2（Apr.，1995），293-315.

曹琼．会计盈余二维真实性、审计意见与投资效率［D］，中国矿业大学博士学位论文，2014 年 12 月．

Felix，W. L.，Kinney，W. R. Research in the auditor opinion formulation process：state of the art［J］. The Accounting Review，Vol. 57，No. 2（Apr.，1982），245-271.

Tucker，R. R.，Matsumura，E. M.，Subramanyam，K. R. Going-concern judgments：An experimental test of the self-fulfilling prophecy and forecast accuracy［J］. Journal of Accounting and Public Policy 22（2003）401-432.

Firth，M. Qualified audit reports：their impact on investment decision［J］. The Accounting Review，Vol. 53，No. 3（Jul.，1978），642-650.

杨臻黛．审计意见的决策有用性：基于银行信贷决策视角的研究［D］，复旦大学博士学位论文，2007 年 10 月．

马玉．教育系统内部审计应重视审计意见的跟踪督办［J］，四川大学学报（哲学社会科学版），2004，（S）：222.

汤从华．必须重视提升审计报告中审计意见和建议的质量［J］，审计月刊，2011，（1）：34.

裴育，郑石桥．政府审计业务基本逻辑：一个理论框架［J］，审计与经济研究，2016a，（4）：3-11.

裴育，郑石桥．电子数据审计的技术属性和逻辑过程：一个理论框架［J］，江苏社会科学，2016b，（3）：37-44.

Arens，A. A.，Elder，R. J.，Beasley，M. S. 2003. Auditing and Assurance Service：an integrated approach（9th）［M］，Printice Hall，p164.

中国注册会计师协会．审计（2016 年度注册会计师全国统一考虑辅导教材）［M］，经济科学出版社，2016.

谢志华，论审计方法体系［J］，审计研究，1997（5）：9-13.

谢志华，审计变迁的趋势：目标、主体和方法［J］，审计研究，2008（5）：21-24.

陈毓圭，对风险导向审计方法的由来及其发展的认识［J］，会计研究，

2004（2）：58-63.

谢荣，吴建友，现代风险导向审计理论研究与实务发展［J］，会计研究，2004（4）：47-51.

石爱中，孙俭，初释数据式审计模式［J］，审计研究，2005（4）：3-6.

Reynolds, J. K., Francis, J. R. Does size matter? The influence of large clients in office-level auditor reporting decision. Journal of Accounting and Economics 30（2001）375-400.

Matsumura, E. M., Subramanyam, K. R., Tucker, R. R. Strategic auditor behavior and going concern decisions. Journal of Business Finance & Accounting, 24（6）, 727-758, July 1997.

Taffler, R. J., Lu, J., Kausar, A. In denial? Stock market underreaction to going concern audit report disclosures. Journal of Accounting and Economics 38（2004）263-296.

张辉，朱彩婕，审计意见影响因素研究文献综述轨迹与启示［J］，山东社会科学，2013（5）：261-263.

谢荣，关于审计的对象问题——答陈文华同志［J］，上海会计，1989（3）：40-41.

Bowermna., M., auditingperformanceindicators：the role of the commissionin of the citizens charter initiative［J］, Financial Accountability & Management, 11（2）. May1995, 0267-4424.

罗伯特·K·莫茨，侯赛因·A·夏拉夫，审计理论结构［M］，中国商业出版社，1990年.

王会金，刘瑜，风险导向审计缺陷与现代模式的抉择［J］，审计与经济研究，2006（3）：22-26.

王会金，协同审计：政府审计服务国家治理的新方式［J］，中国审计评论，2014（1）：16-29.

谢志华，论审计方法体系［J］，审计研究，1997（5）：9-13.

谢志华，审计变迁的趋势：目标、主体和方法［J］，审计研究，2008（5）：21-24.

陈毓圭，对风险导向审计方法的由来及其发展的认识［J］，会计研究，2004（2）：58-63.

谢荣，吴建友，现代风险导向审计理论研究与实务发展［J］，会计研究，2004（4）：47-51.

石爱中，孙俭．初释数据式审计模式［J］，审计研究，2005（4）：3-6.

《审计研究》编辑部．审计定义的探讨——审计理论问题研讨侧记［J］，审计研究，1988，（6）：16-20.

阎金锷．试论审计的性质和职能［J］，审计研究，1986，（2）：10-13.

孙绍良．略论审计的性质、职能和作用［J］，税务与经济，1987，（6）：55-59.

阎金锷．审计定义探讨——论审计的性质、职能、对象、任务和作用［J］，审计研究，1989，（2）：7-14.

邵伯岐．改革三阶段与审计的职能［J］，审计研究，1990，（4）：32-33.

裴育，程莹．我国财政审计的发展历史［N］，中国审计报/2009年/3月/11日/第008版.

刘家义．以科学发展观为指导，推动审计工作全面发展［J］，审计研究，2008，（3）：3-9.

刘家义．论国家治理与国家审计［J］，中国社会科学，2012，（6）：60-72.

《中国特色社会主义审计理论研究》课题组．国家审计功能研究［J］，审计研究，2013，（5）：3-9.

刘家义．国家治理现代化进程中的国家审计制度保障与实践逻辑，中国社会科学，2015，（9）：64-83.

INTOSAI（the International Organization of Supreme Audit Institutions），The Lima Declaration［S］，1977.

GAO，The Role of the U.S. Government Accountability Office，July 31，2008.

郭振乾．关于研究审计定义的一封信［J］，审计研究，1995，（1）：24.

张文运．审计不是对一切工作的审查［J］，财务与会计，1988，（6）：30.

王文彬，黄履申．工业企业的成本审计［J］，财务与会计，1987，（6）：52-53.

谢荣．试论审计的对象是经济管理活动［J］，上海会计，1988，（4）：33-36.

管锦康．对社会主义审计几个理论问题的探讨［J］，审计研究，1989，（2）：15-17.

李凤鸣，刘世林．政府审计的主体和客体［J］，审计与经济研究，1996，（2）：58-61.

朱庆国. 国家审计只能监督国有经济质疑［J］, 审计理论与实践, 1997,（1）：24-25.

郑石桥. 政府审计功能：理论框架和例证分析, 会计之友, 2015,（13）：132-136.

郑石桥, 安杰, 高文强. 建设性审计论纲—兼论中国特色社会主义政府审计, 审计与经济研究, 2013,（4）：13-22.

Auditing Concepts Committee. Report of the Committee on Basic Auditing Concepts, The Accounting Review,（1972）, pp. 15-74.

IIA（The Institute of Internal Auditors）. International Professional Practice Framework（IPPF）, 2009.

郑石桥. 政府审计嵌入责任政府制度建设路径研究, 学海, 2014,（3）：116-122.

IAASB（international auditing and assurance standards board）. ISAE 3000, Assurance Engagementments Other than Audits or Reviews of Historical Financial Information（Effective for assurance reports dated on or after December 15, 2015）, 2013.

财政部. 财政部关于印发中国注册会计师执业准则的通知（财会〔2006〕4 号）, 2006.

Muysken, J.（1998）, Web trust：assurance and ecommerce.［J］Australian CPA, 68（7）, 56-57.

Bennet, C. & Sylph, J.（1998）, The trust business：assurance services and e-commerce［J］, Australian CPA, 68（2）, 43-44.

Grant, J.（1998）, A principled approach to providing assurance［J］. Accountancy, 121（April）, 74.

Wolosky, H. W.（1998）, Choosing eldercare assurance services［J］. The Practical Accountant, 31（1）, 33-37.

Pace, D.（1999）, Assurance in the electronic commerce environment［J］. Pennsylvania CPA Journal, Fall, 70（3）, 21-25.

Beets, D. S. & Souther, C. C.（1999）, Corporate environmental reports：The need for standards and an environmental assurance service［J］. Accounting Horizons, June, 129-145.

English, L.（1999）, Seeking assurance - new courses［J］. Australian CPA, 69（5）, 28-29.

Hughes, D. A. (1999), Assurance services issues [J]. Australian CPA, 69 (9), 36-38.

See, C. P. & Mock, T. J. (1999), The market for assurance services in Singapore [J]. Accounting and Business Review, 6 (2), 289-305.

Dassen, R. J. M. & Schelleman, C. C. M. (2001), The market for assurance services in the Netherlands [W]. Working paper, Universiteit Maastricht.

Hasan., M., Steven Maijoor. S., Mock., T. J., Roebuck., P., Simnett., R., Vanstraelen. A., The Different Types of Assurance Services and Levels of Assurance Provided [J]. International Journal of Auditing, 2005 (9): 91-102.

鸟羽至英. 行为审计理论序说 [J], 会计, 1995 年, 第 148 卷第 6 号, 第 77-80 页.

郑石桥, 宋夏云. 行为审计和信息审计的比较——兼论审计学的发展 [J], 当代财经, 2014 (12): 109-117.

郑石桥, 郑卓如. 基于审计主题的审计学科体系创新研究 [J], 会计研究, 2015, (9): 80-87.

第五章

审计主题对审计主体和审计客体有何影响？

审计主题对审计的影响是多方位的，本章的任务是阐释审计主题对审计主体和审计客体的影响，具体包括以下内容：独立性、审计主题和审计主体多样化；审计目标、审计意见和审计法律责任：基于审计主题；交易成本、审计主题和政府审计业务外包；团队生产、审计主题和审计客体选择。

第一节　独立性、审计主题和审计主体多样化

审计是应对人类机会主义倾向和有限理性的重要制度安排，在这种制度安排中，审计主体作为审计活动的从事者，是最重要的要素之一。现实生活中，审计主体出现多样化，有外部审计和内部审计之区分，还有政府审计、民间审计和内部审计之区分。审计主体这种多元多轨的原因是什么？审计主体多样化对于审计制度的价值目标会产生什么样的影响呢？这些问题，还没有系统化的理论解释。

本书认为，审计活动是审计委托人与审计人之间的一种交易，而交易有多种治理结构（governance structure，Williamson，1981），交易治理结构的选择是委托人的权利，不同治理结构的选择是委托人基于交易成本的考虑，审计主体多样化有助于实现审计制度的价值目标。所以，本书以交易成本理论为基础，结合审计独立性和审计主题，提出一个审计主体多样化的理论框架，并用这个框架来解现实生活中的审计主体多样化。

197

本书随后的内容安排如下：首先是一个简要的文献综述，梳理相关文献；然后，以交易成本理论为基础，结合审计独立性和审计主题，提出一个审计主体多样化的理论框架；在此基础上，用这个理论框架分析现实生活中的审计主体多样化；最后是结论和启示。

一、文献综述

关于审计独立性的研究文献可谓汗牛充栋（陈汉文，2012）。关于审计主题的研究较少，国外的代表性人物是日本的鸟羽至英，他将审计主题区分为行为和信息两类，并研究了每类主题的审计特征（鸟羽至英，1995）。国内只有谢少敏（2006）在其教材《审计学导论——审计理论入门和研究》中提到信息审计和行为审计的概念，并介绍了鸟羽至英教授的研究。

关于审计主体的研究，民间审计有大量文献研究审计师选择、变更及行为（DeAngelo，1982；Pittman&Fortin，2004）。然而，关于审计主体多样化的研究很少，根据对 SSRN 和知网的检索，只发现两份相关研究文献。

谢志华（2008）认为，审计主体因其所代表的所有权不同而分为国家审计、民间审计和内部审计。国家审计源于私权对公权的制衡，国家审计组织通过对公权行使主体的监督做出审计结论，并向作为委托人的私权主体，即全体公民提供审计报告。民间审计源于审计主体与审计委托人相互制衡。内部审计源于内部治理结构的制衡。

刘静（2014）认为，由于财产所有权和经营权两者关系的复杂变化，形成三种不同审计主体，即政府审计、注册会计师审计和内部审计，以适应不同的经济环境，履行经济监督、鉴证和评价职能。

总体来说，关于审计主体多样化的研究很少，未发现联系审计独立性和审计主题来研究审计主体多样化的文献。本书以交易成本理论为基础，结合审计独立性和审计主题，提出一个审计主体多样化的理论框架。

二、独立性、审计主题和审计主体多样化：理论框架

一般认为，从人性假设来说，正常的任何人都可能存在自利和有限理性（Williamson，1981），由于这种人性假设的存在，在委托代理关系中，委托人担心代理人由于自利和有限理性会产生代理问题和次优问题，所以，会委托或授权审计人对代理人是否存在代理问题和次优问题进行鉴证。这里的审计人是审计活动的实施者，也就是本书所谓的审计主体。委托人、代理人和审计人三者形成了一种审计关系。在这种关系中，委托人授权或委托审计人对代理人进行审计，审计人对代理人进行审计之后，将审计结果报告给审计委托人（周勤业，尤家荣，达世华，1996）。委托人和审计人

的这种关系，从本质上来说，是一种交易，我们称之为审计交易。这种交易就是委托人授权或委托审计人对代理人的代理问题和次优问题进行鉴证，委托人给审计人提供资源或支付一定的其他对价。在审计交易中，委托人和审计人并不处于同等地位，审计需求源于委托人，没有委托人的需求，也就不会产生审计人的供给。委托人面临二个基本问题，一是得到真实的鉴证结果，二是以最低成本得到鉴证结果。委托人如何解决上述二个基本问题呢？委托人解决鉴证结果真实性的办法是保证审计的独立性，这种独立性的考量当然会影响审计主体的构造；解决鉴证成本的办法是选择审计交易的治理结构，而影响审计交易成本的是审计主题。同时，审计主题还影响审计主体的独立性，所以，从根源上来说，是审计主题影响了审计交易的治理构造和审计主体的独立性，进而影响了审计主体的构造。当然，审计主题也是源于委托人的需求。以上所述的思路如图5-1所示。

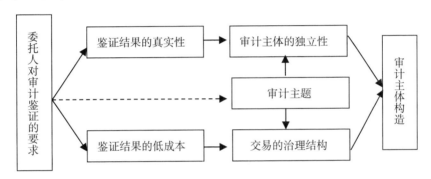

图 5-1　独立性、审计主题和审计主体构造

图5-1的几个路径中，审计主题与委托人之间的关系具有较丰富的内容，本书主要探讨审计主体多样化问题，不深入讨论。下面，我们来分析其他路径。

（一）审计独立性与审计主体构造

委托人解决鉴证结果真实性的办法是保证审计的独立性，也就是说，在委托人、代理人和审计人组成的审计关系中，让审计人不受代理人的制约，使代理代无法影响审计人的判断和结论，从而，审计人能客观地收集审计证据，并在此基础上，根据这些客观的证据，做出公正的鉴证结论。委托人如何使得审计人不受代理人的制约呢？主要的办法就是在代理人之外构造审计主体，审计人和代理人不在同一个科层组织内部，代理人作为科层组织的领袖，审计人一定要置于这个组织之外。试想一下，如果审计人和代理人置于一个组织，而代理人又是这个组织的领袖，此时，审计人作为代理人的下属，对代理人进行审计，其结果势必受到代理人的控制或影响，难以保证得到真实的鉴证结果。所以，对于代理人来说，所有的审计都要独立于其所在的科层组织，都是外部审计。所以，从独立性要求出发，对于代理人来说，只有外部审计，没有内部审计。当然，有许多情形下，代理人和审计人可能会同属于一个更大的科层组织，但是，这并不改变，就代理人作为领袖的科层组织来说，审计人不属于这个科层组织，而是在这个科层组织的外部。

然而，委托人和审计人能否在同一个科层组织呢？审计人本来就是按委托人的要求进行审计的，审计人是否需要独立于委托人呢？这里有两种情形，一种情形是，审计结果是委托人本身使用，此时，审计人无须独立于委托人；另外一种情形是，虽然委托人使用审计结果，但是，委托人也希望其他的利益相关者也相信这个审计结果，此时，审计人就需要独立于委托人。

当审计人需要独立于委托人时，委托人只能从外部寻找一个审计人来审计，此时，外部审计就出现了，这种意义上的外部审计是指委托人和审计人不在一个科层组织，或者说，审计人不接受委托人的科层指令。

当审计人不需要独立于委托人时，委托人是否一定需要在自己的科层组织内建立一个审计机构，然后再以科层指令的方式指挥这个审计机构对代理人进行审计呢？委托人不一定要建立属于自己这个科层的审计机构，委托人有两种选择，一是在自己的科层组织内建立审计机构；二是从外部按市场规则找一个审计机构来完成审计。究竟选择何种交易治理结构，由审计交易成本决定，这就是本书随后要讨论的内容。当委托人从外部寻找审计机构时，委托人和审计人不在一个科层组织，属于外部审计。当委托人在自己的科层组织内部建立一个审计机构时，审计人和委托人置于一个科层组织，属于内部审计。所以，这种意见上的内部审计是指委托人和审计人在同一个科层组织。

以上基于审计独立性要求，从代理人和委托人角度分别分析了内部审计和外部审计，普遍意义上的内部审计和外部审计之区分，需要将二者结合起来，一般来说，只有当委托人、代理人和审计人同属于一个科层组织时，才能称为内部审计，其他情形都是外部审计。当然，这个组织，肯定不是代理人所领导的科层组织，而是委托人所领导的科层组织。

以上从审计独立性到审计主体多样化的分析，归纳起来如表5-1所示。

表 5-1　独立性要求和审计主体多样化

关系人	独立性要求	审计人类型	外部审计还内部审计
代理人	审计人需要独立于代理人	审计人不能属于代理人领导的科层组织	所有审计都是外部审计
委托人	审计人需要独立于委托人	审计人不能属于委托人领导的科层组织，而是从外部寻找	审计人来自外部，属于外部审计
	审计人无须独立于委托人	委托人自己建立一个审计机构	审计人是委托人领导的科层组织，对于委托人来说，属于内部审计（对代理人则不一定）
	审计人无须独立于委托人	虽然无须独立于委托人，但是，委托人选择从外部寻找审计机构	审计人来自外部，属于外部审计
委托人和代理人	委托人和代理人属于同一科层组织	从外部寻找审计机构	外部审计
	委托人和代理人属于同一科层组织	委托人自己建立审计机构	内部审计
	委托人和代理人不属于同一科层组织	从外部寻找审计机构	外部审计
	委托人和代理人不属于同一科层组织	委托人自己建立审计机构	对于委托人是内部审计，对于代理人是外部审计

（二）审计主题与审计独立性

上述审计主体的独立性要求，还会因为不同的审计主题而出现差异。审计主题就是审计人员所要发表审计意见的直接对象，审计过程就是围绕审计主题收集证据并发表审计意见的系统过程。一般来说，审计主题区分为信息和行为两大类。审计主题影响审计主体独立性的路径如图 5-2 所示。

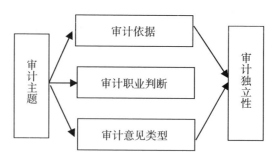

图 5-2　审计主题和审计独立性

1. 审计主题、审计依据和审计独立性

审计依据是审计中的既定标准，也就是审计人对信息或行为进行鉴证的尺度或标准。信息审计和行为审计在审计依据方面存在较大的区别。

从信息审计来说，审计依据是信息应该如何收集、加工和报告的规定，是关于信息如何生产的具体规定。一般来说，信息生产的具体规则可以很清晰，并且特定审计客体在一定时期遵守的特定信息生产规则具有唯一性，所以，信息审计依据的确定并不困难。

从行为审计来说，审计依据是判断代理人行为是否适宜的既定标准，是关于审计客体应该如何行为的具体规定。对于某些行为审计来说，可能存在明确的审计依据，然而，对于许多特定行为来说，什么是"既定标准"可能难以达到共识。

当审计依据清晰时，审计主体不需要与审计客体商量审计依据，而当审计依据不清晰时，审计人需要与审计客体商量审计依据，此时，选择何种依据可能会受到审计主体的伦理道德之影响，更可能受到审计客体的影响。正是因为此原因，审计主体的独立性可能受到影响。所以，审计主题的审计依据清晰程度，会显著影响审计主体的独立性。一般来说，信息审计的独立性强于行为审计。

2. 审计主题、审计职业判断和审计独立性

无论何种审计都存在职业判断。但是，信息审计和行为审计在职业判断方面存在较大差异。行为审计中的职业判断比信息审计更多且更困难。审计职业判断是审计主体能否保持独立性的主要领域，如果不需要职业判断，则审计不独立也难以发生。审计职业判断越多，考量审计独立性的情形也就越多。审计职业判断越多，发生审计不独立的概率也就越高。所以，审计主题需要的审计职业判断，会显著影响审计主体的独立性。一般来说，信息审计的独立性强于行为审计。

3. 审计主题、审计意见类型和和审计独立性

审计结论是审计人对特定审计主题给出的专业意见。事实上，也就是审计人就特定信息或行为与既定标准之间的符合程度发表的鉴证意见。

由于审计命题、审计程序和审计模式等方面的差异，信息审计和行为审计在审计结论方面存在较大的差异。一般来说，信息审计特别是财务信息审计由于具有清晰且可穷尽的审计命题，审计程序相对成熟，并且出现了各种有效的审计模式，所以，一般采用合理保证的方式发表审计意见。对于行为审计来说，由于审计命题具有多样性、非穷尽性，同时，行为审计的程序还在发展之中，也未形成有效的行为审计模式，所以，一般采用有限保证的方式发表审计意见。

审计意见类型不同，意味着审计主体承担的责任不同。在合理保证方式下，审计主体承担的法律责任较容易界定，审计主体的责任意识较浓，从而也有激励来保持自己的独立性。在有限保证方式下，审计主体承担的法律责任不容易界定，审计主体的责任意识不强，从而，保持审计独立性的主观动力也不强。

所以，审计主题的审计意见类型，会显著影响审计主体的独立性。一般来说，信息审计的独立性强于行为审计。

（三）审计交易的治理结构和审计主体构造

本书前面指出，当审计人不需要独立于委托人时，委托人是在自己的科层组织内建立一个审计机构还是按市场规则从外部找一个审计机构来完成审计，也就是说，对于审计交易究竟选择何种交易治理结构，是由审计交易成本决定。现在，我们用交易成本经济学的理论来具体分析这个问题。

Coase（1937；1960）指出，科层组织和市场都是交易的运行方式，一种交易是由市场来运行还是由科层组织来运行，是由这两种方式的交易成本所决定的，何种运行方式的交易成本低，就选择何种方式。然而，交易成本是由什么决定的呢？如何能做到交易成本最低呢？Williamson（1981；1984；1991）研究了上述问题。他以人类有限理性和机会主义为前提，分析了交易的不同治理结构对于交易成本的影响，并在此基础上，提出了交易治理结构选择的资产专用性原则、外部性原则和科层分解原则，按这三项原则来选择交易治理结构，就能达到交易成本最低。上述三项原则中，科层分解原则实际上是对科层组织能降低交易成本的解释，不是交易治理结构选择的主要原则。下面，我们根据资产专用性原则和外部性原则来分析审计交易的治理结构之选择。

（1）资产专用性原则与审计交易的治理结构选择。随着资产专用性程度增加，市场运行形式的交易成本增加，所以，资产专用性程度决定着交易是由市场还是由科层组织来运行，当资产没有专用性时，经典的市场合约是有效的；当资产半专用时，混合组织就会出现；当资产专用性程度较高时，科层组织将会取代市场（Williamson，1981；1984；1991）。

审计交易当然存在资产专用性问题。DeAngelo（1981）认为，在审计过程中，审计师所使用的知识包括三类：一是通用知识，即适用于所有审计客体的知识；二是行业特定知识，即可适用于特定行业所有审计客体的知识；三是客户特定知识，即只适用于特定客体的知识。应该说，所有的审计都是针对于特定代理人所领导的科层组织，都有一定的资产专用性，但是，有些审计交易存在于很多委托代理关系之中，资产专用性程度不高；而另外一些审计交易存在于特定的委托代理关系中，资产专用性程度较高。总体来说，可以得出的结论是，当审计交易的资产专用性程度较高时，委托人可能会自己建立审计机构，从而出现委托人意义上的内部审计；当审计交易的资产专用性程度较低时，委托人可能会从市场上寻找能提供这种审计服务的机构，从而出现外部审计；当审计交易的资产专用性程度居中时，委托人可能会寻求混合组织，从而出现长期合同的外部审计。

（2）外部性原则与审计交易的治理结构选择。这里的外部性是指交易一方的非合约行为给对方造成的影响，这种影响可能是正面的，也可能是负面的。随着交易外部性的增加，市场组织形式的效率越低，从而越是可能采用科层组织形式（Williamson，1981；1984；1991）。

审计交易当然存在外部性，例如，审计过程中，审计人可能不按委托人的期望实施审计，并且，审计人的这种行为，一般难以被审计委托人发现；又如，审计过程中，获取了审计客体的一些商业秘密，如果审计人使用这些商业秘密，可能给审计关系的其他方带来不利影响；再如，审计人在审计过程中发现一些可以改进审计客体绩效的机会，如果审计人告诉了审计客体，则可能给审计关系的其他方带来有利影响。但是，审计交易的外部性，最主要体现在审计质量方面，审计人提供的审计产品如果低质量，而委托人及其他利益相关者还难以确认审计质量，这势必给委托人和其他利益相关者带来影响。当然，不同的审计交易其外部性程度不同，有些审计交易无法确定其法律责任，所以，审计质量难以保证，外部性较高；有些审计交易，只能以有限保证方式发现意见，难以衡量审计质量，外部性较高。所以，总体来说，审计交易存在外部性，不同审计交易的外部性还存在差异。既然如此，根据交易的外部性与交易治理结构之间的关系，有如下结论：当审计交易的外部性较高时，委托人可能会建立自己的审计机构，从而出现委托人意义上的内部审计；当审计交易的外部性较低时，委托人可能会从市场上寻找能提供这种审计服务的机构；当审计交易的外部性居中时，会出现长期合同的外部审计。

以上所述的审计交易的资产专用性、外部性与审计主体（交易治理结构）之间的关系，归纳起来如表5-2所示。

表5-2　审计交易的资产专用性、外部性与审计主体

交易特征		科层组织（委托人自己建立审计机构）	长期合同的外部审计机构（混合组织）	市场（从市场上寻找审计机构）
资产专用性程度	高	√		
	中		√	
	低			√
外部性程度	高	√		
	中		√	
	低			√
√表示有这种情形				

我们前面的分析是分别考虑审计交易的资产专用性和外部性，然而，现实世界中，审计交易的资产专用性和外部性是同时存在的，所以，审计交易的治理结构选择将面临比表5-2归结的情况更为复杂。我们在随后的内容中将综合二种交易特征来分析审计主体选择。

（四）审计主题、审计交易特征和审计主体选择

本书上面根据审计交易的资产专用性和外部性，分析了审计主体多样化。然而，审计交易的资产专用性和外部性又是如何形成的呢？我们认为，不同的审计主题具有不同的资产专用性和外部性。

本书前面指出，审计主题区分为信息和行为两大类。信息主题一般以定量的方式出现，包括通用信息和非通用信息。行为主题一般以定性的方式出现，也包括两种情形：一是以特定的行为作为审计标的，针对审计客体的特定行为是否符合既定标准发表意见；二是以制约人的行为的制度作为审计标的。而制度标的又分为两种情形：一是共性制度，即这种制度在不同审计客体之间具有一定的共性，例如，内部控制制度；二是非共性制

度，这种制度在不同审计客体之间的共性较少。不同的审计主题，在形成审计交易时，具有不同的交易特征（资产专用性和外部性）。

下面，我们将资产专用性和外部性结合起来，分析不同审计交易的交易特征。

（1）通用信息。按统一规则生产的通用信息，有两种情形：一是需要根据本组织特征来进行职业判断的成分不多，此时，审计交易的资产专用性程度较低，并且，对于通用信息的审计一般是以有保证方式发表审计意见，可以明确审计主体的法律责任，从而为审计质量奠定基础，此时，通用信息审计的外部性不高。当资产专用化程度和外部性都不高时，适宜采用市场方式来运行这种审计交易，也就是委托人按市场原则从外部寻找审计机构；二是需要根据本组织特征来进行职业判断的成份较多，此时，审计交易的资产专用性程度居中，由于同样的原因，其外部性也不高。当资产专用性程度居中，外部性不高时，适宜采用混合方式来运行这种审计交易，委托人按市场原则从外部寻找审计机构，并且要签订长期合同。

（2）非通用信息。非通用信息是特定组织所特有的，资产专用性程度较高。同时，非通用信息审计难以制定相关的审计准则，也难以确定审计质量，所以，这种审计交易的质量难以得到保障，外部性较高。正是由于非通用信息的资产专用性和外部性都较高，所以，这种审计交易适宜采用科层组织，委托人要建立自己的审计机构。

（3）共性制度。共性制度与通用信息的交易特征较为相似，资产专用性具有居中和较低两种情形，外部性较低。所以，适宜采用市场或混合组织来行动这种审计交易。

（4）非共性制度。非共性制度与非通用信息的交易特征较为相似，资产专用性和外部性都较高，所以，这种审计交易适宜采用科层组织，委托人要建立自己的审计机构。

（5）特定行为。特定行为是最典型的行为主题，一方面，由于是特定行为，所以，针对这种行为的审计就具有较高的资产专用性；另一方面，对于特定行为的审计，难以确定相关的审计准则，同时，由于其审计命题的不可穷尽，难以采用合理保证的方式发表审计意见，所以，难以确定审计人的法律责任，因为这些原因，特定行为的审计质量难以保障，这种审计交易的外部性较高。正是由于特定行为审计交易的的资产专用性和外部性都较高，所以，这种审计交易适宜采用科层组织，委托人要建立自己的审计机构。

以上所述的审计主题、审计交易特征和审计主体选择之间的关系，归纳起来，如表5-3所示。

表5-3　审计主题、审计交易特征和审计主体选择

审计主题		资产专用性			外部性			审计主体
		高	中	低	高	中	低	
信息主题	通用信息		√	√			√	市场或混合组织（普通意义上的外部审计）
	非通用信息	√				√		科层（委托人意义上的内部审计）
行为主题	共性制度		√	√			√	市场或混合组织（普通意义上的外部审计）
	非共性制度	√				√		科层（委托人意义上的内部审计）
	特定行为	√				√		科层（委托人意义上的内部审计）
√表示有这种情形								

三、独立性、审计主题和审计主体多样化：现实生活中的审计主体多样化解释

本书以交易成本理论为基础，结合审计独立性和审计主题，提出一个审计主体多样化的理论框架。下面，我们用这个理论框架来解释现实世界的审计主体多样化。由于篇幅所限，我们这里关注两个问题：第一，为什么有外部审计和内部审计之分？第二，外部审计为什么区分为政府审计和民间审计？

（一）为什么有外部审计和内部审计之分？

本书前面的理论框架指出，对于代理人来说，由于独立性的要求，所有的审计都应该独立于代理人所领导的科层组织，都是外部审计。但是，委托人是否要建立自己的审计机构，也就是说，委托人是采用科层或市场方式来运行审计交易，是基于其交易成本考虑。如果委托人建立审计机构的交易成本低于其从市场上寻找审计机构的交易成本，则会建立自己的审计机构，此时，如果委托人和代理人还属于同一科层组织，则委托人、代理人和审计人就属于同一科层组织，普遍意义上的内部审计出现了。如果委托人建立审计机构的交易成本高于其从市场上寻找审计机构的交易成本，委托人就不会建立自己的审计机构，普遍意义上的外部审计就出现了。

由于现实世界中，任何一个组织的委托代理关系都是多层级的，也就是说，都是一个委托代理链，不同层级的委托人，会有不同的审计需求，

从而产生不同的审计交易，基于对这些审计交易的不同特征之考虑，对于审计交易的运行方式可能会出现不同的选择，从而使得审计主体更加多样化。例如，对于公司组织来说，外部投资者作为委托人，关注的审计主题是通用财务报表审计和共性内部控制审计，这两种审计交易具有资产专用性不高和外部性不强这些特征。基于交易成本考虑，外部投资者没有建立自己的审计机构，而是从外部市场寻找民间审计机构来履行审计活动。公司管理层，从与投资者的关系来说是代理人，但是，从与其下属组织的关系来说，公司管理层则是委托人，如果他们也可能存在审计需求，他们的需求有非常通用信息、非通用制度和特定行为，而这些审计交易的资产专用性和外部性都较强，所以，公司管理层需要建立自己的审计机构。对于公共组织来说，供资者不仅关注通用财务报表审计和共性内部控制审计，还关注非常通用信息、非通用制度和特定行为，所以，这些审计交易作为一个整体，具有较强的资产专用性和外部性，所以，委托人需要建立自己的审计机构。当然，由于审计交易中存在一些通用信息和共性制度，这些审计交易的资产专用性和外部性都不强，可以业务外包。公共组织的管理层，如果他们也可能存在审计需求，他们的需求有非常通用信息、非通用制度和特定行为，而这些审计交易的资产专用性和外部性都较强，所以，公共组织的管理层需要建立自己的审计机构。

（二）外部审计为什么区分为政府审计和民间审计？

现实世界中的外部审计是指委托人、代理人和审计人不属于同一个科层组织，主要有政府审计和民间审计两种类型。

事实上，政府审计是委托人自己建立的审计机构，专门为委托人服务的，属于采用科层这种治理结构来运行委托人的审计交易；而民间审计则是不属于任何委托人的独立审计机构，委托人雇佣民间审计机构时，是采用市场方式这种治理结构来运行委托人的审计交易。所以，同样属于外部审计的政府审计和民间审计，对于委托人来说，是完全不同的交易治理结构。但是，对于代理人来说，审计主体都来源于代理人所领导的科层组织之外，都是外部机构。

接下来的问题是，不同的委托人为什么会选择不同的审计交易运行方式呢？政府审计源于公共委托代理关系，作为公共委托代理关系的代理人，使用公共权力、公共资源，生产公共产品，承担的是公共经管责任。为了确保代理人有效地履行其公共经管责任，委托人关注的审计主题较多，不仅关注通用财务报表审计和共性内部控制审计，还关注非常通用信息、非通用制度和特定行为，所有这些审计交易作为一个整体，具有较强的资产专用性和外部性，所以，委托人需要建立自己的审计机构。这种审计机构，对于委托人来说，本质上是内部审计机构，但是，对于代理人来说，是外部审计。民间审计源于委托人的审计需求，但是，与特定的委托代理关系类型没有规律性的关联，它可以为任何类型的委托代理关系中的委托人服务。但是，民间审计由于是市场行为，是审计交易运行的市场化方式，其主要领域是资产专用性和外部性不强的审计交易，而各类委托人的审计需求中，恰恰存在大量的这类审计交易，所以，民间审计得以产生和发展。

四、结论和启示

现实生活中，审计主体出现多样化，这些问题，还没有系统化的理论解释。本书以交易成本理论为基础，结合审计独立性和审计主题，提出一个审计主体多样化的理论框架，并用这个框架来解现实生活中的审计主体多样化。

在委托代理关系中，委托人担心代理人由于自利和有限理性会产生代理问题和次优问题，所以，会委托或授权审计人对代理人是否存在代理问题和次优问题进行鉴证。此时，委托人面临二个基本问题，一是得到真实的鉴证结果，二是以最低成本得到鉴证结果。委托人解决鉴证结果真实性的办法是保证审计的独立性；解决鉴证成本的办法是选择审计交易的治理结构。

独立性就是让审计人不受代理人的制约，所以，对于代理人来说，只有外部审计，没有内部审计。当然，有许多情形下，代理人和审计人可能会同属于一个更大的科层组织。审计人和委托人能否在同一个科层组织，这里有两种情形，一种情形是，审计结果是委托人本身使用，此时，审计人无须独立于委托人；另外一种情形是，虽然委托人使用审计结果，但是，委托人也希望其他的利益相关者也相信这个审计结果，此时，审计人就需要独立于委托人。当审计人不需要独立于委托人时，委托人有两种选择，一是在自己的科层组织内建立审计机构；二是从外部按市场规则找一个审计机构来完成审计。究竟选择何种交易治理结构，由审计交易成本决定。

科层组织、市场和混合组织都是交易的运行方式，审计交易也不例外。审计交易运行方式与审计交易的资产专用性和外部性高度相关。当审计交易的资产专用性程度较高时，委托人可能会自己建立审计机构，从而出现委托人意义上的内部审计；当审计交易的资产专用性程度较低时，委托人可能会从市场上寻找能提供这种审计服务的机构，从而出现外部审计；当审计交易的资产专用性程度居中时，委托人可能会寻求混合组织，从而出现长期合同的外部审计。当审计交易的外部性较高时，委托人可能会建立自己的审计机构，从而出现委托人意义上的内部审计；当审计交易的外部性较低时，委托人可能会从市场上寻找能提供这种审计服务的机构；当审计交易的外部性居中时，会出现长期合同的外部审计。

审计主题就是审计人员所要发表审计意见的直接对象，区分为信息和行为两大类。不同的审计主题所形成审计交易，具有不同的交易特征，从而需要不同的交易治理结构。通用信息和共性制度的资产专用化程度和外部性都不高，适宜采用市场方式来运行这种审计交易。非通用信息、非共性制度和特定行为的资产专用性和外部性都较高，适宜采用科层组织。

现实世界中的外部审计和内部审计之分、外部审计区分为政府审计和民间审计都与委托人的审计需求所形成的审计交易特征有关。

本书看似纯粹的理论探讨，然而，这种理论探讨具有重要的现实意义。本书的发现告诉我们，正是由于委托人的审计需求不同，导致了不同的审计主题和审计交易类型，而不同类型的审计交易具有不同的资产专用性和外部性，而正是这些交易特征不同，导致了实施这种审计交易的主体不同。所以，审计主体的构造，从根本上来说，应该以审计主题为基础，不能盲目借鉴他人的做法。同时，我们也要认识到，随着组织治理及其他因素的变化，委托人的审计需求进而审计主题会发生变化，我们要随之变革审计主体。

第二节　审计目标、审计意见和审计法律责任：基于审计主题

审计作为一种职业，应对所有依赖其工作的人承担责任，审计只有接受这些社会责任，才会确立它作为一种职业的地位（莫茨，夏拉夫，1990）。审计作为一种鉴证代理问题和次优问题的制度安排，对其应有责任之担当是其社会价值的基础。由于审计法律责任不同，人们观察到的审计现象不同，从而对审计本质的认识也不同，审计本质理论中的"保险论"将审计作为一种信息保险机制，这无疑是以一定的审计法律责任担当为背景的。

关于审计责任的研究主要涉及审计责任的概念、界定及对策，少量的

文献涉及影响审计责任的因素。本书主要关注审计法律责任的影响因素。关于这方面的研究，除了谢荣（1994）的二维审计责任域外，并无一个解释审计法律责任的通用理论框架，本书以审计主题为基础，从审计目标和审计意见的角度，提出一个解释审计法律责任的通用理论框架。

本书随后的内容安排如下：首先是一个简要的文献综述；其次，以审计主题为基础，从审计目标和审计意见角度，提出一个关于审计目标、审计意见和审计法律责任之关系的通用理论框架；然后，用这个理论框架来解释我国政府审计、民间审计和内部审计法律责任；最后是结论和启示。

一、文献综述

关于审计责任有不少的研究，研究主题主要是审计责任的概念、界定及对策，少量的文献涉及影响审计责任的因素。

关于审计责任的概念，公认的概念是，审计责任是指审计人员在执行审计业务中应履行的专业职责，以及因工作失误对公众造成损失所应承担的法律责任。前者称为审计职业责任，后者称为审计法律责任（谢荣，1994；刘兵，1994；刘力云，1998；杨书怀，2008）。

关于审计责任的界定，一些文献强调区分审计责任和会计责任（王朝华，2001；邱景忠，2005），一些文献强调法律界和职业界的协调（方广海，1996；刘燕，1998）。

关于应对审计责任的对策，大多数文献认为，职业界应该对舞弊审计承担责任，为此，需要采取提高人才素质、优化审计准则和审计技术、改进审计报告内容甚至采取购买审计责任保险等措施（仇莹，陈纪林，2001；颜军，孙益文，牟蔚，2004；朱萍，2008）。

少数文献涉及影响审计责任的因素。谢荣（1994）对于影响审计责任的因素从两个角度进行了分析：一方面，审计职责是一个由审计目标和审计行为依据所组成的二维职责域，其中第一维由审计目标的内容所确定，第二维由审计的行为依据所确定。另一方面，他从审计目标变迁中分析了审计目标与审计责任的关系，以揭错查弊为审计目标时，审计人员的责任就是揭露舞弊和差错，尤其是重大舞弊和差错；以验证财务报表的真实公允为主要审计目标时，审计人员的责任就不再以揭弊查错为主，而是着重对财务报表的公允性作出评价；以验证财务报表的真实公允与揭弊查错并重为审计目标时，社会对审计人员应承担揭弊查错的责任的呼声越来越高，双重审计目标已为越来越多的国家、组织所接受。

此外，谢志华（2000）认为，由于审计中充满职业判断，审计责任与会计事项本身的不确定性成反向变动关系。刘明辉、胡波（2005）认为，审计师的技术能力、审计效果与期望差距始终与审计师的查错揭弊责任相伴相随。如果职业界不能从根本上创新审计思路、审计方法及审计技术，从根本上提高审计师发现舞弊的能力和效果，审计作为一种职业就会逐渐走向萎缩。吴溪（2007）发现，监管者对审计责任的认定倾向直接影响注册会计师审计执业行为的行政法律责任和民事法律责任。

上述这些文献对于我们理解、界定和应对审计责任有较大的价值，然而，关于审计法律责任的影响因素，除了谢荣（1994）的二维审计责任域外，并无一个解释审计法律责任的通用理论框架，本书以审计主题为基础，从审计目标和审计意见的角度，提出一个解释审计法律责任的通用理论框架。

二、审计目标、审计意见和审计责任：理论框架

一般认为，只有在发表了错误的审计意见之后，才需要承担相应的审计法律责任。然而，发表什么样的审计意见是由审计目标所决定的，不同的审计目标会要求不同类型的审计意见，从而会产生不同的审计法律责任。不同的审计目标为什么会要求不同的审计意见类型呢？主要是由于审计目标与审计主题有密切关系，正是不同的审计主题决定了不同的审计目标。所以，总体来说，审计主题决定审计目标，而审计目标决定审计意见类型，不同的审计意见类型会有不同的审计法律责任，三者之间的关系如图 5-3 所示。

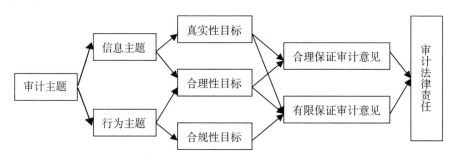

图5-3 审计目标、审计意见和审计责任的关系

（一）审计主题和审计目标

审计目标就是人们通过审计实践活动所期望达到的境地或希望得到的结果，不同的审计主题有不同的审计目标。审计主题就是审计人员所要发表审计意见的直接对象，审计过程就是围绕审计主题收集证据并发表审计意见的系统过程。一般来说，审计主题可以分为两类，一是信息，也就是通常所说的认定；二是行为，也就是被审计单位的作为或过程。与上述两类主题相对应，审计也区分为信息审计和行为审计。

不同的审计主题有不同的审计目标。如果不考虑不同的审计主体、不同的审计业务类型，这审计一般而言，真实性、合规性和效益性这三个目标得到大多数人的公认（宋夏云，2006）。

真实性关注的是信息有无虚假或错报，适用于信息审计主题。合法性也称为合规合法性，关注的是财政财务收支及相关经济活动是遵守了相关的法律法规和规章制度，适用于行为审计主题。效益性关注的是财政收支、财务收支以及有关经济活动实现的经济效益、社会效益和环境效益，这里的审计对象是经济效益、社会效益和环境效益，它们是属于行为审计主题还是信息审计主题呢？首先，效益性必然表现为一些数据，需要鉴证其真实性，此时，审计主题是信息，审计目标是真实性；其次，需要对鉴证后的效益与既定的效益标准进行比较，以评价效益的优劣，此时，审计主题仍然是信息，但是，审计目标是评价效益本身的优劣，其目的是寻找效益是否存在缺陷，是否能进一步提升，针对的是次优问题和代理问题。从这个意义上来说，审计目标可以归结为合理性。第三，如果效益不好，就需要寻找其原因，这就必然会涉及效益生产的全过程，从全过程中寻找缺陷，发现改进效益的机会，此时，针对的是次优问题和代理问题，审计主题是生产效益的行为，审计目标是判断行为是否存在次优问题和代理问题，从这个意义上来说，审计目标可以归结为合理性。所以，总体来说，效益性不宜作为独立的审计目标，它包括行为和信息两方面的主题，可以分解为真实性和合理性两个审计目标。

总之，关于审计目标，信息审计主题具有真实性和合理性两个审计目标，而行为审计主题具有合规性和合理性两个审计目标。

（二）审计目标和审计意见类型

根据《中国注册会计师鉴证业务基本准则》第八条规定，鉴证业务的保证程度分为合理保证和有限保证。合理保证的鉴证业务的目标是注册会计师将鉴证业务风险降至该业务环境下可接受的低水平，以此作为以积极方式提出结论的基础。有限保证的鉴证业务的目标是注册会计师将鉴证业务风险降至该业务环境下可接受的水平，以此作为以消极方式提出结论的基础。事实上，这里界定的审计意见保证程度也同样适用于政府审计和内部审计。

审计意见保证程度和审计主题密切相关，不同的审计主题会有不同的审计意见保证程度。就信息主题来说，其技术逻辑属于命题论证型，从基本命题中引出一组可观察命题，通过证明可观察命题进而证明基本命题。从技术逻辑来说，可以获得充分、适当的审计证据来证明审计命题。在这种情形下，审计人员对审计结论的把握程度可以达到较高的程度，从而，从技术上来说，可以采用合理保证程度来发表审计意见。当然，由于成本效益考虑，或者基于其他原因，可以减少审计证据，从而降低保证程度，采用有限保证。所以，总体来说，信息主题可以采用有限保证和合理保证两种保证程度。而信息主题的审计目标包括真实性和合理性，这两种审计目标都可以采用有限保证和合理保证两种保证程度。

就行为来说，其技术逻辑属于事实发现型，其审计命题具多样性、非穷尽性，在成本效果约束下，一般无法获取充分、适当的审计证据来证明审计命题。所以，也无法就行为整体发表意见，只能就已经发现的行为事实形成审计意见。在这种情形下，审计意见无法采用合理保证程度，只能采用有限保证程度。而行为审计主题的审计目标包括合规性和合理性，这两种审计目标都只能采取有限保证程度。但是，行为审计有一种特殊类型，它不直接以行为为对象，而是以约束行为的制度为直接对象，而制度相关的命题是可以合理分解的，从而，可以采用合理保证方式发表审计意见。

总之，真实性目标、合理性目标可以采取有限保证和合理保证两种保证程度，而合规性目标一般采取有限保证程度，特殊情形下采取合理保证。

（三）审计意见类型与审计法律责任

通过前面的分析知道，审计意见包括有限保证和合理保证两种类型。它们与审计法律责任是什么关系呢？我们分别来分析。

1. 合理保证审计意见与审计责任

在合理保证方式下，审计人们要就审计主题的总体发表审计意见，如果发表了错误的审计意见，就形成了审计法律责任，其基本情形如表5-4所示。

表5-4 审计法律责任类型

项目		被审计单位是否存在问题	
		不存在	存在
审计意见表明是否存在问题	不存在	A 正确	D 误受险（β 风险）
	存在	B 误拒险（α 风险）	C 正确
α 风险：客观上是正确的东西判断为错误的并给予否定； β 风险：客观上是错误的东西判断为正确的而加以肯定的。			

在表5-4中，情形 A 和 C 下，审计人员发表了正确的审计意见，不会产生审计法律责任。情形 B 和 D 都发表了错误的审计意见，但是，两种情形产生的后果不同，在情形 B 下，被审计单位本身没有问题，由于是抽样审计，所以，根据样本推断总体时得出了错误的结论，此时，被审计单位会据理力争，审计人员最终会扩大样本，从而得出正确的结论，所以，情形 B 一般不会最终形成。情形 D 不同，这种情形下，被审计单位本身有问题，而审计人员由于种种原因，未能发现，从而得出了错误的审计结论。在这种情形下，被审计单位一般不会有什么表示。总体来说，形成审计法律责任的是情形 D，即被审计单位有问题，而审计人员没有发现，从而形成了错误的审计意见。

2. 有限保证审计意见与审计责任

在有限保证审计意见方式下，审计人员并不就审计主题整体发现审计意见，而就已经发现的事实发表意见。也就是说，在这种方式下，审计人员并不就审计主题发表整体性的审计意见，而只是陈述已经发现的事实。所以，如果这种审计意见错误，只能是两个情形：情形一是发现的事实并不是真正的事实，而与事实的真相有出入。一般来说，这种情形出现的可能性不大，因为审计结论是要与被审计单位沟通的，如果事实不符，被审计单位会据理力争，最终会通过增加或补充审计证据，从而修正审计结论。情形二是审计定性错误，在这种情形下，发现的事实本身是证据确凿，但是，对这个发现的事实如何定性却发生了错误，正是由于这种定性错误，导致了审计法律责任。

总之，在合理保证方式下，只有在被审计单位有问题而审计人员没有发现时才会形成审计法律责任；在有限保证方式下，当审计定性发生错误时，才会形成审计法律责任。

以上所述审计主题、审计目标、审计意见和审计法律责任之间的关系归纳起来如表5-5所示。

表5-5　审计主题、审计目标、审计意见和审计法律责任

审计主题		审计目标	审计意见类型	审计法律责任
审计主题	信息审计	真实性目标	合理保证	被审计单位有问题而审计人员没有发现形成审计法律责任
			有限保证	当审计定性发生错误时，才会形成审计法律责任
		合理性目标	合理保证	被审计单位有问题而审计人员没有发现形成审计法律责任
			有限保证	没有审计法律责任
	行为审计（一般情形）	合规性目标	有限保证	当审计定性发生错误时，才会形成审计法律责任
		合理性目标	有限保证	当审计定性发生错误时，才会形成审计法律责任
	行为审计（以制度为直接对象）	合规性目标	合理保证	被审计单位有问题而审计人员没有发现形成审计法律责任
		合理性目标	合理保证	被审计单位有问题而审计人员没有发现形成审计法律责任

三、审计目标、审计意见和审计责任：不同审计主体的审计法律责任分析

以上以审计主题为基础，从信息审计和行为审计两个角度出发，建立了个关于审计目标、审计意见和审计法律责任关系的理论框架，下面，我们用这个框架来分析我国各审计主体的法律责任。

（一）我国民间审计法律责任分析

目前，我国民间审计的主要业务是财务审计和内部控制审计。我们来分析这两种业务类型的法律责任。就财务审计来说，其审计主题是财务信息，审计目标是真实性，年度报告的审计意见类型是合理保证，在这种情形下，只有被审计单位有重大错报而审计人员没有发现才会形成审计法律责任；中报是审核，其意见类型是有限保证，并且不涉及审计定性，所以，中报审核一般没有法律责任。就内部控制审计来说，其审计主题是约束行为的制度，是一种特殊的行为主题审计，其审计目标是合理性，只有被审计单位内部控制有重大缺陷而审计人员没有发现才会形成审计法律责任。

（二）我国政府审计法律责任

我国政府审计主要从事行为主题审计，其审计目标是合规性和合理性，采取有限保证方式发表审计意见。所以，审计法律责任主要源于审计定性错误，如果审计定性正确，则不会形成审计法律责任。由于目前审计定性的法律法规依据较混乱，难以判断审计定性是否正确，所以，我国政府审计难以发生审计法律责任。

（三）我国内部审计法律责任

我国内部审计以行为主题审计为主，审计目标是合理性和合规性，以有限保证方式发表审计意见，并且，一般不进行审计定性，所以，难以产生法律责任。当然，有一种特殊情形，作为上市公司的内部审计部门，要出具内部控制评估报告，并且以董事会的名义对外公告。此时，是以合理保证方式对内部控制有效性发表意见，如果本单位内部控制有重大缺陷，而发表的意见是内部控制有效，这就出具了错误的审计意见，可能形成审计法律责任。

四、结论和启示

审计作为一种鉴证代理问题和次优问题的制度安排，对其应有责任之担当是其社会价值的基础。本书以审计主题为基础，从审计目标和审计意见的角度，提出一个解释审计法律责任的通用理论框架。

一般认为，只有在发表了错误的审计意见之后，才需要承担相应的审计法律责任。然而，发表什么样的审计意见是由审计目标所决定的，不同的审计目标会要求不同类型的审计意见，从而会产生不同的审计法律责任。而审计目标与审计主题有密切关系，正是不同的审计主题决定了不同的审计目标。所以，总体来说，审计主题决定审计目标，而审计目标决定审计意见类型，不同的审计意见类型会有不同的审计法律责任。

信息审计主题具有真实性和合理性两个审计目标，而行为审计主题具有合规性和合理性两个审计目标。真实性目标、合理性目标可以采取有限保证和合理保证两种保证程度，而合规性目标一般采取有限保证程度，特殊情形下采用合理保证程度。在合理保证方式下，只有在被审计单位有问题而审计人员没有发现时才会形成审计法律责任；在有限保证方式下，当审计定性发生错误时，才会形成审计法律责任。

本书的发现告诉我们，为了规避审计法律责任，除了以应有的职业关注执行审计职业责任之外，正确理解不同审计主题下的审计目标、不同审计目标下的审计意见类型及不同审计意见类型下的审计法律责任至关重要，所以，审慎选择审计主题、确定审计目标和审计意见类型，能有效地规避审计法律风险。

第三节　交易成本、审计主题和政府审计业务外包

在过去的几十年里，业务外包得到了很大的发展，外包已成为当前企业界、政府界与理论界关心的一个热点。就政府部门来说，业务外包已经成为提高公共服务效率效果的重要路径，甚至是现代国家治理的标志之一。政府审计机关是重要的政府部门（广义政府），审计业务外包在不少国家也已经成为常态，如何利用审计业务外包来提高政府审计效率效果已经成为重要的议程（贾云洁，2014）。我国政府审计目前的一个重要问题是审计覆盖率较低，而解决这一问题的一个重要路径是审计业务外包。

然而，政府审计业务外包的理论研究则极为缺乏，关于政府公共服务外包有不少的相关研究（郑闻，2009），关于内部审计业务外包也有很多研究（王光远，瞿曲，2005），关于业务外包的研究可谓汗牛充栋（徐姝，2003）。本书借鉴政府公共服务外包、内部审计业务外包、业务外包的相关研究成果，以交易成本理论为基础，引入审计主题，构建政府审计业务外包理论框架。随后内容安排如下：首先是一个简要的文献综述，梳理政府审计业务外包相关文献；在此基础上，协围绕政府审计业务外包的基本问题，提出一个理论框架；然后用这个理论框架来分析澳大利亚联邦政府审计业务外包，以一定程度上验证本书的理论框架；最后是结论和讨论。

一、文献综述

根据本书的主题，我们简要地对政府公共服务外包、内部审计业务外包、业务外包的相关文献做一概要式的综述，然后再综述政府审计业务外包的相关文献。

关于政府公共服务外包有不少的研究，研究主题涉及公共服务外包内涵及方式、公共服务外包驱动力、公共服务外包效果（Ni，Schneider，2007；句华，2008；郑闻，2009；舒奋，袁平，2012）。关于内部审计业务外包的研究较多，研究主题涉及内部审计业务外包的动因、内部审计业务外包的方式、内部审计业务外包的利弊、影响内部审计业务外包是否成功的因素、内部审计业务外包的后果等（Pelfrey，Peacock，1995；王光远，瞿曲，2005）。还有很多的文献研究业务外包的共同问题，涉及的主题包括：

外包的概念、分类及动因，外包的过程框架，外包决策，外包实施与管理，外包与组织绩效关系（徐姝，2003；吴国新，高长春，2008）。

然而，关于政府审计业务外包的研究则极为缺乏，国外鲜有相关研究（贾云洁，2014），国内的研究也很少，徐向真（2014）分析探讨了我国政府审计业务外包的必要性、政府审计外包的主要形式及其优缺点，并指出了政府审计外包过程应该注意的事项。贾云洁（2014）介绍了澳大利亚政府审计外包的经验及对我国的启示，认为我国审计机关应整合利用外部审计资源，做好审计业务外包的需求分析，外包部分审计业务，聘用临时专职人员，建立健全外包合同管理制度，以更好地应对审计的发展需求和挑战。此外，有些文献从审计资源整合的角度涉及政府审计如何利用民间审计资源（张小秋，2005；车嘉丽，2008；刘玉波，桑海林，2010；张倩，2013）。

总体来说，业务外包、政府公共服务外包、内部审计业务外包的相关研究较为深入，而关于政府审计业务外包的研究则极为缺乏，本书借鉴上述研究成果，以交易成本理论为基础，构建政府审计业务外包理论框架。

二、理论框架

政府审计业务外包涉及理论和操作两个层面的问题，从理论层来说，有二个基本问题：审计业务为什么要外包——外包动因；什么审计业务可以外包——外包业务类型。操作层面是以上述二个基本问题为基础，设计和执行操作制度，主要包括：政府审计业务外包模式、外包步骤、外包付费方式、外包绩效评价、外包质量控制、外包风险控制等。本书关注理论层面的问题，通过对政府审计业务外包二个基本问题的解析，构建政府审计业务外包的理论框架。

（一）审计业务为什么要外包——外包驱动因素

关于业务外包的动因，有经济学、管理学、政治学、社会学等不同视角的理论观点，就经济学来说，也有交易成本理论、委托代理理论、不完全契约理论等不同视角的理论观点（吴国新，高长春，2008）；就管理学来说，也有供应链管理理论、资源基础理论、核心能力理论等不同视角的理论观点（吴国新，高长春，2008）。在上述多种观点中，交易成本理论和核心能力理论是主流观点。

交易成本理论认为，业务外包是降低交易成本的手段，当交易活动的市场成本大于内部交易成本时，则该项活动应全部或部分地在组织内部进行，否则就应在组织外部进行（Williamson，1975）。核心能力理论认为，核心能力是指能使组织长期或持续保持某种竞争优势的能力，属于组织核心能力的活动要加以严格控制和保护，原则上不能进行外包，而其他不重要的活动则应该外包出去，以使组织将更多精力集中在核心能力的培育和保护上（Prahalad，Hamel，1990）。

上述两种观点事实上是异曲同工的（Arnold，2000），对于任何一个组织来说，具有核心能力的活动，其成本会低于市场成本，而不具有核心能力的活动，其成本会高于市场成本。所以，降低成本是核心能力发挥作用的结果，而具有核心能力是成本得以降低的原因。所以，将不具有核心能力的活动外包，让具有核心能力的组织来从事该项活动，从而，该项活动的成本就会降低。一般来说，政府业务外包的背景是新公共管理运动，而降低成本、提高效率效是新公共管理运动的重要主旨，所以，通过业务外包，将市场机制引入政府服务，也就是让具有核心能力的组织来提高其擅长的服务，该项服务的效率会提高，而成本会降低。所以，研究表明，虽然人们似乎也在逐渐意识到为获取竞争优势而需要将外包看作一种战略措施，但实际上人们主要还是将外包看作是一种节省成本的手段，降低成本是实施外包的最主要驱动因素（Arnold，2000）。

既然如此，这是的交易成本是什么呢？Vining&Globerman（1999）认为，组织活动在自制与外包两种选择中存在三种成本：生产成本、谈判成本和机会主义成本，外包的选择依据就是这三种成本之和最小。所以，这里的交易成本应该是生产成本、谈判成本和机会主义成本之和。

下面，我们分析政府审计业务自制和外包情形下的上述三种成本。生产成本是审计业务的直接成本，在自制情形下，生产成本是从审计项目选择到审计报告完成的全部成本，也包括直接相关的管理成本；在外包的情形下，生产成本是支付给承包商的价款。一般来说，自制成本要高于外购价格，其原因是，如果自制成本低于外购价格，则外购就没有价值。为什么外购价格会低于自制成本呢？可能的原因有三个方面：第一，规模经济效应。就某项审计业务来说，对于特定的政府审计机关可能数量并不是很大，但是，对于承包商来说，可能专业从事该项审计业务，接受众多客户的委托来提供该项审计服务，所以，规模较大，达到规模经济的要求，固定成本得到分担、专业化水平得以提高，从而规模经济效应得到产生。第二，范围经济效应。一般来说，政府审计业务的承包商会是某方面审计业务的专业化经营机构，不会从事很多类型的审计业务，而是在特定的一些审计业务上具有较高的专业化水平，也就是说，承包商的业务范围较少，实行专业化经营，从而达到范围经济的要求，具有范围经济效应。第三，市场竞争。一般认为，垄断会降低效率，提高成本，而竞争会提高效率，从而降低成本（Reichelstein，1995）。政府审计业务在自制时，类似于垄断，而在外包时，由于有多个可能的承包商存在，存在市场竞争。通过市场竞争，能降低提高效率，降低成本，从而使得外购价格会低于自制成本。

政府审计业务自制情形下，也存在谈判成本和机会主义成本，但是，大多数的这些成本已经作为自制的生产成本考虑，所以，这里主要从增量成本的角度来考虑外包情形的谈判成本和机会主义成本。

政府审计业务外包的谈判成本包括以下四个方面：签约前的成本，主要是承包商的选择、评价及承包合约谈判相关的成本；签约后的成本，主要是合约变更或未预期事项的谈判成本；监督成本，主要是监督承包商履行合约的相关成本；争议处理成本，当政府审计机关与承包商出现争议时，双方需要谈判甚至发生法律诉讼，从而生产相关成本。谈判成本产生于政府审计机关和承包商的自利。由于自利，各自都希望维护自己的利益，也正是这种自利，增加了谈判的难度，从而增加了谈判成本。

政府审计业务外包的机会主义成本是由于承包商的机会主义行为给政府审计机关及利益相关者带来的损失：一是源于承包商偏离合约，从而给政府审计机关及利益相关者带来损失；二是在合约不完备的情形下，承包商未按最大善意原则行事，而是按自我利益最大化来行事，从而给政府审计机关及利益相关者带来损失。承包商的机会主义行为当然是其自利的表现，但是，这种自利得到实现的条件是信息不对称，也就是说，就特定审计业务而言，由于承包商直接实施审计业务，其掌握的信息质量和数量都优于政府审计机关，承包商正是作用了这种信息不对称来实施其机会主义行为。

以上从政府审计机关的角度分析了谈判成本和机会主义成本。现实生活中，这两类成本是难以严格区分的。正是承包商的机会主义倾向增加了谈判成本和监督成本，所以，在审计业务外包决策中，通常要将这两种成本合并考虑。当然，政府审计机关也存在自利，在合约谈判时，还存在信息优势，所以，承包商也同样会发生谈判成本和机会主义成本，但是，这主要涉及承包商的决策，本书主要是站在政府审计机关的角度。

根据以上分析，政府审计业务外包，一方面会降低生产成本，另一方面会增加谈判成本和机会主义成本。审计业务自制成本＝生产成本，审计业务外包成本＝外购价格＋谈判成本＋机会主义成本。所以，政府审计业务外包

的条件如下:

$$审计业务外包成本 < 审计业务自制成本 \qquad (1)$$

$$外购价格 + 谈判成本 + 机会主义成本 < 生产成本 \qquad (2)$$

$$生产成本 — 外购价格 > 谈判成本 + 机会主义成本 \qquad (3)$$

$$审计业务外包降低的成本 > 审计业务外包增加的成本 \qquad (4)$$

（3）和（4）式表明，政府审计业务从自制改为外包，一方面会增加交易成本，表现为谈判成本+机会主义成本；另一方面会降低交易成本，表现为生产成本——外购价格。只有当降低的交易成本大于增加的交易成本时，政府审计业务外包才会发生。

（二）什么审计业务可以外包——外包业务类型

关于什么样的业务可以外包，有几种主流分析模型。Lepak&Snell（1998）根据业务的价值与独特性两个维度将业务划分为四类：外围业务、核心业务、传统业务和独特业务，核心业务、独特业务一般不宜外包，外围业务首先外包。Vining&Globeman（1999）根据业务的资产专用性与生产复杂性两个维度，将业务划分为四类：低专用性低复杂性、低专用性高复杂性、高专用性低复杂性和高专用性高复杂性，上述业务的外包优先性递减。Arnold（2000）将业务划分为四类：企业核心业务、与核心业务密切相关的业务、支持性业务和可抛弃性业务，上述业务的外包优先性递减。

政府审计机关当然有核心业务和非核心业务，一般来说，审计业务属于核心业务，而为审计业务服务的保洁、IT、行政等属于非核心业务，然而，就审计业务本身来说，难以区分为核心审计业务和非核心审计业务。所以，Lepak&Snell（1998）、Arnold（2000）的分析模型不宜作为政府审计业务外包的分析框架。Vining&Globeman（1999）要求区分业务的复杂性，对于政府审计业务来说，可能也难以做到，因此，他们的分析分析模型不宜采用。从逻辑上来说，既然政府审计业务外包的动因是交易成本驱动的，外包的审计业务类型也应该按交易成本这个路径来分析，并且要按交易成本降低幅度来排定审计业务外包优先程度。本书前面已经指出，交易成本是生产成本、谈判成本和机会主义成本之和。那么，什么因素会影响交易成本？不同的审计业务其交易成本又在什么特点呢？

Coase（1937；1960）指出，科层组织和市场都是交易的运行方式，一种交易是由市场来运行还是由科层组织来运行，是由这两种方式的交易成本所决定的，何种运行方式的交易成本低，就选择何种方式。然而，交易成本是由什么决定的呢？如何能做到交易成本最低呢？Williamson（1981；

1984；1991）研究了上述问题。他以人类有限理性和机会主义为前提，分析了交易的不同治理结构对于交易成本的影响。在他看来，交易治理结构影响交易成本，而影响交易治理结构的是交易特征，所以，正是交易特征和交易治理结构的正确匹配决定交易成本。Williamson 提出了交易治理结构选择的资产专用性原则、外部性原则和科层分解原则，按这三项原则来选择交易治理结构，就能达到交易成本最低。上述三项原则中，科层分解原则实际上是对科层组织能降低交易成本的解释，不是交易治理结构选择的主要原则。所以，资产专用性原则和外部性原则是影响交易治理结构的交易特征。

就政府审计机关来说，审计业务就是审计交易①，自制还是外包的选择，其本质就是选择审计交易的治理结构，如果选择外包，就是选择市场治理，如果是选择自制，就是选择科层治理，所以，正是审计业务特征与审计业务治理结的匹配决定审计交易成本。前面已经指出，交易特征包括资产专用性和外部性两个维度，审计交易同样存在这些交易特征，不同的交易特征需要匹配不同的交易治理构造，如果匹配正确，则交易成本最低，否则，交易成本会增加。同时，不同的审计交易具有不同的交易特征，从而需要不同的交易治理结构。下面，我们借鉴郑石桥（2015）的分析框架来具体分析。

1. 审计业务特征与交易治理结构（自制或外包）

（1）资产专用性原则与审计交易的治理结构选择。随着资产专用性程度增加，市场运行形式的交易成本增加，所以，资产专用性程度决定着交易是由市场还是由科层组织来运行，当资产没有专用性时，经典的市场合约是有效的；当资产半专用时，混合组织就会出现；当资产专用性程度较高时，科层组织将会取代市场（Williamson，1981；1984；1991）。

审计交易当然存在资产专用性问题。DeAngelo（1981）认为，在审计过程中，审计师所使用的知识包括三类：一是通用知识，即适用于所有审计客体的知识；二是行业特定知识，即可适用于特定行业所有审计客体的知识；三是客户特定知识，即只适用于特定客体的知识。应该说，所有的政府审计业务都是针对于特定代理人（国有资源经管责任承担者）所领导的科层组织，都有一定的资产专用性，但是，有些审计交易存在于很多委托代理关系之中，资产专用性程度不高；而另外一些审计交易存在于特定的

---

① 本书视不同情形的习惯在同等意义上使用"审计业务"和"审计交易"。

委托代理关系中，资产专用性程度较高。总体来说，当审计业务的资产专用性程度较高时，政府审计机关应该优先会选择自制；当审计交易的资产专用性程度较低时，政府审计机关应该优先选择外包；当审计交易的资产专用性程度居中时，政府审计机关应该优先选择混合组织。

（2）外部性原则与审计交易的治理结构选择。这里的外部性是指交易一方的非合约行为给对方造成的影响，这种影响可能是正面的，也可能是负面的。随着交易外部性的增加，市场组织形式的效率越低，从而越是可能采用科层组织形式（Williamson，1981；1984；1991）。

审计交易当然存在外部性。例如，审计过程中，审计人可能不按委托人的期望实施审计，并且，审计人的这种行为，一般难以被审计委托人发现；又如，审计过程中，获取了审计客体的一些商业秘密，如果审计人使用这些商业秘密，可能给审计关系的其他方带来不利影响；再如，审计人在审计过程中发现一些可以改进审计客体绩效的机会，如果审计人告诉了审计客体，则可能给审计关系的其他方带来有利影响。但是，审计交易的外部性，最主要体现在审计质量方面，审计人提供的审计产品如果低质量，而委托人及其他利益相关者还难以确认审计质量，这势必给委托人和其他利益相关者带来影响。当然，不同的审计交易其外部性程度不同，有些审计交易无法确定其法律责任，所以，审计质量难以保证，外部性较高；有些审计交易，只能以有限保证方式发现意见，难以衡量审计质量，外部性较高。所以，总体来说，审计交易存在外部性，不同审计交易的外部性还存在差异。既然如此，根据交易的外部性与交易治理结构之间的关系，有如下结论：当审计交易的外部性较高时，政府审计机关应该优先会选择自制；当审计交易的外部性较低时，政府审计机关应该优先会选择外包；当审计交易的外部性居中时，政府审计机关应该优先选择混合组织。

以上所述的审计交易的资产专用性、外部性与交易治理结构之间的关系，归纳起来如表5-6所示。

表5-6 审计交易的资产专用性、外部性与交易治理结构

审计交易特征		审计交易治理结构		
		自制	混合组织	外包
资产专用性程度	高	√		
	中		√	
	低			√

续表

审计交易特征		审计交易治理结构		
		自制	混合组织	外包
外部性程度	高	√		
	中		√	
	低			√
√表示有这种情形				

2. 审计主题与交易治理结构（自制或外包）

本书上面根据审计交易的资产专用性和外部性，分析了审计交易治理结构。然而，审计交易的资产专用性和外部性又是如何形成的呢？我们认为，不同的审计主题具有不同的资产专用性和外部性。

审计主题就是审计人员要发表审计意见的对象，区分为信息和行为两大类（鸟羽至英，1995；郑石桥，宋夏云，2014；郑石桥，2015）。信息主题一般以定量的方式出现，包括通用信息和非通用信息。行为主题一般以定性的方式出现，也包括两种情形：一是以特定的行为作为审计标的，针对审计客体的特定行为是否符合既定标准发表意见；二是以制约人的行为的制度作为审计标的。而制度标的又分为两种情形：一是共性制度，即这种制度在不同审计客体之间具有一定的共性，例如，内部控制制度；二是非共性制度，这种制度在不同审计客体之间的共性较少。不同的审计主题，在形成审计交易时，具有不同的交易特征（资产专用性和外部性）。

下面，我们将资产专用性和外部性结合起来，分析不同审计主题的交易特征。

（1）通用信息。按统一规则生产的通用信息，有两种情形：一是需要根据特定组织特征来进行职业判断的成分不多，此时，审计交易的资产专用性程度较低，并且，对于通用信息的审计一般是以有保证方式发表审计意见，可以明确审计主体的法律责任，从而为审计质量奠定基础，此时，通用信息审计的外部性不高。当资产专用化程度和外部性都不高时，适宜采用市场方式来运行这种审计交易，政府审计机关应该优先会选择外包；二是需要根据特定组织特征来进行职业判断的成分较多，此时，审计交易的资产专用性程度居中，由于同样的原因，其外部性也不高。当资产专用性程度居中，外部性不高时，适宜采用混合方式来运行这种审计交易，政府审计机关应该优先会选择混合组织。

（2）非通用信息。非通用信息是特定组织所特有的，资产专用性程度较高。同时，非通用信息审计难以制定相关的审计准则，也难以确定审计质量，所以，这种审计交易的质量难以得到保障，外部性较高。正是由于非通用信息的资产专用性和外部性都较高，所以，这种审计交易适宜采用科层组织，政府审计机关应该优先会选择自制。

（3）共性制度。共性制度与通用信息的交易特征较为相似，资产专用性具有居中和较低两种情形，外部性较低。所以，适宜采用市场或混合组织来行动这种审计交易，政府审计机关应该优先会选择外包。

（4）非共性制度。非共性制度与非通用信息的交易特征较为相似，资产专用性和外部性都较高，所以，这种审计交易适宜采用科层组织，政府审计机关应该优先会选择自制。

（5）特定行为。特定行为是最典型的行为主题。一方面，由于是特定行为，所以，针对这种行为的审计就具有较高的资产专用性；另一方面，对于特定行为的审计，难以确定相关的审计准则，同时，由于其审计命题的不可穷尽，难以采用合理保证的方式发表审计意见，所以，难以确定审计人的法律责任。因为这些原因，特定行为的审计质量难以保障，这种审计交易的外部性较高。正是由于特定行为审计交易的的资产专用性和外部性都较高，所以，这种审计交易适宜采用科层组织，政府审计机关应该优先会选择自制。

以上所述的审计主题、审计交易特征和交易治理结构之间的关系，归纳起来，如表5-7所示。

表5-7　审计主题、审计交易特征和交易治理结构

审计主题		资产专用性			外部性			交易治理结构（自制/外包/混合组织）
		高	中	低	高	中	低	
信息主题	通用信息		√	√			√	外包或混合组织
	非通用信息	√			√			自制
行为主题	共性制度		√	√			√	外包或混合组织
	非共性制度	√			√			自制
	特定行为	√			√			自制
√表示有这种情形								

三、例证分析：澳大利亚联邦政府审计业务外包

本书以上分析政府审计业务外包的二个基本问题，提出了政府审计业

务外包的理论框架。然而,理论的生命力在于解释现实,下面,我们用这个理论框架来分析澳大利亚联邦政府审计业务外包,以一定程度上验证这个理论框架。

(一) 澳大利亚联邦政府审计业务外包的动因和业务类型

20 世纪 80 年代末,澳大利亚联邦审计署开始采用外包审计,到 2011—2012 年度,财务审计项目的二分之一左右已经外包 (Wilson,2013),也有少量的绩效审计项目涉及外包 (贾云洁,2014)。那么,这一过程是如何发生的? 我们关注其中的二个基本问题: 外包动因、外包业务类型。

20 世纪 70 年代末 80 年代初,一场声势浩大的新公共管理运动在世界范围内掀起,澳大利亚也不例外。借鉴企业的管理方法,追求效率效果、降低成本是这场运动的重要主旨。在这种背景下,1979 年修订的审计法案,授权联邦政府审计长开展效率审计。然而,直到 1988 年 4 月,JCPA (Joint Committee of Public Accounting,属于国会) 对联邦审计署检查时,绩效审计仍然没有得到重视,大量的资源分配到法定的财务审计和合规审计,给予绩效审计的关注和资源非常有限 (JCPA,1989)。后来,在 JCPA 建议下,联邦审计署开始采用审计业务外包,逐步加强同私人会计师事务所的交流和合作。

哪些审计业务外包了呢? 联邦审计署将其审计业务分为三部分:遵循 FMA 法案的联邦政府机构的财务审计,遵循 CAC 法案的联邦法定机构及公司的财务审计,绩效审计,联邦审计署负责完成对遵循 FMA 法案的政府机构的财务审计,而对遵循 CAC 法案的联邦法定机构及公司等,其财务审计则外包给更富经验的私人会计师事务所完成,绩效审计很少外包 (Barrett,1995)。就联邦审计署外包业务的合同构成来说,财务审计外包合同占到总合同量的 60% 以上,而绩效审计外包合同占合同总量的 12%,IT、出版、清洁和法律服务等占到合同总量的 24% (贾云洁,2014)。

(二) 原因分析

为什么会出现外包? 根据本书的理论框架,政府审计业务外包的驱动因素是降低交易成本。从表面看来,联邦审计署开展审计业务外包的原因是因为其人力资源不够,没有资源开展国会期待的绩效审计,所以,业务外包是增加人力资源的路径。问题是,解决人力资源不足有两个途径,一是招聘人员,二是业务外包。为什么 JCPA 建议采用审计业务外包,而不是招聘人员呢? 这应该与新公共管理运动的追求效率效果、降低成本这个主旨相关。就澳大利亚当时的情形来说,市场上能提供财务审计的会计师事务所很多，并且，财务审计是会计师事务所的传统业务，具有竞争优势，政府审计机关将财务审计业务外包给会计师事务所，一方面需要支付审计费用，同时，还会发生谈判成本，并受到受到会计师事务所机会主义行为带来的损失。但是，由于外部竞争机制的存在，上述三方面的成本之和，可能还是低于政府审计机关自行招聘人员来实施审计的生产成本。所以，正是基于交易成本的考虑，政府审计机关选择外包而不是自行招聘人员来自制。

为什么外包的主要业务是财务审计？根据本书的理论框架，审计交易特征决定审计交易是外包还是自制。就财务审计和绩效审计两类审计业务来说，财务审计是对财务报告的审计，而财务报告是基于统一的政府会计准则，所以，财务审计的的资产专用性不强。另一方面，财务审计有成熟的审计准则，要求发表合理保证审计意见，所以，会计师事务所从事财务审计的合约不完备性相对较低，外部性不强。而绩效审计是当时的新业务，不同审计项目的特征不同，资产专用性较强；同时，绩效审计在当时也没有成熟的审计准则，审计意见类型也难以提出明确要求，合约不完备性相对较高，外部性较强。正是因为财务审计和绩效审计的上述交易特征，财务审计业务外包优先于绩效审计。

总体来说，本书提出的理论框架能解释澳大利亚联邦政府审计业务外包的动因及外包的审计业务类型。

四、结论和启示

审计业务外包已经成为各国政府审计机关提高效率效果的重要路径，我国政府审计目前的一个重要问题是审计覆盖率较低，而解决这一问题的重要路径之一是审计业务外包，本书以交易成本理论为基础，引入审计主题，构建政府审计业务外包理论框架。

从理论层来说，政府审计业务外包涉及二个基本问题：审计业务为什么要外包——外包驱动因素；什么审计业务可以外包——外包业务类型。

政府审计业务外包的驱动因素是降低交易成本，当审计业务的市场成本大于内部交易成本时，则该项活动应由审计机关自行完成（自制），否则就外包。这里的交易成本包括生产成本、谈判成本和机会主义成本之和。生产成本是审计业务的直接成本，在自制情形下，生产成本是从审计项目选择到审计报告完成的全部成本；在外包的情形下，生产成本是支付给承包商的价款。一般来说，自制的生产成本高于外包价格是外包的前提条件。政府审计业务自制情形下，也存在谈判成本和机会主义成本，但是，大多数的这些成本已经作为自制的生产成本考虑，所以，主要从增加成本的角度来考虑外包情形的谈判成本和机会主义成本。政府审计业务外包的谈判成本包括以下四个方面：签约前的成本，签约后的成本，监督成本，争议处理成本。谈判成本产生于政府审计机关和承包商的自利，由于自利，各自都希望维护自己的利益，也正是这种自利，增加发谈判的难度，从而增加了谈判成本。政府审计业务外包的机会主义成本是由于承包商的机会主义行为给政府审计机关及利益相关者带来的损失，一是源于承包商偏离合约，二是在合约不完备的情形下，承包商未按最大善意原则行事，而是按自我利益最大化来行事。机会主义成本的前提是信息不对称。

政府审计业务从自制改为外包，一方面会增加交易成本，表现为谈判成本+机会主义成本；另一方面会降低交易成本，表现为生产成本—外购价格，只有当降低的交易成本大于增加的交易成本时，政府审计业务外包才会发生。

关于什么样的业务可以外包，应该按交易成本这个路径来分析，并且要按交易成本降低幅度来排定审计业务外包优先程度。

审计业务就是审计交易，自制还是外包的选择，其本质就是选择审计交易的治理结构，如果选择外包，就是选择市场治理，如果是选择自制，就是选择科层治理，所以，正是审计业务特征与审计业务治理结的匹配决定审计交易成本。当审计业务的资产专用性程度较高时，政府审计机关应该优先会选择自制；当审计交易的资产专用性程度较低时，政府审计机关应该优先选择外包；当审计交易的资产专用性程度居中时，政府审计机关应该优先选择混合组织。当审计交易的外部性较高时，政府审计机关应该优先会选择自制；当审计交易的外部性较低时，政府审计机关应该优先会选择外包；当审计交易的外部性居中时，政府审计机关应该优先选择混合组织。

不同的审计主题，在形成审计交易时，具有不同的交易特征，从而需要不同的交易治理结构。通用信息审计的资产专用性和外部性都不高，适宜外包或混合组织；非通用信息审计的资产专用性和外部性都较高，适用自制；共性制度审计的资产专用性和外部性都不高，适宜外包或混合组织；非共性制度审计的资产专用性和外部性都较高，适宜自制；特定行为审计的资产专用性和外部性都较高，适宜自制。

本书提出的上述理论框架能解释澳大利亚联邦政府审计业务外包的动因及外包的审计业务类型。

我国政府审计目前的一个重要问题是审计覆盖率较低，而解决这一问题的一个重要路径是审计业务外包。目前，我国政府审计机关的主要审计业务类型是行为审计，行为是否合规、是否合理是主要的审计主题，这类审计业务的资产专用性、外部性都较强，并且，外部市场中的会计师事务所并不在这类审计业务中有优势，所以，这类审计业务不适宜外包。但是，有三类审计业务可以考虑外包：一是决算（草案）审计。这类审计的主题是财务信息，与上市公司财务报告审计具有较大的共性，会计师事务所擅长这类业务，而政府审计机关反而不擅长这类业务，可以考虑外包；二是工程价款审计。这类审计业务的资产专用性、外部性都不强，外部许多中介机构都擅长这类业务，可以考虑外包；三是通用内部控制审计。内部控制具有组织粘性，但是，也存在一些具有较大通用性的内部控制，例如，招标、财务、采购、工程等相关的内部控制，具有较大的通用性，对于这类内部控制的审计，可以考虑具有该类特长的中介机构来完成。

第四节　团队生产、审计主题和审计客体选择

团队是指一组代理人，独立地选择努力水平，在一起创造一个共同的产出，且每个代理人对产出的边际贡献依赖于其他代理人的努力，不可独立观测，团队成员之间存在密切的关系，相互依存（张维迎，1996）。从某种意义上来说，任何组织都是团队生产，都面临"搭便车"等代理问题。在委托人建立的监视机制中，审计是其中的重要制度设计。然而，审计客体如何选择呢？是以团队整体为对象，还是以团队领袖为对象？现实生活中的审计客体选择出现了多样化。这其中的原因是什么？现有文献缺乏系统的理论解释。本书以团队生产为背景，从审计主题和团队领袖经管责任的可分离程度出发，提出一个关于团队生产下审计客体选择的理论框架，并用这个理论框架来解释现实生活中的审计客体选择多样化现象。

本书随后的内容安排如下：首先是一个简要的文献综述，梳理相关文献；其次是从团队领袖经管责任及其可分离程度和审计主题的角度，提出一个关于审计客体选择的理论框架；然后，用这个理论框架来解释现实生活中的审计客体选择多样化现象；最后是结论和启示。

一、文献综述

根据本书的主题，我们关注两方面的文献，一是关于团队生产中的监

视客体问题选择；二是自然人作为审计客体的原因。

应对团队生产的"搭便车"等机会主义问题的思路主要有两类：显性的机制设计和隐性的激励。关于显性的机制设计，根据是否可观察团队内部的个人产出，有两种情形：第一，当个人产出可观察且代理人的产出面临共同的风险冲击时，委托人可以设计某种形式的相对绩效评估或者锦标赛来获得揭示代理人的努力信息（Lazear & Rosen，1981；Green & Stokey，1983）；第二，当个人产出不可被第三方观察时，有多种方式应对机会主义行为，可以引入一个剩余索取者或预算平衡约束打破者（Alchian & Demsetz，1972；Holmstrom，1982）；也可以由委托人利用信息原则对代理人进行集体惩罚，以得到近似最优的产出（Rasmusen，1987；Legros & Matsushima，1991；Legros & Matthews，1993）。关于隐性的激励，可以源于集体声誉（BarIsaac，2007；Bretonetal，2006），也可以源于职业关注（董保民，2003），还可以源于同伴压力（Kandel & Lazear，1992；Che & Yoo，2001）。然而，这些文献中都以代理人作为监视客体，这里的代理人究竟是作为一个整体的团队还是作为团队领袖的自然人，未能区分。

关于自然人作为审计客体的原因之研究，主要集中在经济责任审计中。邢俊芳（2005）认为，历史转型期的中国，社会、经济、政治复杂变革，腐败几乎无孔不入。直面腐败现象多发的社会环境背景，政权机关如何惩治腐败、优化党政干部的价值观和职能、保持廉洁和社会责任，显得尤为重要而成为一道严峻课题。对此，约束和内律就成为党政干部的一种必须。徐雪林、郭长水（2005）认为，当前，我国权力制约和监视体系尚不完善，在许多权力使用的过程中不可避免地存在种种权力寻租的现象，从而导致腐败行为。国家审计机关作为专门的监视机构，应当开展的经济责任审计。冯均科（2009）认为，中国几千年的人治文化积淀，法制基础十分薄弱，人治意识还比较常见，在这样一种特殊社会环境下，经济责任审计较好地解决了政府以及国有单位负责人在经济责任履行方面的监视问题。戚振东、尹平（2013）认为，经济责任审计是中国政体国体及其权力运行现状下的特殊产物，是权力安全运行自律和自控的机制设计，是现行干部管理体制实践总结的制度完善，是中国特色国家治理的必然要求。上述这些文献，共同特征是，当前，我国领导干部的不当行为较严重，经济责任审计作为应对领导干部不当行为的制度安排。可以归结为组织治理不健全是领导干部成为经济责任审计客体的原因。

总体来说，在团队生产背景下，审计客体之选择尚未有一个理论框架。

本书以团队生产为背景，从审计主题和团队领袖经管责任的可分离程度出发，提出一个关于团队生产下审计客体选择的理论框架，并用这个理论框架来解释现实生活中的审计客体选择多样化现象。

二、经管责任类型、审计主题和审计客体选择：理论框架

任何组织都是典型的团队生产，组织成员协作生产，每个成员的行为都会对其他成员产生影响。由于团队产出是成员共同合作的结果，因此，每一个成员的实际贡献不能准确地测量，进而无法精确的按照每个成员的贡献去支付报酬，因此，团队生产便产生了"搭便车"的问题。为了减少偷懒行为，团队生产就需要一个监控者，并允许其拥有剩余权益和合同修改权，使其具有监控的积极性（Alchain，Demsetz，1972）。

审计是监控者可以使用的一个重要制度设计。然而，审计客体如何确定呢？一般来说，就项目审计来说，审计客体选择两种情形：一是选择一个组织作为审计客体，称为组织客体；二是选择这个组织的领袖作为审计客体，称为自然人客体。在团队生产的背景下，团队作为一个经管责任的代理人或履行者，委托人需要审计时，是对团队整体进行审计还是对团队领袖进行审计呢？如果选择前者，就是以组织作为审计客体，如果选择后果，就是以自然人作为审计客体。

委托人如何选择呢？委托人使用审计这个制度设计的最终目的是抑制代理人的代理问题。在审计客体选择上，主要涉及以下问题：第一，团队领袖在团队中的作用。如果团队领袖在团队中的作用很重要，则监控团队领袖就有意义，否则，就没有必要对团队领袖专门进行监控。第二，团队领袖的经管责任能否分离。即使团队领袖很重要，需要对其进行专门的监控，如果团队领袖的经管责任无法分离出来，则也无法对团队领袖进行监控。第三，审计主题的选择。一般来说，审计主题分为信息主题和行为主题，不同的主题有不同的载体，由于审计主题选择不同，需要审计的客体也会不同。

基于上述问题的逻辑关系，审计客体选择的理论框架大致如图 5-4 所示。这个理论框架的主要意思是：团队领袖重要性和团队领袖经管责任类型是影响审计客体选择的两个基本要素；前者直接影响审计客体选择，后者通过审计主题和经管责任可分离程度两个路径影响审计客体选择。下面，我们具体阐述这个理论框架。

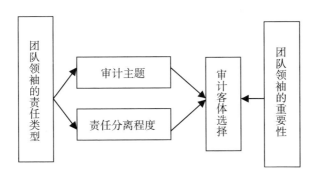

图 5-4　团队生产、审计主题和审计客体选

（一）团队领袖的重要性与审计客体选择

一般来说，委托人当然想知道团队作为一个整体的绩效，所以，团队作为一个整体是审计客体的必然选择。然而，团队领袖是否也要单独作为一个审计客体，首先决定于审计领袖在团队中的重要性。如果团队领袖对于团队的绩效很重要性，则在可能的情形下，委托人有可能对其进行单独的约束和激励，从而有将其单独作为审计客体的需求。

那么，团队领袖是否重要呢？Alchain&Demsetz（1972）的理论模型强调专门从事监控工作的监控者，强调监控者能够占有剩余权益、掌握修改合约条款及指挥其他成员的权利。Holmstrom（1982）的理论构造了一个外来的委托人，以打破预算均衡，否则团队生产永远无法达到帕累托最优状态。这些大师们虽然没有直接讨论团队领袖的重要性，但是，却从另外一个角度，论述了团队关键人物的重要性。

许多文献直接论述了团队领袖的重要性。Miller认为，只有强调团队生产中领导职能的作用，才会助于团队生产困境的有效解决。领导就是激发大家去合作、去冒险、去创新的意愿，让大家去超越那种狭隘的、利己主义的激励所引致的努力水平（盖瑞·J·米勒，2003）。彭晓华（2006）认为，团队生产存在一个根本悖论—要让每个人选择帕累托最优努力水平几乎是不可能的。改善团队生产的一个古老的经典方法是充分发挥"领袖效应"。他从缓解囚徒困境、改变博弈结构、打破预算均衡策略、社会领域资源嵌入生产领域从而扩大博弈的可行策略空间等多个方面分析了"领袖效应"发挥作用的机理。陈玮（2008）认为，有两个角色由一把手来做最好：建立一个清楚的方向（战略的确定），确保班子成员遵守行为准则（游戏规则的监控）。

另外，还有一些文献间接论述了团队领袖的重要性。许多文献明确表明，团队成员是不同质的，即存在相对重要性（张维迎，1995）。这里虽然没有直接论述团队领袖的重要性，但是，隐含团队领袖与团队成员不同。王健、庄新田（2009）发现，团队成员存在相互依赖关系时，部分成员所表现的自我归因偏差不但使其自身对工作热情更高，而且会感染给其他成员，从而降低团队合作道德风险，并提高组织效益。显然，团队领袖是这里的"部分成员"的主体。Larson 的研究发现，团队领导是有效的团队绩效的最重要的因素之一；Zaccaro 发现，团队领导可能是组织中团队最重要的成功因素（朱妙芬，陈永宇，2009）。

既然团队领袖如此重要，委托人当然有可能对进行独立的约束和激励，例如，不少的研究发现，加大 CEO 和高管层平均薪酬的差距可以提高公司绩效（林浚清，黄祖辉，孙永祥，2003）。所以，在团队领袖很重要的情形下，委托人的审计客体选择可能出现双重客体：团队整体和团队领袖。然而，委托人的这个想法能否实现呢？是否有必要将团队整体和团队领袖分别作为不同的审计客体呢？

（二）团队领袖的经管责任类型

委托人将团队整体和团队领袖分别作为审计客体的想法能否实现和是否必要，首先要看团队领袖的绩效能否单独显现，换一个角度，也就是能否将团队领袖的经管责任计量出来，如果不能计量出来，则双重客体就不具有可能性。或者说，如果团队领袖的绩效能计量出来，但是，与团队整体的绩效基本重合，则这种双重审计客体也就没有必要。

一般来说，根据团队领袖的参与程度或努力程度，可以将团队领袖承担的经管责任分为直接责任、主管责任和领导责任。

中共中央办公厅、国务院办公厅印发的《党政主要领导干部和国有企业领导人员经济责任审计规定》，从经济责任审计的角度，对上述三种责任进行了界定。

直接责任是指领导干部对履行经济责任过程中的下列行为应当承担的责任：直接违反法律法规、国家有关规定和单位内部管理规定的行为；授意、指使、强令、纵容、包庇下属人员违反法律法规、国家有关规定和单位内部管理规定的行为；未经民主决策、相关会议讨论而直接决定、批准、组织实施重大经济事项，并造成重大经济损失浪费、国有资产（资金、资源）流失等严重后果的行为；主持相关会议讨论或者以其他方式研究，但是在多数人不同意的情况下直接决定、批准、组织实施重大经济事项，由于决策不当或者决策失误造成重大经济损失浪费、国有资产（资金、资源）

流失等严重后果的行为；其他应当承担直接责任的行为。

主管责任是指领导干部对履行经济责任过程中的下列行为应当承担的责任：除直接责任外，领导干部对其直接分管的工作不履行或者不正确履行经济责任的行为；主持相关会议讨论或者以其他方式研究，并且在多数人同意的情况下决定、批准、组织实施重大经济事项，由于决策不当或者决策失误造成重大经济损失浪费、国有资产（资金、资源）流失等严重后果的行为。

领导责任是指除直接责任和主管责任外，领导干部对其不履行或者不正确履行经济责任的其他行为应当承担的责任。

《党政主要领导干部和国有企业领导人员经济责任审计规定》对上述三种责任的界定，是从责任追究的角度出发，主要关注责任履行中出现的问题。从经管责任的履行角度出发，团队领袖责任当然要包括上述含义，但是，这只是责任履行的消极面。事实上，经管责任履行还有积极面，也就是团队领袖对团队产出做出的贡献（吴秋生，2012）。所以，综合责任的积极面和消极面，我们对团队领袖的直接责任、主管责任和领导责任界定如下：

（1）领导责任就是团队领袖所领导的团队作为一个整体，其经管责任履行过程及其结果，例如，团队的责任目标完成情况，团队的管理情况，团队各种行为的合规合法情况等，都是领导责任。

（2）主管责任就是团队领袖所亲自主管的团队领域，其经管责任履行过程及其结果，例如，这个领域的责任目标完成情况，这个领域的管理情况，这个领域各种行为的合规合法情况等，都是主管责任。

（3）直接责任就是在经管责任的履行过程中，团队领袖本人亲历亲为的事项（不包括对主管领域的职责履行行为），一般有两种情形：一是与团队领袖个人相关的行为，例如，个人财务收支行为，亲自出席的接待行为，亲自操持的交易活动，亲属及朋友与本组织的交易等；二是由于某些原因，超越自己主管的领域所履行的一些事项，例如，本人不主管工程建设，但是，直接插手招标事项。

就上述责任与团队领袖的关联度来说，从领导责任到主管责任再到直接责任是递减的。从委托人的角度出发，对上述责任的关注程度应该也是递减的，对于团队作为一个整体的经管责任履行情况应该最为关心。

当然，对于经管责任的内容有多种分类方法。例如，按照形成经管责任的经济活动分类，可分为财政财务收支责任和其他有关经济活动责任两种；按照履行经管责任要达到的要求分类，可分为真实性责任、合法性责任、效益性责任、公平性责任、环境性责任、安全性责任等多种（吴秋生，2012）。上述这些分类方法，都是针对本书所界定的领导责任的再分类，并未涉及主管责任和直接责任。当然，可以将直接责任、主管责任和领导责任作为分类主干，将其他的责任分类方法结合起来，形成了一个责任分类体系。

然而，团队领袖的上述三种责任类型之界定，对于审计客体选择有何影响呢？上述三种责任之界定，从两个角度影响审计主题选择，一是责任可分离程度，二是审计主题。下面，我们分别讨论。

（三）经营责任可分离程度和审计客体选择

将团队领袖责任分为直接责任、主管责任和领导责任之后，如果这三种责任之间的界限很明确，则完全可以将团队整体和团队领袖作为不同的审计客体来对待；如果三种责任之间的界限不显著，则团队整体和团队领袖就合并成为一个审计客体。所以，三种责任的可分离程度决定了团队领袖是否有必要作为独立的审计客体。

那么，直接责任、主管责任和领导责任的可分离程度是如何决定的呢？一般来说，直接责任是团队领袖亲历亲为的事项，区分较为容易。团队领袖经管责任可分离程度主要体现在主管责任和领导责任的可分离程度。这种可分离程度主要与团队内部的领导制度相关。一般来说，领导制度有首长负责制和集体领导制两种类型，集体领导制又有两种情形，一是委员会制，二是分工负责制。所以，总体来说，团队的领导制度可以有三种选择：首长负责制、委员会制、分工负责制，不同的领导制度下，主管责任和领导责任的可分离程度不同。

首长负责制，又称独任制，即把法定的决策权力集中在一位负责人身上。这种情形下也可能有副职或助手，但是，对于团队生产来说，决策权集中于团队领袖一人。在这种情形下，团队的所有领域都是团队领袖的主管领域，主管责任和领导责任合二为一，无须再区分主管责任和领导责任。所以，在这种情形下，团队的委托人没有必要再将团队整体和团队领袖分别作为不同的审计客体，而是只将团队整体作为审计客体，所有的责任归属都是团队领袖。

委员会制也称合议制，即把组织的决策权力交给一个委员会。对于团队生产来说，决策权不属于团队领袖一个人，而是属于管理这个团队的委员会。在委员会内部，各成员的地位平等，团队领袖并不享有实质上的特权，当然也就没有明确的主管领域。所以，这种情形下，无法区分团队领袖的主管责任和领导责任。当然，对于委员会来说，其领导责任和主管责任已经合二为一。此时，委托人只能选择团队整体作为审计客体。

分工负责制，从某种意义上来说是一种混合领导制度，相对于首长负责制来说，它是集体领导；相对于委员会制来说，它又具有个人分工负责。在这种领导制度下，团队管理层有明确的分工，各有主管领域。团队领袖一方面可能有其主管领域，从而承担主管责任；另一方面，由于其是团队管理层的最高职位，当然对整个团队负有责任，所以，团队领袖对于其他人主管的领域还要承担领导责任。在这种情形下，团队的委托人可以明确区分团队领袖的主管责任和领导责任，前者涉及团队领袖亲自主管的领域，后者涉及团队整体。所以，审计客体选择就出现了团队整体和团队领袖两个客体。

以上所述领导制度、经管责任可分离程度和审计客体选择之间的关系，归纳起来如表 5-8 所示。

表 5-8　领导制度、经管责任可分离程度和审计客体选择

领导制度	经管责任可分离程度	审计客体选择
首长负责制	主管责任和领导责任合二为一	团队整体
委员会制	主管责任和领导责任合二为一	团队整体
分工负责制	主管责任和领导责任可分离	团队整体、团队领袖分别作为审计客体

与此相关的一个问题是，不同领导制度应该如何选择呢？这是个大题目，不属于本书的主题范畴，需要专门讨论。但是，一般来说，集体领导在三种情形下特别具有价值：一是对于特别重大的问题，例如，特别重要的决策，一般需要采取委员会制；二是对于一些规模特别大的组织，一般需要采取分工负责制；三是对于专制文化较浓的地方，为了抑制独裁专制，需要集体领导。

（四）经营责任类型、审计主题和审计客体选择

团队领袖的领导责任、主管责任和直接责任之界定，从两个角度影响审计主题选择，一是责任可分离程度，二是审计主题。前面已经从责任可分离程度这个角度进行了讨论，现在，我们从审计主题这个角度来讨论经营责任类型对审计客体选择的影响。

审计主题就是审计人员所要发表审计意见的直接对象，审计过程就是围绕审计主题收集证据并发表审计意见的系统过程。一般来说，审计主题

可以分为两类：一是信息，也就是通常所说的认定；二是行为，也就是审计客体的作为或过程。团队领袖的经营责任分为领导责任、主管责任和直接责任，不同的责任类型所承载的审计主题不同。委托人关注不同的审计主题，从而会有不同的审计客体选择。

领导责任，是团队领袖所领导的团队作为一个整体，其经管责任履行过程及其结果。从审计主题来说，可以表现为三个：一是团队生产的总体结果，主要表现为一些绩效指标，属于信息主题；二是团队生产的管理过程，主要表现为团队生产的管理制度，管理制度当然是用于制约行为的，所以，属于行为主题；三是一些特定行为，例如，对于国家法律法规的遵守情况，重要合约的遵守情况。一般来说，领导责任是与整个团队相关的，如果委托人关注领导责任相关的审计主题，则团队整体会成为审计客体。

主管责任，是团队领袖所主管领域作为一个整体，其经管责任履行过程及其结果。主管责任的审计主题与领导责任类似，也分别表现为信息、制度和特定行为，只是其范围小于领导责任，是团队领袖所主管的领域。一般来说，主管责任是与团队的某个领域相关的，如果委托人关注主管责任相关的审计主题，则团队整体会成为审计客体。

直接责任是团队领袖本人亲历亲为的事项，一般表现为特定行为，属于行为主题。如果委托人关注直接责任相关的审计主题，则团队领袖会成为审计客体。

以上所述经管责任类型、审计主题和审计客体选择之间的关系，归纳起来，如表 5-9 所示。

表 5-9　经营责任类型、审计主题和审计客体选择

经管责任	审计主题	审计客体
领导责任	信息	团队整体
	行为（制度）	团队整体
	行为（特定行为）	团队整体
主管责任	信息	团队整体
	行为（制度）	团队整体
	行为（特定行为）	团队整体
直接责任	特定行为	团队领袖

根据表 5-9 的经管责任类型、审计主题和审计客体选择之间的关系，关于审计主题和审计客体之间的关系可以提出如下结论：如果关注信息主

题，则以团队整体为审计客体；如果关心制度主题，则以团队整体为审计客体；如果关心团队的特定行为，则以团队整体为审计客体；如果关心团队领袖的特定行为，则以团队领袖为审计客体。

与此相关的一个问题是，委托人所关注的审计主题受到哪些因素的影响。这是个大题目，不属于本书的主题范畴，需要专门讨论。但是，一般来说，委托人对团队领袖的个人行为越是不放心，则越是可能关注团队领袖的个人行为，团队的组织治理越是不健全，越是可能关注团队领袖的个人行为。

三、责任类型、审计主题和审计客体选择：审计客体选择的多样化解释

本书将团队领袖的经管责任分为领导责任、主管责任和直接责任，在此基础上，从责任可分离程度和审计主题两个角度，分析了团队生产情形下，审计客体的选择。下面，我们用这个理论框架来分析现实生活中的审计客体选择多样化，以一定程度上验证这个理论框架。

一般来说，将组织作为审计客体是基本情形，审计客体选择多样化主要表现是否将自然人作为审计客体，目前，主要有两种情形：一是舞弊审计，是以自然人作为审计客体；二是经济责任审计，是以单位主要领导这个自然人作为审计客体。

（一）舞弊审计的审计客体分析

舞弊审计针对的是组织内部人员及有关人员为谋取自身利益或为使本组织获得不正当经济利益而其自身也可能获得相关经济利益采用违法手段使组织经济利益受损的不正当行为，其审计主题是行为。审计客体是组织内部人员及有关人员，是自然人。为什么会产生舞弊审计呢？一般来说，是审计委托人怀疑某些人可能存在舞弊行为。实际上，是委托人对人的特定行为关注。本书前面的理论框架指出，如果关心团队领袖的特定行为，则以团队领袖为审计客体。舞弊审计的委托人关注某人的舞弊行为，从而将该人作为审计客体。为什么会关注某人的舞弊行为呢？本书前面的理论框架指出，团队的组织治理越是不健全，越是可能关注团队领袖的个人行为。审计委托人之所以关注某人的舞弊行为，一般是有舞弊信号了，表明某人可能有舞弊了，而舞弊可能性恰恰与本组织的治理状况有关，在治理不健全的情形下，舞弊的可能性较大。

从现实生活来看，舞弊审计主要经历了两个阶段，在审计的最初发现阶段，由于组织治理都不健全，所以，大多数的委托人对代理人都不放心，

舞弊审计是主要的审计业务。后来，随着组织治理越来越健全，舞弊的可能性降低，财务报表审计逐步占据主要地位。在当代，舞弊审计主要是在一些舞弊风险很高的领域作为专门的审计业务来开展，例如，采购审计、工程审计、招投标审计等。这些领域由于舞弊的可能性大，委托人不放心这些领域的某些人，所以，舞弊行为成为重要的审计主题，自然人成为审计客体。

（二）经济责任审计的审计客体分析

经济责任审计是具有中国特色的审计业务，它包括双重审计客体，一是单位，二是单位主要领导。单位领导作为审计客体，根据本书前面的理论框架来说，也就是团队领袖作为审计客体。经济责任审计为什么要将单位主要领导作为审计客体呢？根据本书前面的理论框架，团队领袖作为审计客体有两种情形，一是主管责任和领导责任可分离，其前提是采用分工负责的领导制度；二是团队的组织治理越是不健全，越是可能关注团队领袖的个人行为。

目前，中国的各种组织，恰恰具有上述两方面的特征。首先，中国的绝大多数组织都实行分工负责的领导制度。关于中国的组织究竟是什么样的领导制度，有不同的认识。《中华人民共和国宪法》第三条规定，国家机构实行民主集中制的原则；第八十六条规定，国务院实行总理负责制，各部、各委员会实行部长、主任负责制。《中华人民共和国国务院组织法》第九条规定，各部、各委员会实行部长、主任负责制。《中华人民共和国地方各级人大和地方人民政府组织法》第六十二条规定，地方各级人民政府分别实行省长、自治区主席、市长、州长、县长、区长、乡长、镇长负责制。《中国共产党党章》第十条规定，党是根据自己的纲领和章程，按照民主集中制组织起来的统一整体。党的各级委员会实行集体领导和个人分工负责相结合的制度。可以看出，这些权威文献对领导制度的表述并不完全相同。所以，关于我国的各种组织究竟是首长负责制还是以民主集中制为基础的集体领导，有不同的认识（吴显庆，2004；黄百炼，2012）。但是，不能否认的是，在现实生活中，绝大多数单位的领导制度中，个人分工负责是其重要内容。正是由于这种制度的存在，可以将主要领导的主管责任和领导责任区分开来。

其次，各种组织的治理制度不健全。我国正处于转型时期，大量旧的制度被废止，而新的制度尚未建立，已经建立的新制度还可能存在缺陷，所以，大量的体制、机制和制度都处于不完善状况，因此，各级领导发生机会主义行为的机会较多，正如江西省原副省长胡长清"落马"后曾说过，"组织的管理和监督对我而言，如同是牛栏关猫，进出自由"。在这种背景下，对于主要领导的行为予以特别关注，当然是理性的选择。

综合起来，正是由于各种组织的治理制度不健全，产生了将领导个人作为审计客体的必要性；正是由于分工负责的领导制度，使得将领导个人作为审计客体的可行性。这二者的结合，就产生了中国式的经济责任审计。

四、结论和启示

任何组织都是团队生产，都面临"搭便车"等代理问题。在委托人建立的监视机制中，审计是其中的重要制度设计。然而，审计客体如何选择呢？是以团队整体为对象，还是以团队领袖为对象？现有文献缺乏系统的理论解释。本书以团队生产为背景，从审计主题和团队领袖经管责任的可分离程度出发，提出一个关于团队生产下审计客体选择的理论框架，并用这个理论框架来解释现实生活中的审计客体选择多样化现象。

团队领袖对团队很重要，委托人当然有可能对进行独立的约束和激励，所以，委托人的审计客体选择可能出现双重客体：团队整体和团队领袖。但是，最终是否出现双重客体还受到团队领袖经管责任的可分离程度及审计主题的影响。

团队领袖的经管责任包括领导责任、主管责任和直接责任。领导责任就是团队领袖所领导的团队作为一个整体，其经管责任履行过程及其结果。主管责任就是团队领袖所亲自主管的团队领域，其经管责任履行过程及其结果。直接责任就是在经管责任的履行过程中，团队领袖本人亲历亲为的事项。

一般来说，直接责任是团队领袖亲历亲为的事项，区分较为容易。团队领袖经管责任可分离程度主要体现在主管责任和领导责任的可分离程度。这种可分离程度主要与团队内部的领导制度相关。在首长负责制下，主管责任和领导责任合二为一，团队整体是审计客体。在委员会制下，其领导责任和主管责任已经合二为一，团队整体是审计客体。在分工负责制下，可以明确区分团队领袖的主管责任和领导责任，审计客体选择就出现了团队整体和团队领袖两个客体。

审计主题就是审计人员所要发表审计意见的直接对象，一般分为信息和行为两类，不同的责任类型所承载的审计主题不同。委托人关注不同的审计主题，从而会有不同的审计客体选择。

领导责任的审计主题包括信息、制度和特定行为，领导责任与整个团队相关，如果委托人关注领导责任相关的审计主题，则团队整体会成为审计客体。主管责任审计主题包括信息、制度和特定行为，主管责任与团队的某个领域相关，如果委托人关注主管责任相关的审计主题，则团队整体会成为审计客体。直接责任一般表现为特定行为，属于行为主题。如果委托人关注直接责任相关的审计主题，则团队领袖会成为审计客体。

由于审计主题与不同类型的经管责任具有密切关联，上述结论也可以换一种表述方式：如果关注信息主题，则以团队整体为审计客体；如果关心制度主题，则以团队整体为审计客体；如果关心团队的特定行为，则以团队整体为审计客体；如果关心团队领袖的特定行为，则以团队领袖为审计客体。

上述理论框架可以解释现实生活中的审计客体选择。舞弊审计的委托人关注某人的舞弊行为，主要原因是舞弊相关的治理不健全，从而舞弊行为成为委托人关注的重要审计主题，具有舞弊可能性的自然人成为审计客体。中国经济责任责任将领导个人作为审计客体，正是由于各种组织的治理制度不健全，产生了将领导个人作为审计客体的必要性；正是由于分工负责的领导制度，使得将领导个人作为审计客体的可行性。这二者的结合，就产生了中国式的经济责任审计。

审计客体涉及的主题问题是"审计谁"，本书的分析表明，领导制度和治理状况是影响审计客体选择的基础性原因，这两个原因通过经管责任的可分离性和审计主题来影响审计客体选择。不同的审计客体选择当然会产生不同的审计效果，所以，了解审计客体的领导制度及治理状况，对于我们科学地选择审计客体并进而提升审计效果，具有重要的意义。

参考文献

陈汉文，实证审计理论［M］，中国人民大学出版社，2012年12月．

鸟羽至英．1995，行为审计理论序说［J］，会计，第148卷第6号，第77-80页．

谢少敏，审计学导论：审计理论入门和研究［M］，上海财经大学出版社，2006．

DeAngelo, L. E. Mandated successful efforts and auditor choice. Journal of Accounting and Economics 4（1982）171-203．

Pittman, J. A., Fortin, S. Auditor choice and the cost of debt capital for newly public firms. Journal of Accounting and Economics 37（2004）113-136．

谢志华，审计变迁的趋势：目标、主体和方法 [J]，审计研究，2008 (5)：21-24.

刘静，试论我国三种审计主体对经济发展的不同影响 [J]，税务与经济，2014 (2)：68-72.

Williamson，O. E. The modern corporation：origins，evolution，attributes. Journal of Economics Literate，Vol. 19，No. 4 (Dec.，1981)，1537-1568.

周勤业，尤家荣，达世华，审计（上海财经大学会计教材系列丛书）[M]，上海三联书店，1996 年.

Coase，R. H. The nature of firm. Economica，Vol. 4，No. 16 (Nov.，1937)，386-405.

Coase，R. H. The problem of social cost. The Journal of Law & Economics，Vol. 3 (Oct.，1960)，1-44.

Williamson，O. E. Corporate Governance. The Yale Law Journal，Vol. 93，No. 7 (Jan.，1984)，1197-1230.

Williamson，O. E. Comparative economic organization：the analysis of discrete structural alternatives. Administrative Science Quarterly，36 (1991)：269-296.

DeAngelo，L. Auditor Independence，Lowballing，and Disclosure Regulation [J]. Journal of Accounting & Economics，August：113- 127，1981.

莫茨·罗伯特·K，夏拉夫·侯因赛·A，审计理论结构 [M]，中国商业出版社，1990.

谢荣，市场经济中的民间审计责任 [M]，上海社会科学院出版社，1994 年.

刘兵，论审计责任 [J]，审计研究，1994 (3)：16-19.

刘力云，审计风险与控制 [M]，武汉测绘科技大学出版社，1998 年.

杨书怀，审计与经济研究 [J]，2008 (1)：46-49.

王朝华，论会计责任与审计责任 [J]，湖北审计，2001 (4)：3.

邱景忠，会计责任与审计责任之比较 [J]，江北法学，2005 (3)：147-149.

方广海，会计师提供虚假验资报告的法律责任 [J]，法学杂志，1996 (4)：34-35.

刘燕，验资报告的真实与虚假会计界与法律界的对立——兼评最高人民法院法函 [1996] 56 号 [J]，法学研究，1998 (4)：92-104.

仇莹，陈纪林，注册会计师执业责任保险初探 [J]，上海会计，2001 (12)：54.

颜军，孙益文，牟蔚，注册会计师审计责任研究［J］，审计研究，2004（6）：68-70.

朱萍，舞弊审计责任：成因与应对［J］，财会研究，2008（14）：66-68.

谢志华，审计职业判断、审计风险与审计责任［J］，审计研究，2000（6）：42-47.

刘明辉，胡波，法务会计、舞弊审计与审计责任的历史演进［J］，审计与经济研究，2005（11）：10-13.

吴溪，审计失败中的审计责任认定与监管倾向：经验分析［J］，会计研究，2007（7）：53-61.

宋夏云，国家审计目标及实现机制研究［D］，上海财经大学博士学位论文，2006年6月.

贾云洁，澳大利亚政府审计外包及其对我国的启示［J］，审计研究，2014（6）：63-71.

郑闻，政府公共服务外包研究综述［J］，天水行政学院学报，2009（1）：80-82.

王光远，瞿曲，内部审计外包：述评与展望［J］，审计研究，2005（2）：11-19.

徐姝，西方业务外包研究成果评介［J］，外国经济与管理，2003（12）：14-17.

Ni, A. Y., Schneider, A. B., The decision to contract out: a study of contracting for E-Governmwnt services in state government［J］. Public Administration Review, 2007, May, 531-544.

句华，美国地方政府公共服务合同外包的发展趋势及其启示［J］，中国行政管理，2008（7）：103-107.

舒奋，袁平，我国政府公共服务外包绩效影响因素的实证研究［J］，浙江社会科学，2012（8）：40-45.

Pelfrey, S., Peacock, E. 1995. A current status report on outsourcing［J］. Internal Auditing, 1995, Fall, 26-32.

吴国新，高长春，服务外包理论演进研究综述［J］，国际商务研究，2008（2）：31-37.

徐向真，政府审计业务外包相关问题探讨［J］，审计月刊，2014（7）：15-16.

张小秋，对国家审计与社会审计、内部审计资源整合的探讨［J］，陕西审计，2005（5）：15-16.

车嘉丽，政府审计和社会审计资源整合的研究［J］，会计之友，2008（6）：48-49.

刘玉波，桑海林，国家审计与社会审计资源整合应把握的关键环节［J］，审计月刊，2010（7）：27-28.

张倩，政府审计与注册会计师审计资源整合发展历程的文献综述［J］，经营管理者，2013（6）：175.

Williamson，O. E. Transaction－cost Economics：the Governance of Contractual Relations ［J］. Journal of Law and Economics，1975（22）：230-256.

Prahalad，C.，&Hamel，G. The Corecompetence of the Corporation ［J］. Harvard Business Review，1990（68）：79-88.

Arnold.，U，New Dimensions of Outsourcing：A Combination of Transaction Cost Economics and the Core Competencies Concept ［J］. European Journal of Purchasing & Supply Management，2000（6）：23-29.

Vining. A，Globerman. S （1999），A conceptual framework for understanding the outsourcing decision. EurManag J 17（6）：645-654.

Reichelstein. S.，1995，Reliance investment under negotiated transfer pricing：an efficiency result，The Accounting Review，70（2），pp. 275-291.

Lepak. D.，P.，Snell. S. A.，Virtual HR：Strategic human resource management in the 21st century. Human Resource Management Review，1998（Autumn）：p215-234.

郑石桥，独立性、审计主题和审计主体多样化［J］，会计之友，2015（1）：127-133.

Coase，R. H. The nature of firm. Economica，Vol. 4，No. 16（Nov.，1937），386-405.

Coase，R. H. The problem of social cost. The Journal of Law & Economics，Vol. 3（Oct.，1960），1-44.

Williamson，O. E. The modern corporation：origins，evolution，attributes. Journal of Economics Literate，Vol. 19，No. 4（Dec.，1981），1537-1568.

Williamson，O. E. Corporate Governance. The Yale Law Journal，Vol. 93，No. 7（Jan.，1984），1197-1230.

Williamson，O. E. Comparative economic organization：the analysis of discrete structural alternatives. Administrative Science Quarterly, 36 (1991): 269-296.

DeAngelo, L. Auditor Independence, Lowballing, and Disclosure Regulation [J]. Journal of Accounting & Economics, August: 113- 127, 1981.

鸟羽至英, 行为审计理论序说 [J], 会计, 1995, 第148卷第6号, 第77-80页.

郑石桥, 宋夏云, 行为审计和信息审计的比较——兼论审计学的发展 [J], 当代财经, 2014 (12): 109-117.

Wilson, G., 2013, Quality Control Around Financial Statements Audits, Australian National Audit Office [R]. http: //www. anao. gov. au/About-Us/ External Audits.

Joint Committee of Public Accounts, 1989, The Auditor General: Ally of the People and Parliament [R], Report 296, Australia Government Publishing Service, CANBERRA.

Barrett., P., 1995, The ANAO - Adding Value to Public Sector Management [EB/OL].

ANAO. 2012. Developing and Managing Contracts: Getting the right outcome, achieving value for Money [S]. http:// www. Anao . gov . au / Publications / Better Practice Guides / 2011-2012 /Developing and Managing Contracts.

张维迎, 博弈论与信息经济学 [M], 上海人民出版社, 1996.

Alchain. A, Demsetz. H., Production, Information Costs and Economic Organization [J], American Economic Review: 1972. 62: 777-795.

Holmstrom, Bengt. Moral Hazard in Team [J]. Bell Journal of Economics, 1982, 13: 324- 340.

Rasmusen, E., Moral Hazard in Risk-Averse Teams, RAND Journal of Economics, 1987, 18 (3), 428-435.

Legros, P., and H. Matsushima, Efficiency in Partnerships, Journal of Economic Theory, 1991, 55 (2), 296) 322.

Legros, P., and S. Matthews, Efficient and Nearly Efficient Partnerships, Review of Economic Studies, 1993, 60 (3), 599-611.

Lazear, E., and S. Rosen, Rank-Order Tournaments as Optimum Labor Contracts, Journal of Political Economy, 1981, 89 (5), 841-864.

Green, J., and N. Stokey, A Comparison of Tournaments and Contracts, Journal of Political Economy, 1983, 91 (3), 349-364.

BarIsaac, H., Something to Prove: Choosing Team work to Create Reputational Incentives for Individuals, Rand Journal of Economics, 2007, 38 (2), 495-511.

Breton, M., P. St-Amour, and D. Vencatachellum, Ability, Reputation, and Preferences for Age Distribution of Teams, Working Paper, 2006.

董保民,团队道德风险的再研究 [J],经济学(季刊),2003 (1) 174-194 页.

Kandel, E., andE. Lazear, Peer Pressure and Partnerships, Journal of Political Economy, 1992, 100 (4), 801-817.

Che, Y., andS. Yoo, Optimal Incentiv efor Teams, American Economic Review, 2001, 91 (3), 526-541.

邢俊芳,经济责任审计对领导干部升迁和奖惩的影响 [J],理论前沿,2005 (5):10-12.

徐雪林,郭长水,经济责任审计对象研究 [J],审计研究,2005 (4):80-83.

冯均科,国家审计问责客体的探讨 [J],财会研究,2009 (10):66-68.

戚振东,尹平,国家治理视角下的经济责任审计发展创新研究 [J],学海,2013 (2):129-135.

张维迎,企业的企业家-契约理论 [M],上海人民出版社,1995.

盖瑞·J·米勒.,管理困境——科层的政治经济学 [M],王勇等译,上海三联书店/上海人民出版社,2003.

彭晓华,关于团队生产中的领袖效应的博弈诠释 [J],工业技术经济,2006 (7):138-141.

陈玮,伟大团队和伟大领袖是彼此创造关系 [M],上海证券报/2008年/4月/30日/第 B06 版.

王健,庄新田,基于自我归因偏差的企业团队生产合作问题研究 [J],预测,2009 (1):15-22.

朱妙芬,陈永宇,团队绩效影响因素的研究综述 [J],人才开发,2009 (5):23-25.

林浚清,黄祖辉,孙永祥,高管团队内薪酬差距、公司绩效和治理结构 [J],经济研究,2003 (4):13-29.

吴秋生,基于责任两面性的经济责任审计方法研究 [J],商业研究,2012 (3):9-14.

吴显庆，我国根本的行政领导制度是首长负责制而不是民主集中制——与《政治学学科综合水平》全国统考指南有关作者商榷［J］，学术交流，2004（10）：1-4.

黄百炼，民主集中制是党和国家的根本组织原则和领导制度［J］，高校理论战线，2012（1）：48-51.

第六章

审计主题对审计理论有何影响？

审计主题对审计的影响是多方位的，本章的任务是阐释审计主题对审计理论的影响，具体包括以下内容：审计主题在审计理论中的作用；基于审计主题的审计学科体系创新研究；行为审计和信息审计之比较——兼论审计学之发展。

第一节　审计主题在审计理论中的作用

审计主题在审计理论中的地位，主要体现在两个方面：一是审计主题在审计理论要素中的地位，二是审计主题在审计学科体系中的地位。

一、审计主题在审计理论要素中的作用

审计有一些基本问题需要回答，主要包括：为什么需要审计？什么是审计？希望审计得到什么？审计谁？审计什么？谁来审计？怎么审计？审计与其环境是什么关系？对于上述这些基本问题的每个方面的阐释，就会形成各个审计理论要素，包括审计需求、审计本质、审计目标、审计客体、审计内容、审计主体、审计方法、审计环境这些理论要素。那么，审计主题与这些审计理论要素是什么关系呢？

审计主题属于审计内容这个理论要素的组成内容，并且在审计内容理论中居于中心地位。审计内容包括三个层级：一是审计对象，二是审计主题，三是审计标的。审计对象是审计内容的最概括层级，例如，前文提到的"财政财务收支及相关经济活动"，审计全覆盖的"公共资金、国有资产、国有资源及领导干部履行经济责任情况"，都是限定了审计对象，但

是，对于审计对象的具体审计内容，却可以有不同的选择，这就产生了审计主题。审计主题是审计对象的分解。审计主题不一定具有匹配的审计载体，为此，对审计主题必须进行再次分解，这就产生了审计标的，例如，财务报表审计的审计主题是历史财务信息，分解的审计标的是交易、余额、列报。审计对象、审计主题、审计标的组成了完整的审计内容体系，而审计主题处于中心地位，它是审计对象的具体化，并且限定了审计标的。以上述认识为基础，下面，我们来分析审计主题与其他各审计理论要素的关系。

（1）审计主题与审计需求的关系。审计需求源于代理问题和次优问题，而代理问题和次优问题可以体现在不同的特定事项，从而形成不同的审计主题，不同的委托人甚至同一委托人在不同的时期，其关注的代理问题和次优问题可能不同，从而对不同审计主题的需求不同，所以，审计主题是审计需求的具体体现，不同的审计主题能满足不同的审计需求，缺乏审计主题，审计需求难以精准，换言之，审计需求只有具体化到审计主题，这种审计需求才能转化为可实施的审计内容。

（2）审计主题与审计本质的关系。审计本质是审计现象的抽象，审计现象会体现审计本质，不同的审计主题会形成不同的审计现象，而不同的审计现象会影响人们对审计本质的认识。例如，长期以来，关于审计本质有不同的观点，这其中的重要原因之一就是不同的人从不同的审计现象来认知审计本质。而不同的审计主题是形成不同审计现象的基础，注册会计师可能更倾向于从财务信息审计的角度来认知审计本质，发达国家的政府审计和军事审计更可能从绩效审计的角度来认知审计本质，而发展中国家的政府审计和军事审计更可能从合规审计的角度来认知审计本质，内部审计更有可能从制度审计的角度来认知审计本质。正是由于不同审计主体的审计主题存在差异，所以，审计现象也存在差异，进而会影响这些审计主体对审计本质的认知出现差异。所以，不同的审计主题会形成不同的审计现象，而不同的审计现象会影响人们对审计本质的认知。要正确地认知审计本质，必须基于各种审计主题形成的各种审计现象的共性，而不能基于某种审计现象的个性特征。

（3）审计主题与审计目标的关系。就审计直接目标来说，有两个层级，一是审计总目标，二是审计具体目标（也称为审计命题）。不同的审计主题会有不同的审计总目标，财务信息、业务信息的审计总目标主要是信息的真实性；行为这种主题的审计总目标是行为合规性；而制度这种主题的审计总目标是制度健全性。所以，不确定审计主题，也无法确定审计总目标。就审计具体目标来说，一般需要以审计标的为对象来确定，是审计总目标在特定审计标的的具体化，而审计标的又是审计主题的分解，所以，审计具体目标的确定也离不开审计主题。

（4）审计主题与审计客体的关系。审计客体涉及审计谁，也就是对那些承担经管责任的代理人进行审计。不同的代理人可能存在不同的代理问题和次优问题，从而需要对不同的特定事项进行审计，进而会形成不同的审计内容，在此基础上会形成不同的审计主题。例如，领导干部经济责任审计中，不同类型的领导干部，经济责任审计内容不同，同一类型、不同单位的领导干部，其经济责任审计的内容也可能不同，这些审计内容的不同，会形成不同的审计主题，要精准地进行领导干部经济责任审计，在审计内容上必须体现上述不同。所以，审计主题与审计客体之间需要匹配，才能做到精准审计。

（5）审计主题与审计主体的关系。审计主体主要涉及谁来审计，主要有两种模式：一是自营，也就是委托人自己设立审计机构来实施审计；二是业务外包，也就是委托人从市场上购买审计服务。选择自营或外包的依据有两个，一是保持独立性，二是符合成本效益原则。审计主题主要与成本效益原则相关。一般来说，不同的审计主体在不同的审计主题方面具有不同的竞争优势，如果每个审计主体从事自己具有竞争优势的审计业务，而将不具有竞争优势的业务予以外包，则整个社会的审计成本会最低，每个单位的审计成本也会符合成本效益原则。例如，就我国目前的状况来说，注册会计师在会计报表审计方面具有竞争优势，政府审计机关在合规审计方面具有竞争优势，而内部审计在内部控制评价方面具有竞争优势，如果每个审计主体主要从事具有竞争优势的业务，而将不具有竞争优势的业务外包，则整个社会的审计成本会最低。所以，审计主题成为不同审计主体的业务分工的基础，基于审计主题的业务分工体系也是整个社会提升审计成本效益性的基础。

（6）审计主题与审计方法的关系。审计方法涉及怎么审计，它与审计主题的关系最为密切，本书后续内容中的审计实施框架将会专门讨论这个问题。这里要强调的是，不同的审计主题有不同的审计标的，进而有不同的审计命题或审计具体目标，在此基础上，还会有不同的审计载体，上述各种不同，决定了不同审计主题的审计取证模式和审计程序会有较大的差异，所以，审计主题是选择审计方法的决定性因素，审计方法要跟着审计主题走。

（7）审计主题与审计环境的关系。审计环境是影响审计的非审计因素，一方面，审计环境会影响审计主题，在不同的审计环境下，不同审计主题的真实审计需求、审计载体会不同，这是审计环境对审计主题的影响；另一方面，审计的终极目标是要发挥审计对审计环境的影响，毕竟人们不是为审计而审计，人们建立审计机制的最终目标是通过审计来影响审计环境，而不同的审计主题达到的审计直接目标不同，进而形成不同的审计成果，从而对审计环境形成不同的影响。一般来说，财务信息审计主要发挥抑制财务信息失真的作用，而业务信息审计主要发挥抑制业务信息失真的作用，行为审计主要发挥抑制违规行为的作用，而制度审计主要发挥抑制制度缺陷的作用。所以，不同的审计主题选择，会影响审计作用于审计环境的不同特定方面。

以上分析了审计主题与各审计理论要素的关系，总体来说，审计主题与审计理论各要素都有密切的关系，是贯穿审计理论各要素的主线。

二、基于审计主题的审计学科体系

审计主题在审计理论中的地位，不仅体现在审计主题是贯穿审计理论各要素的主线，还体现在可以基于审计主题来建构审计学科体系（郑石桥，郑卓如，2015），我们现在来具体阐释这个问题。根据现有文献，审计学科的建构有三个路径：一是按审计主体，不同的审计主体分别成为审计学子学科；二是按审计客体，对不同审计客体的审计分别形成审计学子学科，三是按审计业务类型，不同的审计业务类型形成独立的审计学子学科。上述三种路径构建的审计学科体系的基本情况如表6-1所示。

表6-1　现有的审计学科体系

构建路径	子学科
按审计主体	政府审计学
	内部审计学
	民间审计学
	军事审计学

续表

构建路径	子学科
按审计客体	财政审计学
	金融审计学
	企业审计学
	行政事业单位审计学
	工程审计学
	政策审计学
	资源环境审计学
	…
按审计业务类型	财务审计学
	绩效审计学
	经济责任审计学
	…

　　表6-1所示的三种审计学科体系中,按审计主体和审计客体来构建的审计学科体系都缺乏审计主题,这种路径构建学科体系的路径存在什么问题呢?先来看按审计主体构建的审计学科体系。无论是何种审计主体,其从事的审计业务,从审计主题来说,无非是财务信息、业务信息、行为和制度,如果按审计主体来建立审计学科体系,则不同的审计主体都要研究这四种审计主题如何审计,虽然这些不同的审计主体在对上述四种审计主题进行审计时可能存在一些差异,但是,共性是主流。所以,按审计主体来构建审计学科体系,政府审计学、军事审计、内部审计学和民间审计学之间会存在很大的重复,各个子学科都缺乏相对独立的研究对象,子学科之间交叉严重。

　　再来看按审计客体构建的审计学科体系。无论对何种审计客体进行审计,其审计主题无外乎财务信息、业务信息、行为和制度。虽然不同的审计客体在上述四个主题上会有差异,但是,只要是同样的审计主题,无论何种审计客体,共性是主流。例如,对金融机构的财务报告进行审计,与对企业的财务报告进行审计,显然会有些区别,但是,共性是主流,不能分别建立企业财务审计学和金融机构财务审计学。所以,按审计客体来构建审计学科体系,各子学科的研究对象同样存在重复,子学科之间同样有严重的交叉。

　　同时,从理论上来说,不同的审计学科都要以审计什么、怎么审计为中心,按审计主体建构的审计学科,是以谁来审计为中心,按审计客体来建构的审计学科，是以审计谁为中心，都没有涉及审计什么、怎么审计。

综上所述，按审计主体和审计客体来构建审计学科体系是不科学的，不利于审计子学科的分工，也不利于围绕审计什么、怎么审计为中心来建构审计子学科。

按审计业务类型来构建审计学科体系相对来说是较为科学的。前已叙及，审计内容包括审计对象、审计主题和审计标的三个层级。一般来说，审计业务类型不会按审计标的来形成，所以，审计业务类型的形成要么是基于审计对象，要么是基于审计主题。本书前面已经指出，审计主题是审计对象的具体体现，所以，按审计主题来形成审计业务类型便于与怎么审计、审计目标这些审计基本问题相对接，所以，本书主张按审计主题来形成审计业务类型。如此一来，审计业务类型有两种情形：一是单一审计主题的审计业务，例如，财务报告审计、内部控制审计、财务收支审计，每种审计业务都只有一个审计主题；二是多审计主题的审计业务，例如，经济责任审计，每种审计业务都包括多个审计主题，但是，在具体实施中，还是需要分别不同的审计主题来确定其审计标的、审计命题、审计标准和审计目标。既然如此，按审计主题来构建审计学科体系当然就具有科学性了，各个子学科有自己相对独立的研究对象，并且，便于围绕审计什么、怎么审计为中心来进行学科建设（郑石桥，郑卓如，2015）。基于审计主题的审计学科体系如表 6-2 所示。

表 6-2　基于审计主题的审计学科体系

子学科	研究对象
一般审计学	各种审计现象的共性
财务审计学	财务信息审计现象
绩效审计学	业务信息是绩效信息的载体，所以，绩效审计研究对象主要是业务信息审计现象，包括绩效信息鉴证、绩效水平评价及绩效差异原因分析这些审计现象
合规审计学	行为审计现象
制度审计学	制度审计现象

表 6-2 所示的审计学科体系虽然是本书逻辑推论的结果，但是，事实上，INTOSAI（2007）制定的国际审计准则将审计业务划分为财务审计、绩效审计和合规审计，这与本书提出的体系具有高度一致性，本书只是增加了制度审计学和研究各种审计共性的一般审计学。由于行为审计的审计目

标是行为是否合规，所以，也称为合规审计。

需要说明的是，基于审计主题的审计学科体系中并没有经济责任审计学，从本质上来说，经济责任审计是财务审计、绩效审计、合规审计和制度审计的综合。也就是说，是一次审计中同时关注财务信息、业务信息、行为和制度这四个主题，并且将审计客体聚焦到领导干部。所以，需要进一步研究的是领导干部的经济责任界定和经济责任评价，这并不能成为一门与其他审计学科并行的审计学科。

第二节　基于审计主题的审计学科体系创新研究

学科体系是学科的框架设计，当学科发展到一定阶段，没有适宜的学科框架，就如同没有框架设计而建筑房屋，其效率和效果缺乏基础。最近几十年来，审计学科有了长足的发展，然而，与相邻学科比较起来，这个学科的发展仍然较为落后。这种落后，一方面影响审计教育的发展，除了中国之外，其他国家很少有专门的审计学专业；另一方面也影响审计事业的发展，理论上的不清晰势必会影响审计制度之构建，进而影响审计事业之发展。所以，审计学科体系的构建具有重要的理论和实践意义，一方面，是审计学科发展的基础性问题；另一方面，它看似理论问题，其实具有深刻的实践意义，没有适宜的学科体系，审计学科的发展就会受到制约，而审计学科的落后又会制约审计人员才培养和审计事业的发展。

现有文献对审计学科体系的研究主要关注两个主题，一是审计学科体系的内涵及其属性；二是审计学科体系的构成。然而，关于审计学科的研究对象、审计学科的构建框架等基础性的问题缺乏研究。本书致力于阐述上述基础性问题，以审计主题为基础，分析审计学科研究对象和构建框架，并提出以审计主题为基础的审计学科体系。

随后的内容安排如下：首先是一个简要的文献综述，梳理相关文献；然后，以审计主题为基础，分析审计学科的独特研究对象和学科体系构建框架；在此基础上，分析审计学科分支体系；最后是结论和讨论。

一、文献综述

关于审计学科体系的相关研究主题包括两类，一审计学科体系的内涵及其属性；二是审计学科体系的构成。

关于审计学科体系的内涵及其属性，莫茨、夏拉夫（1990a）认为，审计是一个专门的学科领域，除了从别的学科借用各种概念和方法外，还有自身特有的概念群，这些概念是审计的性质和职能所特有的，不可能从其他学科引入。并且，其他学科领域的概念和方法很少能不加修改就可接受。娄尔行、竹德操（1986）认为，审计学学科体系指审计学科中一系列相互联系、相互依存的科学内容，是审计实践的科学概括。张龙平、李长爱（1992）认为，审计学科体系是审计学科客观系统中不同层次知识类别的内在逻辑结构及其变化规律的科学反映。石爱中（2005）认为，审计学属于社会科学，属于管理类科学，属于应用科学范畴，属于显性知识范畴，具有边缘性和综合性，具有理性特征，具有经验特征，具有多层次多分支的特点。

关于审计学科体系的构成，莫茨、夏拉夫（1990b）从审计理论的角度提出，审计作为一个知识体系由五个层级构成：在最基础层级是其哲学基础，然后依次是审计假设、审计概念、审计准则及其实际应用。此外，一些文献从不同的角度提出了多种观点，可以归纳为二分法、三分法和四分法，大致情况如表6-3所示。

表6-3　审计学科体系构成的主要观点

类型		代表性观点	来源
二分法	观点1	审计学原理，部门审计学	周舜臣（1987）
	观点2	财务审计，管理审计	王光远（1996）
三分法	观点1	审计基础知识，内部审计，外部审计	张鸿欣（1982）
	观点2	基本审计学，财务审计，经济效益审计	娄尔行、竹德操（1986）
	观点3	基础审计学科，职能审计学科，相关审计学科	于东洋（1989）
	观点4	基础审计学科，职能审计学科，相关审计学科	张龙平、李长爱（1992）
	观点5	财务审计，管理审计，技术审计	李会太、史振生（2002）
	观点6	财务审计，绩效审计，合规审计	INTOSAI（1977）
	观点7	财务审计，鉴证审计，绩效审计	GAO（2011）
	观点8	民间审计，政府审计，内部审计	
四分法		审计学原理，财务审计，经济效益审计，专业审计学	边恭甫（1988）

上述这些文献，对于我们认识审计学科体系有较大的启发作用，也引导着审计学科的发展。然而，关于审计学科体系的一些基础性重大问题仍然缺乏研究：第一，审计学科的研究对象究竟是什么？第二，无论是二分法、三分法还是四分法，为什么是这样区分？也就是说，审计学科体系的构建框架究竟是什么？对于上述这些问题认识不清晰，审计学科体系的构建就缺乏清晰的路径。本书在阐述上述两个问题的基础上，提出一个审计学科体系。

二、审计学科的独特研究对象

科学研究的区分，就是根据科学对象所具有的特殊的矛盾性，因此，对于某一现象的领域所特有的某一种矛盾的研究，就构成某一门科学的对象。[①] 审计学科能否成为一门独立的学科，其关键是是否有独立的研究对象。我们认为，审计学科研究对象是审计现象。而审计现象是具有自己特征的现象，其他现象无法涵盖它们，也无法作为其他学科的研究内容。

审计现象作为客观存在有悠久的历史，公元前 3000 多年前的古埃及，法老委任监督官负责对全国各机构和官员是否忠实地履行职责、是否准确地记录财政收支的情况进行检查监督（文硕，1998）；公元前 1000 多年前的西周时期，宰夫就具有审计职掌，主要是检查百官执掌的财政财务收支（方宝璋，2006）。后来，审计分为政府审计、内部审计和民间审计分别发展。到了今天，三大主体的审计各具有特色，民间审计以会计报表审计为主；政府审计业务有合规审计、绩效审计和财务审计，不同国家各有侧重；不同国家的内部审计业务有较大差异，发达国家的内部审计以控制、风险管理和治理评价为主，发展中国家的内部审计业务具有财务审计、经营审计、管理审计兼容的特点（黄溶冰，王素梅，王旭辉，2014）。

这些各种各样的审计现象是无法否认的。然而，这些现象是否具有某种逻辑结构呢？也就是说，能否为它们建立一个分类体系呢？很显然，可以从不同审计主体的视角来对上述审计现象进行归纳，这就产生了政府审计、内部审计和民间审计。也可以从审计客体视角来归纳，这就产生了企业审计、行政事业单位审计、金融审计、工程审计、环境审计等。还可以从审计内容视角来归纳，这就产生了财务审计、绩效审计、合规审计等。按上述视角对审计现象进行归纳之后，围绕每类审计现象分别进行研究，就产生了不同的审计学分支。

---

① 矛盾论，载于《毛泽东选集（第一卷）》，人民出版社，1991 年。

无论采用上述何种视角对审计现象进行归纳，都存在一些逻辑上的问题，主要表现在矛盾律和排中律两个方面。矛盾律通常被表述为 A 不是非 A，或 A 不能既是 B 又不是 B。排中律通常表述为 A 是 B 或不是 B。例如，从审计主体视角归纳的审计现象体系，政府审计、内部审计、民间审计中都可能有财务审计，此时的财务审计就成为既是政府审计，又是内部审计，还是民间审计；从审计客体视角归纳的审计现象体系，针对各审计客体的审计都可能存在财务审计，此时的财务审计就成为既是企业审计，也是行政事业单位审计、金融审计，还是工程审计、环境审计；从审计内容来归纳的审计现象体系，绩效审计中的绩效可能包括财务绩效，甚至还包括是否合规，同时，内部控制审计、管理审计、经济责任审计是财务审计、绩效审计、合规审计无法包容的。

上述这些描述显示，各类视角归纳的审计现象体系都存在一定的逻辑问题。能否找到一个不具有逻辑问题的审计现象分类体系呢？有的，按审计主题（audit subject matter）来对审计现象进行分类，就能形成一个没有逻辑问题的审计现象分类体系。

无论何种审计，都具有一个共同的要素，就是以特定事项为主题，以既定标准为基础，围绕特定事项收集证据，对特定事项与既定标准之间的一致性程度发表意见。这里的特定事项就是需要审计人员发表审计意见的事项，也就是审计主题。尽管审计现象各种各样，但是，仔细观察，都是围绕审计主题来收集审计证据，然后，就审计主题与既定标准之间的一致性程度发表审计意见。所以，无论何种审计现象，审计主题都是其基础性要素。

需要说明的是，审计主题与审计事项、审计对象不同。审计事项是审计主题的分解，为了对审计主题发表意见，必须将审计主题再分解成一些审计事项，以审计事项为单元来收集审计证据，综合所有相关审计事项的审计证据，对审计主题形成结论。例如，财务信息作为审计主题，需要分解为不同的交易、余额和列报及其认定来收集审计证据。审计对象关注是"审计谁"的问题，而审计主题关注的是"审计什么"的问题。一般来说，审计对象应该是审计主题的主体。

那么，审计主题又有哪些呢？通过观察各种各样的审计现象，审计主题只有两类，一是信息，二是行为（鸟羽至英，1995；谢少敏，2006）。王文彬、林钟高（1989）认为，审计作为一个经济监督系统，在实践上出现了两个对象：一是审计的监督与管理控制对象；二是审计的处理对象，前者为客观存在的经济活动，后者是客观存在的经济活动信息。事实上，这里的经济活动就是行为主题，而这里的经济活动信息，就是信息主题。

一般来说，审计人员员对信息主题可以发表两方面的意见：第一，信息是否真实；第二，如果信息反映的是绩效，可以将真实绩效与一定的标杆进行比较，对绩效水平发表意见。对于行为主题也发表两方面的意见：第一，行为是否合规合法；第二，行为是否合理，也就是是否存在改进潜力。审计人员员无论是对信息还是行为发表意见，都需要搞清楚经济活动的本来面目，这涉及经济活动的很多要素，包括：经济活动的主体（谁的行为）、地点（在哪个地点的行为）、对象（作用于谁）、时间和后果等，但是，这些要素只是作为审计证据的组成内容，审计人员员并不对这些要素本身发表意见。

作为审计主题的信息就是审计客体的陈述或者认定，审计人员需要就审计客体的陈述或者认定发表意见，一般来说，这种认定或陈述是以定量的形式来表达。例如，会计报表审计是典型的信息审计，其审计主题就是会计报表信息，也就是会计报表中表达的各种认定或陈述。信息本身又可以分为两类，一类是财务信息，主要是货币计量，各类会计资料中的信息是其典型形式；另一类是业务信息，主要是非货币计量，各类统计资料中的信息是其典型形式。以信息为主题的审计，就是对上述各类信息是否与既定标准一致发表意见。

作为审计主题的行为是审计客体的特定作为或不作为。从行为的内容和属性来看，行为可以分为业务行为、财务行为和其他行为。这里的业务行为是从事本组织或本岗位职责所发生的行为，不同的组织或不同的岗位具有不同的职责，从而具有不同的业务行为。从行为主体来看，行为区分为组织行为和自然人行为，组织行为是特定组织在履行其经管责任中具有重要影响的作为或不作为，自然人行为是特定的自然人在履行其经管责任中具有重要影响的作为或不作为。另外，对于任何行为都会有一定的制度来对其进行约束，例如，对于差旅费开支行为，一般来说，会建立差旅费开支制度，差旅费开支行为和约束这些行为的差旅费开支制度是一枚钱币的两面，如果差旅费开支制度是合规并且合理，同时还得到有效执行，则差旅费开支行为本身也就可能合规合理，否则，差旅费开支行为可能出现不合规或不合理。从审计终极目标来说，是通过审计及相关利益者的行动来抑制差旅费开支的不合规或不合理现象，但是，从审计需求和审计路径来说，既可以直接对差旅费开支行为进行审计，也可以对差旅费开支制度进行审计，如果将差旅费开支行为这类特定的作为或不作为称为具体行为，而将约束差旅费开支的制度称为制度，则行为主题可以区分为具体行为和制度。以行为为主题的审计，就是对上述各类行为是否与既定标准一致发表意见。

虽然审计主题分为信息主题和行为主题，但是，二者存在密切的关系。从某种意义上来说，信息是行为的过程或结果，所以，从一定意义上来说，信息主题与行为主题具有形式与实质的关系，例如，财务信息反映的经营成果和财务状况，而经营成果和财务状况是一定主体操持一定资源的结果，体现这种主体的经营行为和财务行为。然而，就审计主题来说，信息主题主要关注信息是否真实、信息反映的绩效处于何种水平，行为主题主要关注行为是否合规合理，这两种主题能满足不同的审计需求，审计委托人在不同的组织治理模式等审计环境下，会有不同的审计需求，从而关注不同的审计主题（郑石桥，周天根，王玮，2015）。

所以，总体来说，有二类四种审计主题：信息主题，包括财务信息和业务信息；行为主题，包括具体行为和制度。各种各样的审计现象都可以归结为上述四审计主题或它们的组合。例如，财务审计的核心主题是财务信息审计，绩效审计的核心主题是绩效信息（包括财务信息和业务信息），合规审计的核心主题是行为，内部控制审计的核心主题是制度，经济责任审计是综合性，涉及多类主题。

按审计主题将审计现象归纳为财务信息审计、业务信息审计、具体行为审计、制度审计这四类，解决了审计现象的逻辑分类体系。然而，这些审计现象是否具有独特性呢？或者说，这些审计现象是否有必要建立单独学科来研究呢？我们分别来分析这四类审计现象。

财务信息审计以财务信息为审计主题，而财务信息是会计的产品，所以，其相邻学科是会计学，财务信息审计能否作为会计学的研究对象呢？莫茨、夏拉夫（1990c）指出，把审计作为会计一分支是完全错误的，审计并不是会计一部分，审计另有渊源，它们是同事关系，会计是对财务信息的确认、计量、记录和报告，而审计是检查上述确认、计量和报告的妥当性。很显然，会计学研究的是如何生产财务信息，而财务信息审计研究的是如何鉴证上述财务信息生产过程是否符合既定标准，财务信息审计现象并未纳入会计学的研究之中。

业务信息主要是非货币计量指标，这些信息是社会经济统计的产品，所以，其相邻学科是社会经济统计学。基于财务信息审计相同的道理，业务信息审计也不能纳入其相邻学科——社会经济统计学之中。社会经济统计学研究是如何生产社会经济统计信息，而业务信息审计研究的是如何鉴证上述业务信息生产过程是否符合既定标准。

具体行为审计以具体行为作为审计主题，关注具体行为是否合规合理，当关注是否合规时，其相邻学科是法学（包括犯罪学、刑罚学、行政刑罚学、经济刑罚学等），当关注是否合理时，其相邻学科是管理诊断学。法学相关学科研究的是各类犯罪行为及其惩罚，而具体行为审计研究的具体行为包括两类：一是违规行为，二是次优行为。违规行为与犯罪行为具有一定的相似性，然而，违规毕竟不是犯罪，所以，违规行为并未纳入法学相关学科的研究；至于次优行为，完全是人类有限理性所致，与犯罪行为完全无关，法学相关学科完全不涉及这些内容。管理诊断学提示经营管理中的次优问题，管理诊断学并不对总体发表意见，从而也不存在对意见承担责任，主要发挥咨询功能，而不是鉴证功能，同时，也不要求具有独立性。具体行为审计可以借鉴管理诊断的方法，但是，要求具有独立性，主要发挥鉴证功能。所以，具体行为审计并不能成为法学或管理诊断学的研究对象。

制度审计关注约束行为的制度是否存在缺陷，其相邻学科是管理诊断学，制度审计能否作为管理诊断学的研究对象呢？虽然管理诊断和制度审计都会寻找制度缺陷，然而，二者存在重要区别：第一，管理诊断主要发挥制度咨询功能，而制度审计主要发挥制度鉴证功能；第二，管理诊断并不要对制度整体的有效性发表意见，而制度审计则必然对制度整体有效性发表意见；第三，管理诊断并不一定要求具有独立性，而独立性是制度审计的灵魂；第四，管理诊断由于不发表整体性意见，所以，也不会因此而承担法律责任，而制度审计则必须对审计结论承担法律责任。所以，制度审计不能纳入管理诊断学的研究对象。

总体来说，四类审计现象都未纳入相邻的学科之中。相邻学科是如此，与审计现象较远的学科就更不会将审计现象纳入其研究对象之中了。

综合上述分析，我们可以得出第一个结论：审计主题是审计现象分类的框架，由财务信息审计、业务信息审计、具体行为审计和制度审计组成的审计现象具有独特性，是独立的研究对象。所以，审计学科具有独特研究对象，应该成为独立学科。

三、审计学科体系的构建框架

既然审计学科要成为独立的学科，那么，如何构建其学科体系呢？无疑，审计学科体系的构建是一项知识工程。Schreiber（2013）认为，知识工程是一种建模活动，模型是对现实的某一部分进行的一种有目的的抽象。这段话告诉我们，审计学科是审计现象的抽象，要根据审计现象的逻辑来构建审计学科体系。

本书在文献综述中提到，关于审计学科体系有二分法、三分法、四分法，虽然在多数文献中并没有明确提出审计学科体系的构建框架，但是，仔细分析，主要有三种构建框架：一是按审计主体来构建，形成政府审计学、内部审计学和民间审计学；二种方法是按审计内容来构建，这就形成了财务审计、绩效审计和合规审计；三是按审计客体来构建，这就形成了各种部门审计学。每种审计学再分为理论和应用两个层级。基本情况如表6-4所示。

表6-4　现有的审计学科体系

项目		理论审计学	应用审计学
按审计主体构建	政府审计	★	★
	内部审计	★	★
	民间审计	★	★
按审计客体构建	财政审计	★	★
	企业审计	★	★
	行政事业单位审计	★	★
	金融审计	★	★
	工程审计	★	★
	……	★	★
按审计内容构建	合规审计	★	★
	财务审计	★	★
	绩效审计	★	★
★表示有这种审计学			

上述三类审计学科的构建框架，很显然是受到审计现象分类体系的影响，正是将审计现象从审计主体、审计客体和审计内容三个视角进行分类，相应地就产生了三类审计学科体系的构建框架。然而，本书前面已经指出，按审计现象从审计主体、审计客体和审计内容三个视角对审计现象进行分类，都存在逻辑上的问题。所以，按这些审计现象分类建立起来的审计学科体系也同样存在逻辑上问题。

本书前面已经指出,按审计主题对审计现象进行分类,能建立一个具有内存逻辑的分类体系,这个体系包括二类四种审计主题:信息主题,包括财务信息和业务信息;行为主题,包括具体行为和制度。在审计基本问题上(例如,为什么需要审计,什么是审计,审计谁,审计什么,谁来审计,审计目标是什么,怎么审计,审计与环境是什么关系),这四类主题,既有共性,也有个性(郑石桥,宋夏云,2014)。正是因为如此,审计学科体系也应该按每类审计现象来建立,一般审计学研究四类审计现象的共同规律、原理、技术、方法;每种审计学研究该种审计现象的规律、原理、技术、方法。而对于共同及每种审计现象的研究,再区分为理论和应用两个层级。如此一来,就形成了具有逻辑结构、并且与现实生活中的审计现象相对应的审计学科体系,如表6-5所示。

表6-5　基于审计主题的审计学科体系

项目	研究对象	理论审计学	应用审计学
一般审计学	所有的审计现象	★	★
财务信息审计学	财务信息审计现象	★	★
业务信息审计学	业务信息审计现象	★	★
行为审计学	具体行为审计现象	★	★
制度审计学	制度审计现象	★	★
★表示有这种审计学			

到此为止,我们可以得出第二个结论:审计主题是审计学科体系的构建框架,审计学科体系包括一般审计学、财务信息审计学、业务信息审计学、行为审计学和制度审计学,同时,每类审计学再区分为理论和应用两个层级。

四、审计学科各分支体系的主要内容

以上以审计主题为框架,提出了一个审计学科体系。下面,我们对每门审计学的内容做一个简要的勾画。

(一)一般审计学

一般审计学研究各类审计现象的共性,其理论层级也可称为审计基础理论,研究审计的基本问题,对这些基本问题的回答就构成审计基础理论。第一,为什么需要审计?这个问题的回答就是审计需求。第二,什么是审计?这个问题的回答就是审计本质。第三,审计谁?这个问题的回答就是审计客体。第四,谁来审计?这个问题的回答就是审计主体。第五,审计什么？这个问题的回答就是审计内容？第六，期望审计干什么？这个问题的回答就是审计目标。第七，如何审计？从审计基础视角出发，这里只是关注审计方法论层面的问题，所以，这个问题的回答就是审计方法论。第八，审计作为一个系统，与系统环境是什么关系？这个问题的回答就是审计环境。

一般审计学的应用层级可以称为审计学基础或基础审计学，研究各类审计共同的原理、概念、步骤、方法和技术等。

（二）财务信息审计学和业务信息审计学

财务信息审计学分为理论和应用两个层级，理论层级的财务信息审计学研究财务信息审计的基本问题，包括财务审计信息需求、财务信息审计本质、财务信息审计主体、财务信息审计客体、财务信息审计内容、财务信息审计目标、财务信息审计模式及财务信息审计环境等；应用层级的财务信息审计学研究财务信息审计的原理、概念、步骤、方法和技术等。

业务信息审计学也分为理论和应用两个层级，其研究内容类似于财务信息审计学，只是审计主题由财务信息改为业务信息。

（三）行为审计学和制度审计学

行为审计学分为理论和应用两个层级，理论层级的行为审计学研究具体行为审计的基本问题，包括具体行为审计需求、具体行为审计本质、具体行为审计主体、具体行为审计客体、具体行为审计内容、具体行为审计目标、具体行为审计模式、具体行为审计处理处罚、具体行为审计整改及具体行为审计环境等；应用层级的具体行为审计学研究具体行为审计的原理、概念、步骤、方法和技术等。

制度审计学也分为理论和应用两个层级，理论层级的制度审计学研究制度审计的基本问题，包括制度审计需求、制度审计本质、制度审计主体、制度审计客体、制度审计内容、制度审计目标、制度审计模式、制度审计建议、制度审计整改及制度审计环境等；应用层级的制度审计学研究制度审计的原理、概念、步骤、方法和技术等。

到此为止，我们可以得出第三个结论：审计学科各分支学科都有自己的独立的研究对象，形成自己独立的研究内容体系，各分支学科结合起来，形成完整的审计学科体系。

五、结论和讨论

审计学科体系的构建影响审计学科的发展路径。本书以审计主题为框架，研究审计学科体系。总体来说，本书有如下结论：（1）审计主题是审计现象分类的框架，由财务信息审计、业务信息审计、具体行为审计和制度审计组成的审计现象具有独特性，是独立的研究对象。所以，审计学科具有独特研究对象，应该成为独立学科。（2）审计主题是审计学科体系的构建框架，审计学科体系包括一般审计学、财务信息审计学、业务信息审计学、行为审计学和制度审计学，每类审计学再区分为理论和应用两个层级。（3）审计学科各分支学科都有自己的独立的研究对象，形成自己独立的研究内容体系，各分支学科结合起来，形成完整的审计学科体系。

本书讨论的审计学科体系构建具有重要的意义。尽管审计历史很悠久，但是，发展到目前为此，得到较好发展的主要是财务信息审计学，主要体现在两个方面：（1）大多数的审计学著作，其实就是财务信息审计学。例如，被全球审计学界奉为"圣经"的《蒙哥马利审计学》、代表英国最高水平的《迪克西审计学》及世界广为采用的阿伦斯《审计学：一种整合方法》，实质上都是财务信息审计学。（2）大多数的审计理论著作，其实就是财务信息审计理论。例如，莫兹、夏拉夫的《审计理论结构》，安德森的《外部审计：概念和技术》，尚德尔的《审计理论：评估、调查和判断》，汤姆·李的《公司审计：概念与实务》，弗林特的《审计理论结构和原理导论》，实质上都是关于财务信息审计的理论。

对于业务信息审计的研究很少，除了借用财务信息审计方法外，业务信息审计有一些新方法。例如，英格兰及威尔士审计委员会要求相关国家审计机关对公共部门的绩效指标进行审计，由于这些绩效指标大多数是业务信息，这些审计机关采用的工作方法是，不对数据本身进行审计，而是对数据产生流程进行审计，并公布对这些流程的审计结果（Bowermna，1995）。总体来说，业务信息审计还处于很基础的阶段。

行为审计历史源远流长，然而，对它的研究却很少（审计行为有大量的研究，但是，审计行为不是行为审计）。合规审计、舞弊审计是具体行为审计的典型代表，虽然有悠久的历史，却没有成熟的理论、原理、程序、技术和方法，从各国及国际审计组织的审计准则可以看出，并未形成公认的审计实务，凭经验审计的成分很多。

内部控制审计/管理审计是制度审计的典型代表，虽然有一定的历史，一些国家和国际审计组织也颁布了审计准则，但是，这些准则都是原则导向的，职业判断的成分很大，这也一定程度上说明，这些审计的实务还较多地处于凭经验审计的阶段，与之相一致，这些领域的制度审计学也不成熟。

除了各类专业审计学，还有定位于各类审计共同基础的一般审计学，能作为共同理论基础的审计基础理论还未出现，应用层面的审计共同原理、方法、技术等还具有深厚的财务信息痕迹。

总体来说，已经发展起来的审计学，主要是财务信息审计学，业务信息审计学、行为审计学、一般审计学还处于较为基础的阶段，是今后需要大力发展的领域。

第三节　行为审计和信息审计之比较
——兼论审计学之发展

任何审计都是围绕一定的主题来展开的，通常将这个主题称为审计主题（subject matter）。事实上，审计主题也就是审计人员所要发表审计意见的直接对象，审计过程就是围绕审计主题收集证据并发表审计意见的系统过程。一般来说，审计主题可以分为两类：一是信息，也就是通常所说的认定；二是行为，也就是审计客体的作为或过程。与上述两类主题相对应，审计也区分为信息审计和行为审计，信息审计的审计主题是信息，而行为审计的审计主题是行为（谢少敏，2006）。由于两类审计主题不同，引致它们在许多的审计基本问题上都存在重大差异。然而，在审计学的发展过程中，主要关注了信息审计，对行为审计缺乏研究。

本书以审计主题为基础，就审计基本问题，对信息审计和行为审计进行比较，并在此基础上就审计学发展之现状和未来之展望做些思考。本书随后的内容安排如下：首先是一个简要的文献综述，梳理相关文献；在此基础上，就审计的十个基本问题，对信息审计和行为审计进行比较；然后，从信息审计和行为审计视角，分析审计学发展之现状，并展望未来之发展；最后是结论。

一、文献综述

信息审计包括财务信息审计和业务信息审计。以财务报表为代表的财务信息审计有大量的研究，可以说是汗牛充栋（罗伯特·K·莫茨，侯赛因·A·夏拉夫，1990）。这些研究大多数都是站在注册会计师审计的角度。但是，对于业务信息审计的研究很少，除了借用财务信息审计方法外，业务信息审计有一些新方法。例如，英格兰及威尔士审计委员会要求相关国家审计机关对公共部门的绩效指标进行审计，由于这些绩效指标大多数是业务信息，这些审计机关采用的工作方法是，不对数据本身进行审计，而是对数据产生流程进行审计，并公布对这些流程的审计结果（Bowermna，1995）。

与信息审计相比，行为审计历史源远流长，然而，对它的研究却很少（审计行为有大量的研究，但是，审计行为不是行为审计）。国外的代表性人物是日本的鸟羽至英，他认为，行为审计有如下特定问题：需要就评价标准达成共识，需要对当事人的行为优劣进行评价，因此，评价标准达成共识是行为审计顺利进行的必要条件；通常审计人被授予较大的权限，由于评价特定行为是非的标准很难在短时间内达成共识。因此，行为审计往往授予审计人较大的权限以保证当事人接受审计结论；往往缺乏确定的审计命题，行为审计通常是一种责任方并没有给出认定，需要审计人员确定审计命题。在缺乏相应的行为标准的情况下，意味着审计人员必须自己判断并决定审计对象的领域；只能提供消极保证，因为审计命题的宽泛性和模糊性，行为审计只能提供消极保证；受伦理道德的影响较大，行为审计对审计人员带来很大的心理负担，行为审计是否有所作为，与审计人员的个人素质有很大的关系（鸟羽至英，1995）。国内只有谢少敏（2006）在其教材《审计学导论——审计理论入门和研究》中提到信息审计和行为审计的概念，并介绍了鸟羽至英教授的研究（谢少敏，2006）。

行为审计的一个相关的领域是网络用户行为审计，是指在获得网站访问基本数据的情况下，对有关数据进行统计、分析，从中发现用户访问网站的规律。针对网络用户行为审计有不少的研究，主要关注其中的技术（刘恒胜，2005）。网络用户行为审计虽然不是原本意义上的行为审计，但是，对行为审计有一定的启发。

总体来说，业务信息研究研究缺乏，行为审计研究更缺乏。本书做最基础性的研究，就审计的十个基本问题，对信息审计和行为审计进行比较，并在此基础上就审计学发展之现状和未来之展望做些思考。

二、行为审计与信息审计之比较

行为审计与信息审计由于审计主题不同，所以，在审计的许多基本问题上都呈现差异。我们这里从审计动因等十个审计的基本问题，对行为审计与信息审计进行比较。

（一）审计动因

审计动因就是审计产生的原因。一般来说，审计源于委托代理、机会主义倾向和问责，在委托代理关系下，由于信息不对称、激励不相容和环

267

境不确定等原因，代理人可能会产生机会主义倾向，如果委托人对代理人的这种机会主义倾向介意，则就会产生问责需求，审计是适应问责需求而产生的一种独立鉴证机制，机会主义倾向是审计的动因（郑石桥，陈丹萍，2011）。

然而，信息审计和行为审计由于审计主题不同，上述机会主义倾向和问责的内容不同。就信息审计来说，代理人的机会主义倾向主要表现为信息虚假，也就是说，代理人在向委托人或其他相关者提供信息时，故意弄虚作假，以达到实现其自利的目的。针对代理人的信息机会主义倾向，委托人的问责需求是搞清楚信息的真实状况。此时，适应这种问责需求的审计，就是对代理人提供的信息（具体表现为认定）进行鉴证。所以，信息机会主义倾向是信息审计的动因。

就行为审计来说，代理人机会主义倾向主要表现为不按委托人的期望或约定来实施特定的行为或过程。在委托代理关系中，委托人对代理人并不只是一种结果上的期望，还有行为或过程方面的期望，也就是期望或要求代理人按特定的方式来实施某些行为，而由于信息不对称、激励不相容和环境不确定等原因，代理人可能会偏离委托人的期望或要求，实际履行的行为或过程与委托人的期望或要求有差别。针对代理人的行为机会主义倾向，委托人的问责需求是搞清楚代理人行为的真实状况。此时，适应这种问责需求的审计，就是对代理人提供的行为（包括过程）进行鉴证。所以，行为机会主义倾向是行为审计的动因。

（二）审计目标

目标就是人们想要达到的境地或标准，审计目标是审计工作想要达到的境地或标准，它是审计工作的出发点和归宿。一般来说，审计目标可以从审计人和委托人角度来理解。

总体来说，从审计人角度来看，审计目标就是希望通过审计活动想要达到的境地或标准，具体来说，就是对委托人所关注的主题或事项发表专家意见，就是鉴证代理人是否存在偏离委托人期望的机会主义倾向。从委托人的角度来看，审计目标当然是通过对审计意见的使用来达到一定的境地或标准，具体来说，就是通过审计意见来约束或激励代理人，也就是约束代理人的机会主义倾向，使其行为更加符合委托人的利益。

从信息审计来说，审计人视角的审计目标是对信息的真实性（或公允性）进行鉴证，也就是对委托人关注的某些特定信息的真伪进行鉴证，并在此基础上，发表专家意见。这种鉴证的本质是鉴证代理人是否存在信息虚假等机会主义倾向。委托人视角的审计目标是通过对信息审计意见的使用来约束代理人的信息机会主义倾向，从而使得代理人能给委托人提供真实公允的信息。

从行为审计来说，审计人视角的审计目标是对行为的合规性（或合法性）进行鉴证，就是对委托人关注的代理人某些特定行为是否符合委托人的期望进行鉴证，并在此基础上，发表专家意见。审计人要实现这个目标，需要搞清楚代理人究竟有哪些实际行为，在此基础上，判断这些实际行为与委托人期望是否一致。这种鉴证的本质就是鉴证代理人是否存在行为机会主义倾向。委托人视角的审计目标是对通过对行为审计意见的使用来约束代理人的行为机会主义倾向，从而使得代理人不发生或很少发生偏离委托人期望的机会主义倾向。

《中华人民共和国国家审计准则》指出，真实性是指反映财政收支、财务收支以及有关经济活动的信息与实际情况相符合的程度，这是对信息审计目标的规定；合法性是指财政收支、财务收支以及有关经济活动遵守法律、法规或者规章的情况，这是对行为审计目标的规定；效益性是指财政收支、财务收支以及有关经济活动实现的经济效益、社会效益和环境效益，这是在真实性和合法性审计的基础上，将鉴证后的信息或行为与一定的标准进行比较，经评价结果或行为的优劣，既适用于信息审计，也适用于行为审计。从本质上来说，效益性是将真实的信息或真实的行为与一定的标准进行比较，评价其优劣，不是审计目标，而是评价目标，效益性不能审计，只能评价。

（三）审计主体

审计主体关注的是谁来审计。一般来说，审计主体分为政府审计、内部审计和民间审计。从技术上来说，各种审计主体都可以从事信息审计和行为审计。但是，由于这些审计主体在不同的委托代理关系中发挥作用，从而出现审计侧重点不同。

政府审计的主要作用领域是公共部门，这些部门的财产是公有的，所以，代理人产生机会主义倾向的可能性相对较大，在这种情形下，信息审计当然要做，但是，在机会主义倾向较严重的领域，行为审计的需求可能更强烈，例如，我国的财政财务收支审计是重点，而财政财务决算审计并不是重点。当然，随着公共治理的完善，行为审计需求会降低，信息审计的重要性会提升。

民间审计的主要作用领域是私营部门，这些部门的产权关系较清晰，相对于公共部门来说，私营部门的治理构造更为成熟，代理人产生机会主义倾向的可能性要低些，委托人对代理人特定行为的关注较少，主要关注的是代理人所产生的结果，所以，信息审计的需求较大。也正是因为如此，会计报表审计一直是民间审计的主要业务。当然，在特定的情形下，私营部门也可能会有行为审计的需求，例如，在审计发展的早期，对于管理层舞弊的审计是重要的审计业务；现在的内部控制审计也是这种情形。

内部审计的主要作用领域是内部委托代理关系。一般来说，在内部委托代理关系中，对于下属是否遵守既定的行为准则较为关心，所以，行为审计是内部审计的重点业务。信息审计的需求程度与信息生产制度有关，如果组织内部的信息是集中处理的，则信息审计需求不强，如果信息是分散处理的，则信息审计需求也会较强。

（四）审计客体

审计客体关注的是对谁审计，一般分为组织和个人。当审计客体是组织时，审计范围是整个组织的信息和行为，凡是属于该组织的信息及行为，都属于审计对象，超出该组织的信息和行为就不属于审计范围。一般来说，确定特定组织的信息和行为范围并不困难。当审计客体是个人时，审计范围是特定个人有关的信息和行为，凡是属于与该特定个人相关的信息及行为，都属于审计对象，与该特定个人无关的信息和行为就不属于审计范围。一般来说，在一个组织内部，要将信息和行为明确区分与某特定个人是否相关，存在一些困难，当审计客体的职位越高，由于其影响范围越广，确定与其相关的信息和行为越是困难。所以，以组织为审计客体，行为审计和信息审计的范围较清晰，而以个人为审计客体时，行为审计和信息审计的范围存在一定的模糊性。

虽然审计客体区分为组织和个人，从审计主题来说，对于组织的审计来说，如果关注行为过多，则审计成本可能很高，所以，对于组织的审计，更多地偏向信息，而对于个人来说，行为是一个重要的审计主题。

（五）审计内容

审计内容关注是审计什么。对于审计内容可以进行多种分类，例如，根据审计的具体事项类型，分为舞弊审计、财务审计、合规审计、绩效审计等，而从审计主题出发，分为信息审计和行为审计。一般来说，审计内容包括两个方面，一是审计主题，二是审计命题。审计主题就是审计人员所要发表审计意见的直接对象，而审计命题是审计主题的分解，只有鉴证了各个具体的审计命题，才能对特定的审计主题发表审计意见。信息审计和行为审计在审计主题和审计命题方面存在重大差异。

信息审计的主题是特定信息，也就是审计客体的陈述或者认定，审计人需要就审计客体的陈述或者认定发表意见。例如，会计报表审计是典型的信息审计，其审计主题就是会计报表信息，也就是会计报表中表达的各种认定或陈述。信息审计的主题内涵丰富，必然对其进行分解，确定为一些具体的可证明的命题，这就出现了审计命题。例如，会计报表信息，要区分交易、余额、列报，分别确定它们的认定，在此基础上，根据交易、余额、列报的认定，确定具体的审计目标，这种具体审计目标，事实上就是审计命题，它是审计主题的具体分解，只有对一个个的具体审计命题进行了鉴证，才能对由它们组合而成的审计主题发表意见。一般来说，特定信息作为一个审计主题，可以基本穷尽地分解为具体的审计命题。

行为审计的主题是特定行为，审计人需要就审计客体的特定行为发表意见。例如，舞弊审计是典型的行为审计，其审计主题是审计客体的舞弊行为。要判断审计客体是否存在舞弊行为，需要对舞弊行为进行分解，这就出现了审计命题，也就是审计人需要鉴证审计客体在哪些具体方面存在舞弊，例如，将舞弊行为按不同的业务经营环节划分或者按舞弊方式分类或者按舞弊动机分类等，这些分类的结果就是具体的审计命题。一般来说，由于行为可以发生的时间、地点和方式非常丰富，对特定行为进行分解可能难以穷尽，也难以形成一个公认的分解体系，所以，行为审计的命题确定具多样性、非穷尽性，对于特定的行为，不同的审计人确定的审计命题会有区别，并且，无论是谁，都无法穷尽特定行为的审计命题。

（六）审计依据

审计依据是审计中的既定标准，也就是审计人对信息或行为进行鉴证的尺度或标准。信息审计和行为审计在审计依据方面存在较大的区别。

从信息审计来说，审计依据是信息应该如何收集、加工和报告的规定，是关于信息如何生产的具体规定。审计人要做的是，收集证据，判断审计客体是否按这个具体规定在生产信息，如果不按规定生产信息，还要判断偏离程度，如果偏差超出重要性水平，就判断为信息不真实。例如，会计报表审计，主要是收集证据，判断审计客体是否按会计准则的要求进行会计处理和报告，如果发现审计客体具有重要性的偏离，则判断会计报表为不真实。一般来说，信息生产的具体规则可以很清晰，并且特定审计客体在一定时期遵守的特定信息生产规则具有唯一性，所以，信息审计依据的确定并不困难。

从行为审计来说，审计依据是判断代理人行为是否适宜的既定标准，是关于审计客体应该如何行为的具体规定。审计人要做的是，收集证据，判断审计客体是否按这个具体规定在行为，如果不按规定行为，还要判断偏离程度，如果偏差超出重要性水平，就判断为行为不合规。例如，管理审计，本质上就是判断审计客体的管理行为是否偏离既定的管理标准。

对于某些行为审计来说，可能存在明确的审计依据。例如，舞弊审计、财务收支审计、合规审计等。然而，对于某些行为审计来说，审计依据的确定是行为审计的一个困难之处（鸟羽至英，1995）。对于许多特定行为来说，什么是"既定标准"可能难以达到共识。以管理审计为例，确定什么是适宜的管理行为，其关键是确定管理应该怎么做。而对管理应该怎么做要达到共识可能较为困难。例如，对于特定的组织来说，究竟是集权是适宜的，还是分权是适宜的，可以难以有一个一致的认识。也许正是因为审计依据方面存在的问题，管理审计的发展遇到了困难。

（七）审计程序

审计程序（audit procedure）是获得审计证据的具体方法，不同于审计步骤。在我国，由于文字表述的原因，审计程序也有审计步骤的意思。但是，从本意上来说，审计程序是审计方法，而不是审计步骤。

从审计程序的成熟性来看，信息审计区分为财务信息审计和业务信息审计。财务信息审计过程中可以采用审阅、询问、监盘、观察、调查、重新计算、重新执行、分析性程序等审计程序来获取审计证据。业务信息审计程序，一方面可以借用财务信息审计的一些程序。例如，分析性程序和重新计算。另一方面，还需要一些非财务审计新方法。例如，英格兰及威尔士审计委员会要求相关国家审计机关对公共部门的绩效指标进行审计。由于这些绩效指标大多数是业务信息，这些审计机关采用的工作方法是，不对数据本身进行审计，而是对数据产生流程进行审计，并公布对这些流程的审计结果（Bowermna，1995）。此外，还可以采用专家委托和实验法。但是，总体来说，相对于财务审计程序，业务信息审计程序还远未成熟，对于许多业务信息，还没有适宜的审计程序。

关于行为审计程序，可以借用财务信息审计程序，例如审阅、询问、观察、调查等；也发展了一些成熟的专门方法，例如，重新执行和穿行测试。同时，行为审计的新方法还在不断出现，例如，调查问卷、设立意见箱、公布联系电话、座谈会、走访有关单位等。但是，总体来说，相对于信息审计特别是财务信息审计，行为审计程序还远未成熟，对于许多行为，还没有适宜的审计程序。

（八）审计取证模式

审计程序有多种，每种程序各有其利弊，审计模式是审计程序的组合，不同的审计程序组合就产生不同的审计模式，不同的审计模式适用于不同的审计环境，具有不同的审计效率和效果。

从审计技术逻辑来说，信息审计属于命题论证型方法，从基本命题中引出一组可观察命题，通过证明可观察命题进而证明基本命题的方法。这里的论证方法就是前面提到的审计程序，如果已经有成熟的审计程序及其组合，则就会出现审计模式。财务信息审计程序及其组合就比较成熟，先后出现了账项基础审计、制度基础审计、风险基础审计、现代风险导向审计这些审计模式。而业务信息审计，由于其审计程序并不成熟，所以，也未能形成有效的业务信息审计模式。

行为审计的技术逻辑属于事实发现型，而由于行为审计的命题具多样性、非穷尽性，到目前为止，行为审计的程序还在发展之中，并未有成熟的审计程序及其组合，所以，也未能形成有效的行为审计模式。

（九）审计结论

审计结论是审计人对特定审计主题给出的专业意见。事实上，也就是审计人就特定信息或行为与既定标准之间的符合程度发表的鉴证意见。

由于审计命题、审计程序和审计模式等方面的差异，财务信息审计、业务信息审计和行为审计在审计结论方面存在较大的差异。财务信息审计由于具有清晰且可穷尽的审计命题，审计程序相对成熟，并且出现了各种有效的审计模式，所以，一般采用合理保证的方式发表审计意见。对于使用者来说，这种审计意见的价值较大。对于业务信息审计来说，审计命题的确定虽然可以借鉴财务信息审计的程序和模式，但是，其本身还是具有自己的特征，同时，审计程序和审计模式还不成熟，所以，还未出现以合理保证的方式发表意见的非财务审计。对于行为审计来说，由于审计命题具多样性、非穷尽性，同时，行为审计的程序还在发展之中，也未形成有效的行为审计模式，所以，一般采用有限保证的方式发表审计意见。对于使用者来说，这种审计意见的价值降低，甚至还存在审计期望差。

（十）审计职业判断

无论何种审计都存在职业判断。但是，信息审计和行为审计在职业判断方面存在较大差异。行为审计中的职业判断比信息审计更多且更困难，例如，信息审计特别是财务信息审计，能按一定的逻辑结构确定审计命题，而行为审计命题的确定则需要更多的职业判断；选择既定标准需要职业判断；信息审计的审计依据一般较为明确，而许多的行为审计，则需要审计人根据职业判断来选择审计依据；信息审计特别是财务信息审计程序和模式都较为成熟，应用这种程序和模式获取审计证据需要职业判断，但是，相对于行为审计的审计程序和模式不成熟来说，信息审计取证中的职业判断要少些；根据审计证据对审计主题与既定标准之间的相符程度做出判断，信息审计由于既定标准清晰，所以，做出这种判断的主观成分就少些。而行为审计在做出这种判断时，主观成分较多。

三、关于审计学之发展

以上就审计的十个基本问题，对信息审计与行为审计进行了比较。两种审计在这些方面的差异，势必影响审计学之发展。尽管审计历史很悠久，但是，发展到目前为此，主要的审计业务类型并不多，主要包括：舞弊审计、财务收支审计、会计报表审计、合规审计、绩效审计、内部控制审计/管理审计等等，针对不同的审计业务类型，都形成了相应的专业审计学。各专业审计学的审计主题归纳如表6-6所示。

表6-6　专业审计学的审计主题

专业审计	审计主题	类型
会计报表审计（财务报告审计）	财务及相关数据	信息审计
绩效审计	经济性、效率性、效果性数据	信息审计
舞弊审计	舞弊行为	行为审计
财务收支审计	财政财务收支行为	行为审计
合规审计	相关行为	行为审计
管理审计/内部控制审计	管理行为/内部控制行为	行为审计

在专业审计学中，会计报表审计有较为成熟的审计实务（具体体现为相关审计准则），与之一致，会计报表审计学也较为成熟。大多数的所谓审计学，其实就是会计报表审计学。例如，被全球审计学界奉为"圣经"的《蒙哥马利审计学》、代表英国最高水平的《迪克西审计学》及世界广为采用的阿伦斯《审计学：一种整合方法》，实质上都是会计报表审计学。绩效审计实务在美国等发达国家开展较多，技术和方法也较为成熟（具体体现为相关审计准则），与之一致，绩效审计学也较为成熟。舞弊审计、财务收支审计、合规审计虽然产生时间较早，但是，从各国及国际审计组织的审计准则可以看出，并未形成公认的审计实务，凭经验审计的成分很多，

所以，这些门类的专业审计也不成熟。内部控制审计/管理审计虽然有一定的历史，一些国家和国际审计组织也颁布了审计准则，但是，这些准则都是原则导向的，职业判断的成分很大。这也一定程度上说明，这些审计的实务还较多地处于凭经验审计的阶段。与之相一致，这些领域的专业审计学也不成熟。

除了各类专业审计学，还有定位于各类审计共同基础的审计理论。目前，比较公认的审计理论著作包括：莫兹和夏拉夫的《审计哲学》、安德森的《外部审计：概念和技术》、尚德尔的《审计理论：评估、调查和判断》、汤姆·李的《公司审计：概念与实务》、弗林特的《审计哲学和原理导论》（蔡春，2001）。事实上，这些经典的审计理论著作，基本上都以会计报表审计为背景来研究审计基本概念和基本问题，本质上是会计报表审计理论。

通过上述分析，我们发现，以信息特别是财务信息为主题的专业审计学及审计理论发展较为成熟，而以行为为主题的专业审计学及审计理论则不成熟。

以信息为主题的专业审计学及审计理论存在的主要问题是，已经发展起来的审计程序和技术主要是针对会计报表的。也就是说，是以财务信息为主要对象，而对于业务信息的审计程序和技术，各国及国际审计组织的审计准则缺乏相关规则。这表明，业务信息审计并没有成熟的程序和技术。

总体来说，已经发展起来的审计学，主要是财务信息审计学，业务信息审计学及行为审计学还处于幼稚阶段，是今后需要大力发展的领域。

四、结论

根据审计主题，审计区分为信息审计和行为审计。本书就审计的十个基本问题，对信息审计和行为审计进行比较，并在此基础上就审计学发展之现状和未来之展望做些思考。

关于审计动因，信息机会主义倾向是信息审计的动因，行为机会主义倾向是行为审计的动因。

关于审计目标，审计人视角的信息审计目标是对信息的真实性（或公允性）进行鉴证，这种鉴证的本质是鉴证代理人是否存在信息虚假等机会主义倾向。委托人视角的信息审计目标是通过对信息审计意见的使用来约束代理人的信息机会主义倾向，从而使得代理人能给委托人提供真实公允的信息。审计人视角的行为审计目标是对行为的合规性（或合法性）进行鉴证，这种鉴证的本质就是鉴证代理人是否存在行为机会主义倾向。委托人视角的审计目标是对通过对行为审计意见的使用来约束代理人的行为机会主义倾向，从而使得代理人不发生或很少发生偏离委托人期望的机会主义倾向。

关于审计主体，审计主体分为政府审计、内部审计和民间审计。从技术上来说，各种审计主体都可以从事信息审计和行为审计。但是，由于这些审计主体在不同的委托代理关系中发挥作用，从而，出现审计侧重点不同。

关于审计客体，审计客体关注的是对谁审计，一般分为组织和个人。以组织为审计客体，行为审计和信息审计的范围较清晰，而以个人为审计客体时，行为审计和信息审计的范围存在一定的模糊性。对于组织的审计，更多地偏向信息，而对于个人来说，行为是一个重要的审计主题。

关于审计内容，审计内容分为审计主题和审计命题二个层面。信息审计和行为审计在审计主题和审计命题方面存在重大差异。信息审计的主题是特定信息，可以基本穷尽地分解为具体的审计命题。行为审计的主题是特定行为，其命题确定具多样性、非穷尽性，对于特定的行为，不同的审计人确定的审计命题会有区别，并且，无论是谁，都无法穷尽特定行为的审计命题。

关于审计依据，信息审计和行为审计在审计依据方面存在较大的区别。从信息审计来说，信息生产的具体规则可以很清晰，并且特定审计客体在一定时期遵守的特定信息生产规则具有唯一性，所以，信息审计依据的确定并不困难。从行为审计来说，某些行为审计来说，可能存在明确的审计依据，有些行为审计来说，审计依据的确定较困难。

关于审计程序，财务信息审计过程中可以采用审阅、询问、监盘、观察、调查、重新计算、重新执行、分析性程序等审计程序来获取审计证据。非财务指标审计程序，一方面可以借用财务信息审计的一些程序。另一方面，还需要一些非财务审计新方法。总体来说，相对于财务审计程序，非财务指标审计程序还远未成熟，对于许多业务信息，还没有适宜的审计程序。行为审计程序，可以借用财务信息审计程序，同时，行为审计的新方法还在不断出现。总体来说，相对于信息审计特别是财务信息审计，行为审计程序还远未成熟，对于许多行为，还没有适宜的审计程序。

关于审计取证模式，从审计技术逻辑来说，信息审计属于命题论证型方法，财务信息审计先后出现了账项基础审计、制度基础审计、风险基础审计、现代风险导向审计这些审计模式。而业务信息审计，由于其审计程序并不成熟，所以，也未能形成有效的业务信息审计模式。行为审计的技术逻辑属于事实发现型，而由于行为审计的命题具多样性、非穷尽性，到目前为止，行为审计的程序还在发展之中，并未有成熟的审计程序及其组合，所以，也未能形成有效的行为审计模式。

关于审计结论，由于审计命题、审计程序和审计模式等方面的差异，财务信息审计、业务信息审计和行为审计在审计结论方面存在较大的差异。财务信息审计一般采用合理保证的方式发表审计意见。对于业务信息审计来说，还未出现以合理保证的方式发表意见的非财务审计。行为审计一般采用有限保证的方式发表审计意见。

关于审计职业判断，信息审计和行为审计在职业判断方面存在较大差异。行为审计中的职业判断比信息审计更多且更困难。主体体现在：确定审计命题，选择既定标准，审计取证，审计意见的形成。

关于审计学的发展，信息审计与行为审计的审计基本问题方面的差异，势必影响审计学之发展。主要的审计业务类型包括：舞弊审计、财务收支审计、会计报表审计、合规审计、绩效审计、内部控制审计、管理审计等等，针对不同的审计业务类型，都形成了相应的专业审计学及定位于各类审计共同基础的审计理论。总体来说，已经发展起来的审计学，主要是财务信息审计学，业务信息审计学及行为审计学还处于幼稚阶段。

参考文献

郑石桥，郑卓如 . 2015. 基于审计主题的审计学科体系创新研究 . 会计研究，（9）：81-87.

INTOSAI. 2007. International Standards of Supreme Audit Institutions ［S］.

罗伯特·K·莫茨，侯赛因·A·夏拉夫，审计理论结构 ［M］，文硕，肖泽忠，贾丛民，冯跃，译，中国商业出版社，1990a，P19-20.

娄尔行，竹德操，试论建立审计学的学科体系 ［J］，审计研究，1986（6）：1-4.

张龙平，李长爱，关于审计学科体系的探讨 ［J］，贵州财经学院学报，1992（4）：28-32.

石爱中，审计学的学科属性及其教学要求 ［J］，审计与经济研究，2005（7）：3-6.

罗伯特·K·莫茨，侯赛因·A·夏拉夫，审计理论结构 ［M］，文硕，肖泽忠，贾丛民，冯跃，译，中国商业出版社，1990b，P327-328.

周舜臣，对建立审计学专业学科体系的商榷 ［J］，审计研究，1987

（1）：29-30.

王光远，管理审计理论［M］，中国人民大学出版社，1996 年 9 月.

张鸿欣，略谈我国审计学体系［J］，财经理论与实践，1982（4）：74-79.

于东洋，建立我国审计学科体系之我见［J］，辽宁师范大学学报（社科版），1989（2）：34-37.

张龙平，李长爱，关于审计学科体系的探讨［J］，贵州财经学院学报，1992（4）：28-32.

李会太，史振生，从 IT 审计看审计学科发展与技术审计时代的到来［J］，财务与会计，2002（2）：34-35.

INTOSAI（International Organization of Supreme Audit Institutions），The Lima Declaration of Guidelines on Auditin gprecepts，1977.

GAO（Government Accountability Office），Government Auditing Standards，2011.

边恭甫，审计学原理［M］，中南财经大学出版社，1988 年.

文硕，世界审计史［M］，企业管理出版社，1998 年 1 月.

方宝璋，中国审计史稿［M］，福建人民出版社，2006 年 2 月.

黄溶冰，王素梅，王旭辉，国际审计学［M］，中国时代经济出版社，2014 年 3 月.

鸟羽至英，行为审计理论序说［J］，会计，1995 年，第 148 卷第 6 号，第 77-80 页.

谢少敏，审计学导论：审计理论入门和研究［M］，上海财经大学出版社，2006.

王文彬，林钟高，审计对象新探［J］，审计研究，1989（3）：23-27.

郑石桥，周天根，王玮，2015，组织治理模式、机会主义类型和审计主题——基于行为审计和信息审计视角［J］，中南财经政法大学学报，2015（2）：80-85.

罗伯特·K·莫茨，侯赛因·A·夏拉夫，审计理论结构［M］，文硕，肖泽忠，贾丛民，冯跃，译，中国商业出版社，1990c，P17.

Schreiber, G., Knowledge acquisition and the web. *Int. Journal of Human - Computer Studies*, 71：206-210, 2013.

郑石桥，宋夏云，行为审计和信息审计的比较——兼论审计学的发展［J］，当代财经，2014（12）：109-117.

Bowermna., M., auditing performance indicators：the role of the commissionin of the citizens charter initiative ［J］, Financial Accountability & Management, 11 （2）. May 1995, 0267–4424.

谢少敏. 审计学导论：审计理论入门和研究 ［M］, 上海：上海财经大学出版社, 2006.

罗伯特·K·莫茨, 侯赛因·A·夏拉夫. 审计理论结构 ［M］, 北京：中国商业出版社, 1990.

Bowermna., M., auditing performance indicators：the role of the commissionin of the citizens charter initiative ［J］, Financial Accountability & Management, 1995, 11 （2）, 171–183.

鸟羽至英. 1995, 行为审计理论序说 ［J］, 会计, 第 148 卷第 6 号, 第 77–80 页.

刘恒胜, 网络用户行为审计技术 ［J］, 计算机安全, 2005, （11）：59–61.

郑石桥, 陈丹萍. 机会主义、问责机制和审计 ［J］, 中南财经政法大学学报, 2011, （7）：129–134.

蔡春. 审计理论结构 ［M］, 大连：东北财经大学出版社, 2001.